教师教育精品教材

特殊教育专业系列

"十三五"
国家重点图书

特殊教育教学设计

于素红　著

华东师范大学出版社
·上海·

图书在版编目(CIP)数据

特殊教育教学设计/于素红著. —上海:华东师范大学出版社,2016.1
教师教育精品教材.特殊教育专业系列
ISBN 978-7-5675-4668-4

Ⅰ.①特… Ⅱ.①于… Ⅲ.①儿童教育-特殊教育-教学设计-师范大学-教材 Ⅳ.①G76

中国版本图书馆 CIP 数据核字(2016)第 027753 号

教师教育精品教材 特殊教育专业系列
特殊教育教学设计

著　　者	于素红
责任编辑	吴海红
审读编辑	王艺婷
责任校对	邱红穗
装帧设计	卢晓红
出版发行	华东师范大学出版社
社　　址	上海市中山北路 3663 号 邮编 200062
网　　址	www.ecnupress.com.cn
电　　话	021-60821666 行政传真 021-62572105
客服电话	021-62865537 门市(邮购)电话 021-62869887
地　　址	上海市中山北路 3663 号华东师范大学校内先锋路口
网　　店	http://hdsdcbs.tmall.com
印 刷 者	常熟高专印刷有限公司
开　　本	787毫米×1092毫米 1/16
印　　张	16
字　　数	336 千字
版　　次	2016 年 7 月第 1 版
印　　次	2023 年 6 月第 9 次
书　　号	ISBN 978-7-5675-4668-4
定　　价	35.00 元

出版人　王　焰

(如发现本版图书有印订质量问题,请寄回本社客服中心调换或电话 021-62865537 联系)

目录

第一章　特殊教育教学设计概述　1
　　第一节　课程与教学设计的基本概念　3
　　第二节　特殊教育教学设计的概念与任务　11

第二章　教学目标的设计　21
　　第一节　教学目标概述　23
　　第二节　教学目标表述的维度　26
　　第三节　教学目标表述的模式　37
　　第四节　特殊学生教学目标制订的要求与程序　41

第三章　个别化教育计划　43
　　第一节　个别化教育计划概述　45
　　第二节　个别化教育计划的制订人员与发展程序　64
　　第三节　个别化教育计划基本要素的制订　68
　　第四节　个别化教育计划的实施、总结与修订　81

第四章　单元计划　85
　　第一节　单元计划概述　87
　　第二节　单元设计与单元计划的制订　89

第五章　课时计划　109
　　第一节　课时计划概述　111
　　第二节　特殊教育课时计划设计　112

第六章　教学组织形式　137
　　第一节　教学组织形式概述　139
　　第二节　集体教学　140
　　第三节　个别教学　141
　　第四节　小组教学　146

第七章　教学策略(上)　155
　　第一节　直接教学　157
　　第二节　支架教学　164
　　第三节　交互式教学　173
　　第四节　精准教学　188

第八章　教学策略(下)　199
　　第一节　合作学习　201
　　第二节　协同教学　216

第一章

特殊教育教学设计概述

课程与教学是学校教育活动的核心要素。特殊教育教师所要完成的教学设计任务，不仅包括在正式课堂教学之前所进行的课时计划设计，还包括根据学生的实际需求设计课程的目标与结构，在此基础上设计教学单元，根据单元的教学目标与内容设计课时计划。

通过本章学习,你能够：

1. 理解课程、教学的涵义。
2. 理解教学设计的涵义与特点。
3. 理解特殊教育的涵义。
4. 了解特殊教育教学设计的基本依据。
5. 了解特殊教育教学设计的主要任务。

第一节 课程与教学设计的基本概念

一、课程与教学

(一) 课程的涵义

课程与人类的教育实践活动共生共长。自有教育活动以来,作为"教什么"的课程就存在了。在我国,"课程"一词始见于唐朝孔颖达为《诗经·小雅·小弁》"奕奕寝庙,君子作之"句所作疏"教护课程,必君子监之,乃得依法制也"中。此后,在宋代朱熹《朱子全书·论学》中有"宽着期限,紧着课程"、"小立课程,大作功夫"等句。朱熹的"课程"之义是指学习范围及其进程。这与现代人对课程的理解有相似之处。在国外,课程 (curriculum) 一词最早出现在英国教育家斯宾塞的名作《什么知识最有价值》一文中,指"教育内容的系统组织"。

虽然课程早已存在,但在教育领域中课程其实是一个含义最复杂、歧义最多的概念。迄今为止,已有的课程定义种类繁多,教育与课程理论工作者从不同的角度对课程有着不同的认识和理解。概括而言,课程的定义大致可归为以下几种类型：

1. 课程即教学科目

课程即教师进行教学的科目。把课程等同于教学的科目是目前教育界最普遍使用的课程定义。《中国大百科全书·教育》中写道："课程是指所有学科教学科目的总和,或学生在教师指导下各种活动的总和,这通常被称为广义的课程；狭义的课程则是指一门学科或一类活动。"[①]

这种课程观强调课程即教程,认为学校教育的任务就是向学生传授系统的学科知识体系。把人类长期积累的知识按照知识的类别进行归类,并按照该类知识的内在逻辑加以系统化,形成一门门学科。这种课程只关注知识的逻辑,把课程视为独立于学习者的静态的东西,忽视学生的心智发展和经验。

2. 课程即学习结果或目标

课程即经过教师教学后学生达成的学习结果或目标。一些学者认为,课程要直接

---

① 中国大百科全书：教育[M].北京：中国大百科全书出版社,1985:207.

关注学生预期的学习结果,因而目标的选择成为课程建设的核心任务。这要求课程建设者首先要制订该课程的学习目标,然后围绕目标选择课程内容、实施教学。持这种课程观的主要有博比特(F. Bobbit)、泰勒(R. W. Tyler)、加涅(R. M. Gagne)等人。

这种课程观强调教育的目的性,便于操作,在课程理论和课程实践领域有着很大的影响。制订课程目标、根据课程目标选择与组织课程内容已经成为课程建设的普遍模式。但该课程观过于强调预期的学习结果,容易忽视学生的非预期的学习结果,缺乏灵活性,不易照顾到课程实施过程中面对的层面不同的学生、教师和教学情境的具体情况。

3. 课程即学习经验

课程即学生在学习过程中所获得的学习经验。该课程观主要是受美国实用主义教育家杜威(J. Dewey)的影响,强调课程与教学要尊重学生的兴趣与需要,课程是学生在学习过程中所真正体验到的东西。这些体验可能是教育者预期的或者非预期的。

这种课程观强调学习者的学习经验是课程的中心,消除了其他课程观只重视传递知识、只注重独立于学生的学习结果的倾向,重视学生与环境的相互作用,兼顾课程的过程与结果。但这种课程在实施层面有较大的难度,容易产生课程内容的不系统性、教学过程的随意性等问题,对教师、教学管理与评价都提出了更高的要求。

随着时代的发展,人们对课程的认识也在不断深入。上述三种课程定义在强调某一方面的同时也忽视了其他方面。有些研究者试图综合考虑多种因素来定义课程。钟启泉等人把课程定义为"课程是按照一定的教育目的,在教育者有计划、有组织的指导下,受教育者与教育情境相互作用而获得有益于身心发展的全部教育内容"。[1] 考虑到该定义的综合性,本书采用此课程定义。

(二) 教学的涵义

"教"和"学"两个字最早分别出现在中国殷商时期的甲骨文中。《尚书·兑命》的"斅学半"(斅,xiào,同教)一句最早把这两个字连在一起使用。《学记》中有"教学相长"之句。这里所说的"教学"并不是现代意义上的教学。确切地说,在古代个别教学的组织形式下,教与学不分,以学代教。教学即学习,是指通过教人而学,以提高自己。[2]

在英语中,表示"教"的词是 teach、instruction,表示"学"的词是 learn,表示"教与学"的词是 teaching-learning。

人们对教学的理解也有不同的看法,概括而言主要可以归为以下几种类型:

1. 教学即教授

教学就是教师的教授。这种观点以教师为中心,强调教师的讲授。

2. 教学即教学生学

教学就是教师教学生学习。这种观点主要认为教师教的目的是为了使学生学习。

3. 教学即教师的教与学生的学

教学是教师的教与学生的学的统一活动,是教师和学生以课堂为主渠道的交流

---

[1] 钟启泉.课程与教学概论[M].上海:华东师范大学出版社,2004:5.
[2] 施良方,崔允漷.教学理论:课堂教学的原理、策略与研究[M].上海:华东师范大学出版社,1999:5.

过程。

本书认同第三种观点。教学是为了实现教育目的、达成课程目标而进行的教师的教和学生的学相统一的共同活动。教和学是同一活动的两个不同的方面。在教学活动中,教是教师的主要行为,学是学生的主要行为。教与学虽然不同,但又是互相依赖的。教师的教离不开学生的学,学生的学也离不开教师的教,教与学辩证有机地结合在一起。课程内容是联系教与学的纽带,教学活动是围绕教学内容的呈现与接受而开展的。

(三) 课程与教学的关系

课程与教学的关系问题是课程与教学理论研究中的一大困惑,两者的关系极为复杂,不同的研究者对此的看法也不一致。概括而言,关于课程与教学的关系主要有以下几种观点:

1. 分离说

这种观点认为课程与教学互相独立,彼此并无交集。课程是由国家相应的管理机构制订的,具有法规性,是学生必须要学习的内容。而教学则是教师和学生为了落实国家所制订的课程所必须进行的教与学的活动。教学只是被动地实施课程。

分离说把课程与教学分离开来,课程制订者无视学生的存在,这样的课程难以在教学中真正有效实施。

2. 关联说

关联说认为课程与教学虽然是彼此独立的,但二者间有着密切的联系。关联说中又包含不同层次的关联,具体而言有连接说、过程交叉说、包容说、目的—手段说 4 种表现。[①]

(1) 连接说

这种观点认为课程与教学是两种系统连接在一起的关系。课程是课程开发系统的输出结果,同时又是教学系统的输入成分。

(2) 过程交叉说

这种观点认为课程与教学这两个系统在制订与实施的过程中有交叉的成分,教学是课程系统的实施过程,教学设计是课程开发的微观层次。微观层次的课程开发是相对于宏观层、中间层而言的,是指教师根据国家规定的课程以及所教学生的实际情况而设计的课程目标、结构与内容。

(3) 包容说

包容说有两种情况:一种情况为课程包括教学,又称为"大课程论";另一种为教学包括课程,又称为"大教学论"。英美国家的一些学者认为教学是课程的一部分,而苏联以及我国的部分学者则主张把课程作为教学内容的一部分。

(4) 目的—手段说

这种观点认为课程是目的,教学是达成教育目的的手段。也有人认为课程、教学都是达成教育目的的手段,相比于教学课程是更重要的手段,教学是为适应课程而产生的。

---

① 钟启泉.课程与教学概论[M].上海:华东师范大学出版社,2004:20—23.

3. 整体说

这种观点认为课程与教学是一件事。整体说有循环整体说与有机整体说两种观点。循环整体说认为课程与教学虽然可以分开，但两者有延续的循环关系——课程对教学产生影响，教学决定依据课程而作出，而当教学决定付诸实践后则根据其成效来修正课程，这是一个周而复始的循环过程。作为一个循环圈的两个部分，课程与教学互相调适、相互影响。有机整体说认为课程与教学不能分开，两者具有内在的连续性和整体性。美国学者韦迪（R. Weade）用"课程教学"（curriculum and instruction）这一新术语来说明"课程"与"教学"密不可分的关系。

本书认为课程与教学既不是彼此毫无交集的独立系统，也不是密不可分的有机整体。两者间既有密切的关系，又有不同的指向。课程是受教育者所获得的有益于身心发展的教育内容，而教学是教师的教和学生的学相统一的共同活动。当然，课程是教学活动开展的中介，师生都要围绕希望学生所获得的教育内容来进行教学活动。

二、教学设计的涵义与特点

（一）教学设计的涵义

设计（design）是把一种计划、规划、设想通过某种形式传达出来的活动过程，是在解决问题前，特别是解决非良构问题前所进行的规划和构思。

教学设计（instructional design）的涵义有广义与狭义之分。

广义的教学设计指向整个教学系统，包含着分析、设计、开发、实施和评价等教学系统开发过程的所有阶段。

教学设计是研究教学系统、教学过程，制订教学计划的系统方法。[1]

教学设计是指面向教学系统、解决教学问题的一种特殊的设计活动。[2]

教学设计是一个分析教学问题、设计解决方法、试行解决方法、评价试行结果并在评价基础上修改方法，直至获得解决问题的最优方法的过程。[3]

教学设计是指教育实践工作者以各种学习和教学理论为基础，依据教学对象的特点和自己的教学风格，运用系统的观点和方法，遵循教学过程的基本规律，对教学活动进行的规划、安排与决策。完整地看，教学设计包括理念、计划以及为开发真正的教学必须和能够遵守的规则，即推进学习和达到教学开始前预期的学习结果的说明和任务分配。[4]

狭义的教学设计指向课堂教学。

教学设计是对教师课堂教学行为的一种事先筹划，是对学生达成教学目标、表现出学业进步的条件和情境所做的精心安排。[5]

有研究者把教学设计分为不同的层次。沈建民（2002）认为，根据系统论的有关观

---

[1] 顾明远.教育大辞典：上[M].上海：上海教育出版社，2002：718.
[2] 皮连生.教学设计——心理学的理论与技术[M].北京：高等教育出版社，2000：1.
[3] 张祖忻，等.教学设计——基本原理与方法[M].上海：上海外语教育出版社，1992：2.
[4] 钟启泉.课程与教学概论[M].上海：华东师范大学出版社，2004：102.
[5] 盛群力，等.教学设计[M].北京：高等教育出版社，2005：4.

点,按照其研究的范围,教学设计从大到小一般可以划分为四个层次:以教学系统为中心的层次——教学系统设计;以一门课为中心的层次——课程教学设计;以一堂课为中心的层次——课堂教学设计;以教学媒体为中心的层次——教学媒体设计。[①]

郭成等人认同这一观点,认为课堂教学设计是教学设计系统中的一个关键层面,是一个直接作用于师生心理和行为的层面。没有这个层面的科学设计,再好的教学设计也难以实现其价值。他们认为,课堂教学设计是教学设计的一个重要组成部分,是依据系统论的观点和方法,运用现代教学心理学和教学设计的基本原理和技术,根据教学目标和教学对象的特点,有效安排和组织各种教学资源(教师、教学内容、教学媒体、教学方法、教学环境等),使之序列化、最优化、行为化,以提高课堂教学效果而制订教学方案的过程。

本书中的教学设计是指教师根据学生的学习能力、现有水平与发展需求而对教学目标、教学内容、教学策略与方法等进行的规划。

(二) 教学设计的目的

教学设计以学习者为中心。以学习者为中心的教学意味着学习者及其行为表现是所有教与学活动的焦点。教授及其他形式的教学都不过是为学习者行为表现这一目的服务的手段。[②] 教学设计的主要目的在于创设一个能够促进学生学习、提高教学有效性的合理的教学系统。教学设计的目的是进行有效教学。

有效教学是指使学生成功地达成教师所期望的学习目标的教学。其中,"有效"是指有成效、有效率。有成效是指通过教师的教学,学生所获得的具体的进步或发展。有效率是指使用某种教学方法既能取得有效的教学结果,又不浪费时间、减少出现错误的几率。

有效教学的理念源于20世纪上半叶西方的教学科学化运动,深受美国实用主义哲学和行为主义心理学的影响。有效教学的研究有着明显的时代特征。直到20世纪60年代,有效教学的研究重心是发现教师的特征,如个性特征、性别、年龄、知识和教育等对有效教学的影响。这种试图把教学效果归因于教师特征的研究一度被称为"黑箱"研究,因为这种研究完全无视在课堂中真正发生了什么。20世纪70年代以来,有效教学的研究主要集中在课堂活动,特别是教师与学生的互动上。研究的重心转向教师的行为如何提高学生的学习。大量教育学、心理学的研究证明,教师和学生在课堂中做什么是很重要的。教师的教学方法、呈现教学内容的方式、反馈、评价以及学生的学习方式、花在某项学习任务上的时间等都是能够影响教学的重要的变量。

大量研究证明,影响教学有效性的因素是复杂多样的,大致可以归为背景因素与过程因素两大类。背景因素是指影响教学有效性的学习活动的背景特征。这些特征包括教师的性别、年龄、经验、受教育情况、个性等教师特征;学生的年龄、能力、价值观、个性、社会阶层等学生特征;学生所在班级的班级规模、学生的能力分布、社会阶层等班级

[①] 沈建民.课堂教学设计要关注并渗透学习策略[J].课程·教材·教法,2002(3):33—36.
[②] R·A·瑞泽,J·V·邓普西.教学设计和技术的趋势与问题[M].王为杰,等,译.2版.上海:华东师范大学出版社,2008.

特征;课程的结构、内容、难度、学生对课程的兴趣等课程特征;学校的规模、建筑、设施、氛围与文化、校规、优质生源学生的比例等学校特征。过程因素是指课堂上真正出现的、在教学活动过程中教师的教学行为以及学生的学习行为。过程因素会在一定程度上受背景因素的影响,但又不完全取决于背景因素。

鲍勃等人(2006)总结了教师进行有效教学需要完成的4项重要任务:规划教学、管理教学、实施教学和评价教学。无论他们所教的学生是天才、障碍儿童还是没有障碍的儿童,所有教师都需要规划、管理、实施、评价他们的教学。其中,规划教学是指对教学进行设计,决定教学活动需要教什么、应该怎样去教。管理教学是指在课堂规则与纪律、时间与空间环境等方面做好准备,以使教学能够顺利进行。实施教学是指教师和学生在课堂中实际进行的教学活动,教师需要向学生呈现信息,关注学生的学习情况,及时调整教学。评价教学是教师基于学生的表现判断所使用的教学方法和材料是否有效的过程。这4项任务具体要完成的工作详见表1-1。[1]

表1-1 有效教学的4项任务

任务1:规划教学	一、决定教什么
	1. 评估学生的技能:知道学生能做什么
	2. 分析教学任务:基于学生能做什么以及需要学什么,决定教学任务;把复杂的任务分解为若干小的任务
	3. 建立符合逻辑的教学程序:清晰、符合逻辑
	4. 考虑背景的变量:哪里教、教多长时间、教学期间谁在教室里。譬如,知道教学时需要使用特殊材料,例如科学设备、计算机、图书资料
	5. 分析教学分组:思考如何对班级学生分组才能使教学效果最优。根据学生的成绩、行为、学习能力,教学的物理空间、学生间的互动方式等因素决定教学组织形式——个别教学、两人一组同伴辅导、小组教学等
	6. 认识真正的与期望的成绩间的差距:认识到学生目前真正的水平与所期望其达到的水平间的关系。只有这样,才能制订现实的、恰当的教学目标,而不会目标过低或过高
	二、决定如何教
	1. 建立教学目标:为学生个体制订教学目标,然后确定教学程序
	2. 选择教学方法和策略:特殊儿童在教学方法和策略方面有一些特殊需要,如有的学生需要替代的方法(如手语)或者需要特殊的教学材料(高度有趣的、低文字水平的阅读书籍)
	3. 保持恰当的教学节奏:呈现材料的速度、制订学习成功的标准
	4. 监控学生的表现,再规划教学

---

[1] Algozzine, B., Ysseldyke, J. *Effective Instruction for Students with Special Needs — a Practical Guide for Every Teacher* [M]. California: Corwin Press, 2006:7-29.

续 表

	三、传达真实的期望:为学生建立真实的期望并且把这些期望与学生进行沟通
	1. 鼓励学生积极参与学习
	2. 明确陈述期望:告诉学生期望他们学什么以及怎样学,以及帮助学生了解失败的后果以及如何把错误转变为新的学习机会
	3. 保持高标准:不要对特殊儿童期望太低
任务2: 管理教学	一、准备教学
	1. 建立并与学生交流课堂教学规则
	2. 告知行为的结果:行为的重要性以及违反的后果
	3. 有效处理问题行为:尽可能快
	4. 教学生学会自我管理
	二、有效使用时间
	1. 建立日常工作和程序
	2. 组织物理空间
	3. 保持教学环节转换的短暂
	4. 限制干扰:保证正常的、流畅的教学进程
	5. 使用学术的、任务取向的中心
	6. 分配充分的学术学习时间
	三、创设积极的环境
	1. 使课堂环境友好
	2. 接受个体差异
	3. 保持积极的互动
	4. 吸引学生参与
任务3: 进行教学	一、呈现内容
	1. 告知学生教学目标:保持学生的关注;进行前后联系的课堂教学;检查学生的理解情况
	2. 教给学生思考的技能:示范思考的技能;教学习策略
	3. 激励学生:显示热情;布置反映学生兴趣的作业;间歇使用奖励;布置学生能成功完成的作业
	4. 提供相关的练习和实践:掌握所教的技能(当学生有机会练习时才能掌握、有充足的时间练习)(掌握:90%—100%;自动化);变化教学材料:避免厌倦
	二、监控学生的学习

续 表

	1. 给予反馈:立刻、经常、准确(正确的:强化;错误的:指出错误,改正,再教学)
	2. 吸引学生积极参与:点名提问;巡视教室检查每个学生学习的情况;为提前完成任务的学生进行个别指导,减少学生无谓的等待时间
	三、调整教学
	1. 改变呈现内容的教学方法
	2. 改变教学材料
	3. 调整教学节奏
任务4:评价教学	一、监控学生的理解
	1. 监控学生对指导的理解
	2. 监控学生完成任务的过程
	3. 检查正确率
	二、监控参与时间
	1. 确保积极参与:监控学生参与课堂活动的时间
	2. 参与的自我监控:学生自己在表格上进行记录
	3. 扫视学生参与情况:阶段性地观察学生的参与情况
	三、保持记录学生的进步
	1. 保持记录
	2. 自我记录进步的情况
	四、告知学生的进步
	1. 定期报告学生
	2. 提供反馈:立刻、经常
	3. 纠正错误:立刻
	4. 提供具体任务的表扬
	5. 自我改正
	五、使用数据做出决定
	1. 决定什么时间改变安置形式
	2. 进行教学改变:判断目前的教学是否有效
	3. 决定什么时间不再继续服务
	六、做出学生成绩的评判
	1. 具体说明学生的目标
	2. 在图表上记录学生朝向目标进步的情况

综上所述,教学设计的目的是进行有效教学。教学设计是教师进行有效教学需要完成的任务之一。

(三) 教学设计的特点

1. 全面性

教学设计是为一定阶段教学活动制订蓝图的过程，教学设计的结果是教学的目标、内容、进程与方向的规划。在进行教学设计时，教师需要全面考虑课程要求、学生水平与发展需要、教师能力与资源等多方面的因素，围绕着影响教学成效的所有因素做出恰当的决定。

2. 系统性

教学活动是由教师、学生、教学内容、教学策略等组成的系统，系统内的各因素相互影响、相互制约。教学设计需要采用系统的方法，把需要设计的某个要素放在整个系统中加以思考。

作为一项系统设计，教学设计必须按照一定的程序和步骤进行规划。在进行教学设计时，首先需要考虑多方面的因素制订教学目标，然后围绕教学目标规划教学活动，选择恰当的教学方法和策略，最后还要确定恰当的评价目标与评价方法。

3. 灵活性

教学设计是一项具有创造性的工作，教师需要根据学生的具体情况、具体的教学内容等因素灵活地设计教学方案。在具体实施设计好的教学计划时，还要根据教学现场学生学习的实际情况做出灵活调整。

第二节　特殊教育教学设计的概念与任务

一、特殊教育与特殊教育教学设计的概念

（一）特殊教育

关于特殊教育的涵义，人们也有着不同的认识。目前特殊教育的定义可以大致归为以下两种类型：

1. 特殊教育是对特殊儿童的教育

特殊教育就是对特殊儿童所进行的教育。我国《特殊教育辞典》(第3版)中对特殊教育的定义是：特殊教育是教育的一个组成部分，是使用一般的或经过特别设计的课程、教材、教法和教学组织形式及教学设备，对有特殊需要的儿童进行的旨在达到一般和特殊培养目标的教育。因特殊儿童有广义和狭义之分，特殊教育也随之有广义和狭义之分。[1]

2. 特殊教育是对特殊儿童的特别教学

特殊教育就是对特殊儿童所进行的特别的教学。该定义不仅强调特殊教育的对象是特殊儿童，也强调对特殊儿童所进行的教学是不完全等同于普通学生所接受的教学的特别教学。在20世纪70年代，特殊儿童的安置形式还是以特殊学校为主，当时的一些研究者把特殊教育定义为为满足特殊儿童的特别学习需要而特别设计的教学。随着融合教育的发展，大量特殊儿童在普通学校普通班级中接受教育，特殊教育的定义也随

---

[1] 朴永馨.特殊教育辞典[M].3版.北京:华夏出版社,2014:43.

之发生变化,特别设计的教学被适应性的教学所代替。适应性的教学是指采取措施帮助特殊学生适应普通教育的课程,促进特殊学生的学习与发展。

本书认同第二种定义。特殊教育既然是对特殊儿童进行教学,就一定要在课程、教学方面有别于普通教育。如果儿童可以完全接受普通教育的课程与教学,达成与普通儿童同样的目标,那么该儿童就不是所谓需要特殊教育的儿童。本书认为特殊教育是对特殊儿童所进行的促进其充分发展的教育,其核心是为特殊儿童提供适合其需求的课程与教学。

(二) 特殊教育教学设计

特殊教育教学设计是指教师在对特殊儿童进行教育时,基于特殊儿童的能力与发展需求而对教学目标、内容、教学策略与方法等进行的规划。这种规划既包括长期发展目标、学期目标、单元目标、课堂教学目标的制订,也包括教学活动、策略与方法的设计。

二、特殊教育教学设计的基本依据

教学设计不是教师随意的行为,而是基于多种因素的科学选择。影响特殊教育教学设计的因素是多方面的,大致包括国家的课程与教学政策的规定;学生的安置方式、现有水平、学习能力与发展需求;教师的教育理念、课程观念与教学追求等几个方面。教师在对特殊儿童进行教学设计时,需要综合考虑这些因素。

(一) 国家的课程与教学政策

1. 国家的课程与教学政策

课程与教学政策是指国家教育行政部门为调整课程与教学权力的不同需要并调控课程与教学运行的目标和方式而制订的行动纲领和准则。课程与教学政策一般是一个国家用文件形式来规定的。它包括三个方面的内容,即课程与教学政策的目标、载体和主体。课程与教学政策的本质是课程与教学权力和课程与教学权力的变化而造成的利益的变化。[①] 课程与教学政策是教育实践的保证。课程与教学是实现国家教育目的的核心,课程与教学政策规范着学校和教师的课程与教学。

不同国家的课程与教学政策也不尽相同。根据课程与教学权力的集中程度,可以把目前许多国家的课程与教学政策分为中央集权型、地方集权型、学校自主型与共有型等类型。中央集权型是指课程与教学权力集中统一在最高国家权力机关和教育行政机关,地方教育行政部门几乎所有的重要事务均受中央支配。法国、日本、苏联是这一政策类型的主要代表,1949 年至 20 世纪 80 年代的中国实行的也是完全中央集权的课程与教学政策。中央集权型课程与教学政策是在统一论或国家中心主义的价值观下制订出来的,强调统一的国家基础和整体利益,追求全国范围内的课程基本统一。地方集权型是指课程与教学权力集中在地方教育行政部门,由地方教育行政部门负责课程与教学事务。美国、澳大利亚、加拿大等国家的课程与教学政策属于这一类型。地方集权型课程与教学政策是一种适应论或地方中心主义的课程与教学政策价值观,强调具体的地区适应性,主张课程与教学要更加符合独特的地方环境和教育需求。学校自主型是

---

① 钟启泉.课程与教学概论[M].上海:华东师范大学出版社,2004:32.

指课程与教学权力主要在学校,中央和地方往往只提供指导或参考性的课程与教学标准或建议。英国是这一类型的代表。学校自主型课程与教学政策强调立足于本校学生的实际,以追求特色与个性为价值取向。[①] 共有型是指课程与教学权力不完全属于国家、地方或学校的任何一方,而是由两个方面或者三个方面共同拥有。共有型课程与教学政策是20世纪80年代以来世界上多数国家的课程与教学政策发展趋势。

我国目前的课程与教学政策是国家、地方、学校共同拥有课程与教学权力。新中国成立后,我国课程与教学政策经历了三个阶段。1949年至20世纪80年代中期为完全中央集权阶段,由国家决定课程与教学政策,地方和学校只是执行。20世纪80年代中期至20世纪90年代末是以中央集权为主、中央集权与地方集权并行的阶段。在这一阶段,课程与教学政策的制订以国家为主,但课程的极小部分可以由地方安排。20世纪90年代末至今为中央集权、地方集权与学校自主型相结合的课程共有阶段。1999年6月颁布的《中共中央国务院关于深化教育改革全面推进素质教育的决定》中规定,"调整和改革课程体系、结构、内容,建立新的基础教育课程体系,试行国家课程、地方课程和学校课程"。2001年我国开启的新一轮基础教育课程改革在课程与教学政策方面追求国家、地方、学校之间的平衡。2001年6月,国务院颁布的《基础教育课程改革纲要(试行)》中明确提出,"改变课程管理过于集中的状况,实行国家、地方、学校三级课程管理,增强课程对地方、学校及学生的适应性"。[②] 当然,课程权力共有并不是课程权力均等,而是国家、地方、学校三者在课程与教学各类问题的权限上各有侧重。以教育部为代表的中央政府制订三级课程开发与管理的政策,制订基础教育各个阶段的课程与教学计划,颁布国家课程的课程标准,组织编写国家核心课程的教科书或教材编写指南。地方政府和学校需要遵照中央政府制订的课程政策与计划,根据当地的需求开发地方课程、校本课程。

特殊教育作为我国基础教育的一个组成部分,原则上也要遵守基础教育的课程与教学政策。1998年12月教育部颁布的《特殊教育学校暂行规程》第十九条明确规定,"特殊学校应按照国家制订的特殊教育学校课程计划、教学大纲进行教育教学工作。学校使用的教材,须经省级以上教育行政部门审查通过;实验教材、乡土教材须经主管教育行政部门批准后方可使用"。2007年,教育部印发的《盲校义务教育课程设置实验方案》、《聋校义务教育课程设置实验方案》和《培智学校义务教育课程设置实验方案》中也对特殊学校的课程政策做了说明。譬如,《盲校义务教育课程设置实验方案》规定,"整体设置九年一贯的视力残疾儿童义务教育课程,包括国家安排课程和地方与学校安排课程两部分,以国家安排课程为主,地方、学校安排课程为辅";"国家将通过制订各科目课程标准来规定各科目课程的具体内容和要求";"本课程方案所规定的课程门类、教学内容、教学要求、课时分配,体现了国家对全日制盲校义务教育的基本要求,是各级教育部门和盲校组织、安排教学活动的依据,制订各科课程标准、编写教材的依据和督导、评估盲校教学工作的依据。在本方案的指导下,各省、自治区、直辖市教育委员会、教育厅

---

① 钟启泉.课程与教学概论[M].上海:华东师范大学出版社,2004:37—50.
② 钟启泉.课程与教学概论[M].上海:华东师范大学出版社,2004:37—50.

(局)可结合本地区的实际情况进行适当调整,并对地方安排课程的设置、课时分配等做出明确规定。调整后的课程方案下发当地盲校严格执行,并报国家教育部备案"。《培智学校课程设置实验方案》规定,培智学校的课程"规定性与自主性相结合。在课程实施中,各地在使用国家课程方案时,可根据当地的社会、文化、经济背景,社区生活环境以及学生在这些环境中的特殊需求,开发校本课程,体现课程的多样性"。

2. 国家的课程标准

课程标准是国家对学校课程的基本规范和要求,是对某一学段或年级所有学生在教师的帮助下或在自己的努力下学习结果的行为描述,是面向全体学生的共同的、统一的基本要求。《基础教育课程改革纲要(试行)》明确指出"国家课程标准是教材编写、教学、评估和考试命题的依据,是国家管理和评价课程的基础"。课程标准是教学实施的重要依据。基于课程标准的教学设计是特殊教育教学设计的基本要求之一。教师需要基于课程标准建立学生可以达成的学习目标,选择达成相应目标所需要的教学内容,设计教学策略。

特殊教育教师在基于国家的课程标准进行教学设计时会遇到比普通教育教师更大的困难。因为特殊学生的个体间差异比普通学生间的差异更大。以我国为例,2007年教育部颁布了《盲校义务教育课程设置实验方案》、《聋校义务教育课程设置实验方案》和《培智学校义务教育课程设置实验方案》。但这些方案只是课程专家对某类特殊儿童课程的一般规定,难以顾及每个特殊儿童的具体情况。因此,特殊教育教师并不是课程方案的中立性传递者,而应该是积极的课程设计者与实施者。在教学设计中不能完全照搬国家课程,而是需要评估每个特殊儿童的发展水平,了解每个特殊儿童的具体需要,在此基础上确定学生的课程与教学目标,设计学生的课程设置与课程内容。特殊教育教师需要将"国家政策性"课程标准转化为"学校实践性"的课程,有效地落实于课堂教学中。

(二) 特殊学生的安置方式

教育安置方式是指为儿童提供教育的学校类型、场所及其所提供的服务。障碍儿童的恰当教育安置方式是一个非常重要又颇有争议的问题。

1962年,美国学者雷诺兹(Reynolds)首次提出安置选择范围的概念。1970年,迪诺(Deno)对雷诺兹的概念进行了扩展,提出了"瀑布式"或称为连续安置的模型。该模型以残疾儿童为服务对象,提供满足其不同程度需求的各级各类公立学校教育,共分七级。根据学生受教育后的情况变化,可向高一级或低一级的教育安置形式转移。该模型具有既分层次又贯通连续的特点,常用倒三角形表示,故又称"倒三角形体系"。[①] 该模型提出将特殊儿童的安置方式按照教育环境的限制由少到多、所安置学生的人数由多到少依次为普通学校普通班级、普通学校普通班级并有额外的教学服务、普通学校资源教室、普通学校特殊班、特殊学校、寄宿制学校、在家学习或住院学习等安置方式。

当然,各种安置方式彼此间并不是完全分离的。儿童选择了一种安置方式并不意味着其所有的学校时间都在该方式中学习。安置方式的分类基于学生在校时间更多是

---

① 朴永馨.特殊教育辞典[M].3版.北京:华夏出版社,2014:50.

在哪里学习。美国教育部(2000)对学龄阶段障碍学生教育安置方式作了如下的定义，具体见表1-2。

表1-2 学龄阶段障碍学生教育安置方式的定义

普通班	学生大部分时间在普通班接受教育，在校时间离开普通班级接受特殊教育及相关服务的时间少于21%。这种安置方式也包括在普通班级环境中为障碍学生提供特殊的教学或服务
资源教室	学生在校时间在普通班级外接受特殊教育和相关服务的时间多于21%但少于60%。在有限的时间内，学生被从普通班级"抽离"，在一个分离的教室中接受特殊教育或服务。服务的形式可能是个别教学或小组教学。这是不太严重的障碍儿童的一种常见的安置方式
特殊班(separate class)	学生超过60%的在校时间在普通班级外接受特殊教育和相关服务。特殊班通常称为自我管理的班级(self-contained classroom)，学生通常有较严重的障碍，在这里接受全部时间的教学，或者参加学校的非学业活动。班级教室在普通学校大楼中
特殊学校(separate school)	学生超过50%的在校时间在公立或私立的专门招收障碍学生的特殊学校(由公共经费支付)接受特殊教育和相关服务
机构(residential facility)	学生每天24小时在公立或私立的机构(由公共经费支付)接受特殊教育
在家/医院	学生在医院或在家接受特殊教育

(资料来源：U. S. Department of Education. (2000). Twenty-second Annual Report to Congress on the Implementation of the Individuals with Disabilities Education Act(Washington, DC: U. S. Goverment Printing Office), pp. 11 - 14)

20世纪70年代以来，教育安置方式的选择已然成为推动特殊教育变革的重大命题。20世纪六七十年代，挪威等北欧发达国家特殊教育界提出了特殊教育的"正常化"，旨在打破特殊教育与普通教育完全分离的状态。随后的七八十年代，一体化、回归主流等特殊教育的新理念逐渐在美国、英国等发达国家成为特殊教育的基本追求，一些特殊儿童已经在普通学校接受特殊教育。20世纪90年代，融合教育逐渐在世界范围内成为特殊教育的主流方向。1994年6月联合国教科文组织召开的"世界特殊教育需要大会"通过了《萨拉曼卡宣言》。该宣言首次正式提出融合教育，要求教育要满足所有儿童的需要，为普通儿童设立的教育机构亦应接收所在地区的各类有特殊教育需要的儿童少年，并为其提供适应其需要的以儿童为中心的教育活动。在一切可能情况下，所有儿童应一起学习，而不论他们有无或有何种困难和差异。[1]

融合教育在实践中主要是指特殊学生在其家庭所在地区的普通学校普通班级中与同龄的正常儿童一起接受教育。融合包括物理空间的融合、社会的融合以及参与普通学校的正常的教学、休闲与社会活动。[2] 融合教育的支持者认为特殊儿童与同龄的普通儿童在一起学习对双方而言都是有益的。特殊儿童可以有许多机会与普通儿童进行

---

[1] 朴永馨. 特殊教育辞典[M]. 3版. 北京：华夏出版社，2014：50—51.
[2] Rynak, D. L., Alper, S. *Curriculum and Instruction for Students with Significant Disabilities in Inclusive Settings* [M]. New York: Pearson Education, Inc., 2002：15.

社会交往和互动,可以学习普通儿童恰当的行为,可以在学业上达到更高的水平。普通儿童可以在与特殊儿童一起学习生活的过程中学习理解差异、接受差异,学习为特殊儿童提供帮助。随着融合教育思潮的兴起,大量特殊儿童进入普通学校普通班级学习。

尽管在世界范围内对于融合教育本身还有些争论,即使融合教育的支持者也对应该是全部融合(full inclusion)还是部分融合(part inclusion)意见不一,但正是在这些争论中,原来的普通教育与特殊教育分离但平等的局面被打破,取而代之的是追求在普通教育的情境中为特殊儿童提供有效教学。当然,特殊教育的多元安置模式仍然会给不同障碍类型、不同障碍程度的特殊儿童提供最少限制、最具建设性的环境,只是会有越来越多的特殊儿童在普通学校中接受教育。

安置方式的变化给特殊学生的课程与教学也带来了新的要求。

在特殊教育与普通教育相对分离的年代,特殊教育课程与普通教育课程是分离且彼此没有交集的。教师在设计课程与教学时,只需要考虑班级特殊学生的需要。课程上可以设计一些普通学校没有但特殊学生需要的内容。教学上可以针对儿童的需要进行"特别设计的教学",教师可以在小班中运用同质或异质的小组教学、个别教学等组织形式,利用外部刺激、强化物等控制环境,使学生更好地参与学习。

在融合教育的大背景下,包括特殊教育学校在内的课程改革也开始了"回归"融合之路,使得平行分立的课程模式逐渐被融合参与的课程模式所替代。融合参与的课程模式是基于课堂服务于学生群体多样的异质性假设,而进行的整体融合式的设计。其课程目标是让包括残疾学生在内的所有学生都能参与统一的基于普通课程框架的学习与学业评价,尤其是对于那些承载着读写、计算等最基本概念与技能的核心课程(如语文、数学、科学等),应在尽力满足学生特殊需要的基础上,保证所有学生尽可能地完成基于普通课程大纲所规定的具有挑战性的学习任务,从而实现和维持他们可接受的学习水平和机会。融合课程是不分类的,既不分障碍类别,也不区隔特殊教育学校和随班就读,而是以一个统一的普通课程框架为基础标准,然后根据每一个障碍学生的具体情况再作适应性的调整。[①] 当然,学生在学习普通教育课程的同时,还要学习满足其特殊需要的特殊课程。

在教学方面,关注的重心从"特别设计的教学"转向"差异教学",以求在班级集体教学的情况下满足不同学生的教育需求。差异教学要求教师进行"通用教学设计"。通用教学设计(universal design for instruction)的理念来自建筑行业的通用设计,由美国北卡罗莱纳州大学残疾人建筑师梅斯(Ronald Mace)首先提出,是指在建筑设计中创建一种框架来构思与设计建筑,以适应残疾人的需要,而不必进行后续的适应性改造或特别的设计,以增强产品的适用性。通用教学设计要在教学设计中反映出每位学习者的个体差异与独特需要,从而使其能力得到最大程度的发展。通用教学设计的目的是为每位学生提供适合其发展的教学。它强调运用多种方法,使教学适合于不同情境中的不同背景、不同学习风格、不同学习能力、不同认知障碍学习者的需要,从而促进每位学生

---

① 盛永进.全纳走向下国际特殊教育课程的发展[J].外国教育研究,2013(9):88—95.

的发展。[①] 通用教学设计要求教师根据学生的情况与需求制订恰当的教学目标、采用灵活多样的方式呈现课程内容,鼓励学生采用灵活多样的方式来表达学习结果。

(三) 特殊学生的现有水平与发展需求

特殊学生的教学设计需要基于学生的现有水平与发展需求。

学生的现有水平主要是指在进行教学设计时,学生在学业、生活自理与社会适应、语言与认知等方面的实际水平。

学业水平主要是指学生学习阅读与写作、数学等主要课程时已经具备的知识与技能。基本的学业水平是学生适应现代社会所必须具备的。美国等发达国家在特殊教育改革进程中都把提高特殊学生的学业水平放在很重要的位置。

生活自理主要是指学生在日常生活中自我照料的基本技能。社会适应主要是指学生在社会中生存、与他人共处的能力。在很多情况下,社会成熟与智力成熟同样重要。与他人共处的能力对特殊儿童和正常儿童都同样重要。一些特殊儿童经常表现出人际交往技能薄弱,社会行为不恰当或不成熟。在职业领域,一些障碍人士往往缺少与同事或他人建立和维持友谊的必要的社会能力。当障碍人士在工作中遇到困难时,通常不是由于工作任务本身,而是由于与一同工作的人、与管理者的社会互动出现了问题。直接的生活自理与社会技能教学是促进特殊儿童发展的途径之一,可以提高他们的生活质量以及被他人接受的程度。

语言作为沟通的主要形式,与学生的认知发展、学业学习、社会适应等都密切相关。一些认知障碍、感官障碍的学生在语言发展方面往往也会存在很大的困难。智力与语言发展有很大的相关:智力水平越高,语言障碍越少。认知障碍儿童大多有语言障碍,在语言的理解与表达方面都有问题。语言障碍几乎是这类儿童的第二障碍。障碍的严重性与语言方面的发展往往直接相关,交往能力尤其差,学生在理解抽象的词语和概念时有困难。听觉障碍学生在语言发展方面也有很大困难。语言对于特殊儿童个体的独立功能发挥是很重要的。语言的障碍是特殊儿童融入主流社会的主要障碍之一。

特殊学生的认知水平主要包括注意力、记忆、思维等方面的水平。注意力在学习中扮演着重要角色,许多特殊儿童的学习困难是由于注意力的缺陷。儿童的注意力问题主要出现在从背景中选择需要编码的信息以及对所选择的信息进行编码两个方面。记忆是对信息的识记、保持、再认或再现。特殊儿童的记忆问题可能在这三个阶段都存在。思维水平特别是抽象思维水平影响着特殊儿童的学习。一些特殊儿童思维发展水平低,有的长期处于具体形象思维、甚至直觉动作思维阶段。

除此之外,学生的学习动机水平也是影响其学习的重要因素。动机对理解个体的成绩与其真正的能力间的差异是很重要的。有些特殊儿童通常缺少学习目标,动机不足。这往往是由于以往失败经验的累积导致学习和解决问题的风格特征为外部控制,认为自己行为的结果是个人所不能控制的环境和事件所导致的。这种对失败的预期致使特殊儿童即使面对他们能够完成的任务也会停止努力。

学生的发展需求是基于学生的障碍类型与程度、目前的发展水平以及未来所要适

---

① 周加仙.为了每位学生的发展:基于脑与认知科学的通用教学设计[J].全球教育展望,2010(1):15—20.

应的环境的要求而确定的。学生发展的需求既有长远的需求，譬如从学校毕业时、成年时所要达成的目标，也有目前学期学习的发展需求。

三、特殊教育教学设计的主要任务

特殊教育教学设计的主要任务是解决在教授特殊儿童的过程中教什么、怎么教、如何评价学生的学习这三个问题。

1. 设计教什么

在进行教学设计时，教师首先要基于特殊儿童的现有水平与发展需求，根据国家的课程标准及相应的课程与教学政策，充分考虑儿童的安置方式对其课程与教学的要求，制订学生的学期教学目标。如果班级内学生个体间差异较大的话，教师需要为特殊儿童制订个别化教育计划，明确学生的学期教学目标即长期目标。如果现有的课程设置不适合学生的发展需求、不利于学生学期目标达成，教师还要决定学生需要学习哪些课程以及整体的课程结构。学生的课程设计也可以在制订个别化教育计划时完成。个别化教育计划中的长期目标还可以根据实际需要进一步分解为若干个短期目标。

确定好学生在整个学期所要达成的目标后，教师需要根据目标要求、特殊学生的学习能力等因素制订单元计划。单元计划既要明确学生学习该单元所要达成的目标，也要确定学生达成单元目标所需要学习的相关内容。

单元计划制订好后，教师需要根据单元要求以及学生的能力与水平把单元目标分解为若干课时目标，制订相应的课时计划。

2. 设计怎么教

当课时计划的目标确定好后，教师要基于课时计划目标、学生的能力与学习本节课前已有的相关知识掌握情况，选择恰当的教学资源，设计合理的教学过程，在教学过程中运用恰当的教学策略和方法。特殊儿童的教学策略和方法主要可以归为两大类：一类旨在教学新的知识、技能时帮助特殊儿童从不会到会，本书中介绍的直接教学、支架教学、交互式教学、精准教学都属于这类；一类旨在满足学生的个体间差异，本书中介绍的合作学习、协同教学均属此类。

3. 设计如何评价学生的学习

有效的评价是促进学生学习的重要手段。本书没有独立的章节讨论学生的学习评价问题，但把评价的要求分散在相应的章节中。首先，特殊学生的学习评价是基于其个人能力而制订的适当目标的评价，通过评价其目标达成情况来评价其学习成效。个别化教育计划的长期目标与短期目标、单元计划目标、课时计划目标既是学生在不同时间阶段需要达成的目标，同时也是评价学生学习情况的依据。因此，教师在设计这些目标时需要做到目标是可以被他人评价和测量的。其次，特殊学生的学习评价既包括基于目标的结果性评价，又更重视对学生在学习过程中的表现进行过程性评价。直接教学、支架教学等教学策略都重视在教学过程中密切关注学生的实际学习情况，在教学中要对特殊学生的每个公开反应予以反馈，对学生的正确反应要及时予以强化，对学生的错误反应则要及时予以纠正。整个教学过程的推进要基于学生的学习表现。当学生在教师帮助下可以完成学习任务时，教学环节才会逐步转变为学生的独立练习。教师要基于学生学习情况的评价结果及时调整自己的教学内容和方法。另外,特殊学生的学习评价还应重视形式的恰当性。教师在进行课时计划设计时要遵循通用设计的原则。通用教学设计的基本要求之一就是要让学生以适合自己的方式呈现其学习结果。由于学生对不同的表达与交流方式有不同的偏好,或者由于生理与认知方面的个体差异,一些学生只适合选择某种表达方式。因此,通用教学设计鼓励学生采用灵活多样的表达途径来支持策略网络的学习。灵活多样的表达方式主要分为两种:降低运动性表达障碍的途径与降低认知性表达障碍的途径。前者包括传统的纸笔书写、使用计算机键盘、口头表达、多媒体表达、图表表达等多种表达方式。后者包括提供支持性的练习机会、提供持续性的反馈、提供灵活的表现技能的机会等。[1]

讨论与探究

1. 国家的课程与教学规定是特殊教育课程与教学设计的依据之一。2007年教育部颁布的三类特殊学校的课程方案只是对相应类别特殊儿童的一般规定,但现实中同一类型学校中学生之间却有着很大差异,请问在课程与教学设计时应该如何应对差异?当国家的课程要求远高于或低于学生可能达成的目标时,教师应该如何设计这些学生的课程?

2. 随着融合教育的发展,美国等国家要求特殊学生学习普通教育课程并取得应有的进步,我国仍然在建立盲校、聋校、培智学校的课程。请问你对此持何意见?

---

[1] 周加仙.为了每位学生的发展:基于脑与认知科学的通用教学设计[J].全球教育展望,2010(1):15—20.

第二章

教学目标的设计

教学目标的设计是教学设计的关键。教学目标是教学实施的方向与依据。在特殊教育教学设计中,既要规划特殊学生的总体发展目标、课程目标,又要设计个别化教育计划的目标、单元教学目标、课时教学目标。

通过本章学习，你能够：

1. 理解教学目标的涵义与层级。
2. 了解教学目标的功能。
3. 了解布卢姆的教学目标分类理论。
4. 了解加涅的教学目标分类理论。
5. 了解我国新课程改革的教学目标分类。
6. 了解教学目标表述的主要模式。
7. 了解特殊学生教学目标制订的要求与程序。

第一节　教学目标概述

一、教学目标的涵义与层级

目标在汉语中有两种涵义：一种涵义是指射击、攻击或寻求的对象；另一种涵义是指想要达到的境地。教学目标中的"目标"显然是第二种涵义。目标是在一定的时间范围内所要达到的具体目的。在教育领域，有不同层次的目标，教学目标是目标体系中的一种目标。

1. 教育目的

最上位的目标是教育目的（educational aims；aims of education）。教育目的，又称教育宗旨，是一个国家培养人的总目标，规定着把受教育者培养成怎样的人，是一切教育活动的出发点。特殊学生的教育也要遵循国家的教育宗旨，实现国家的教育目的。

2. 教育目标

教育目的的下位目标是教育目标（educational goals；goals of education）。教育目标又称培养目标，是指不同阶段、不同性质学校的教育价值。特殊学生的教育目标涉及不同教育阶段（如学前教育、基础教育、高等教育等）、不同障碍类型（如听觉障碍学生、视觉障碍学生、智力障碍学生等）、不同安置方式（如特殊学校、普通学校普通班级等）、不同教育性质（如普通教育、职业教育等）。

特殊学校不同障碍类型学生的教育目标。2007年教育部颁布了《盲校义务教育课程设置实验方案》、《聋校义务教育课程设置实验方案》和《培智学校义务教育课程设置实验方案》，分别规定了三类学校在义务教育阶段的培养目标。

盲校的培养目标：全面贯彻党的教育方针，促进视力残疾学生全面发展，尊重个性发展，开发各种潜能，补偿视觉缺陷，克服残疾带来的种种困难，适应现代生活需要。使学生具有爱国主义、集体主义精神和民族精神，热爱社会主义，继承和发扬中华民族的优秀传统和革命传统；具有社会主义民主法制意识，遵守国家法律和社会公德，依法维权；逐步形成正确的世界观、人生观、价值观；正确地认识和对待残疾，具有乐观进取、自尊、自信、自强、自立、立志成才的精神、顽强的意志以及平等参与的公民意识；具有社会责任感，努力为人民服务；具有初步的创新精神、实践能力、科学和人文素养以及环境意识；具有适应终身学习的基础知识、基本技能和方法；身体健康、具有良好的心理素质，养成健康的审美情趣和生活方式，学会交流与合作，初步具有独立生活能力、社会适应能力和人生规划意识，成为有理想、有道德、有文化、有纪律的一代新人。

聋校的培养目标：全面贯彻党的教育方针，体现时代要求，使聋生热爱祖国，热爱人民，热爱中国共产党；具有社会主义民主法制意识，遵守国家法律和社会公德；具有社会责任感，逐步形成正确的世界观、人生观、价值观，努力为人民服务；具有创新精神、实践能力、科学和人文素养以及环境意识；具有适应终身学习的基础知识、基本技能和方法；具有生活自理能力、社会适应能力和就业能力；具有健壮的体魄、良好的心理素质，养成健康的审美情趣和生活方式，培养自尊、自信、自强、自立的精神，成为有理想、有道德、有文化、有纪律的一代新人。

培智学校的培养目标：全面贯彻党的教育方针，体现社会文明进步要求，使智力残疾学生具有初步的爱国主义、集体主义精神；具有初步的社会公德意识和法制观念；具有乐观向上的生活态度；具有基本的文化科学知识和适应生活、社会以及自我服务的技能；养成健康的行为习惯和生活方式，成为适应社会发展的公民。

我国对于在普通学校随班就读的障碍学生的培养目标也做出过相关规定。国家教委在1994年颁布的《关于开展残疾儿童少年随班就读工作的试行办法》文件中明确提出，学校应当安排残疾学生与普通学生一起学习、活动，补偿生理和心理缺陷，使其受到适于自身发展所需要的教育和训练，在德、智、体诸方面得到全面发展。在"德"的方面，学校应当对残疾学生加强思想品德教育，培养其良好的行为习惯，使其逐步树立自尊、自爱、自强、自立精神。在"智"的方面，对视力、听力语言残疾学生的教学要求一般与普通学生相同，特殊情况允许有适度的弹性。对轻度智力残疾学生的教学要求可以参考弱智学校的教学计划、大纲和教材作出安排。对中度智力残疾学生的教学和训练也应作出适当安排。①

3. 课程标准

各级各类学校为了实现培养目标，都需要设置相应的课程。国家组织相关专家制订相关课程的标准，又称课程纲要。教材编写、教学目标的制订都要以此为据。

在颁布三类特殊教育学校的课程设置方案之后，我国正在制订方案中规定设置课程的课程标准。但目前，还没有制订随班就读障碍学生的课程标准。美国等国家在进入21世纪以来，要求接受特殊教育的学生，不管其安置方式如何，都要学习普通教育课程，达成普通教育的课程标准，只允许极少数特殊学生的课程目标可以适当降低要求。

4. 教学目标

教育目的、教育目标、课程标准都是国家规定的、针对所有受教育者或者某一类受教育者的目标。教学目标是指教师为自己所要教的学生制订的教学活动实施的方向和

---

① 国家教育委员会.关于开展残疾儿童少年随班就读工作的试行办法(教基(1994)16号)[EB/OL].【2006-05-30】.http://www.hbdpf.org.cn/Article/ShowArticle.asp? ArticleID=701.

预期达成的结果。

教师在制订教学目标时,既要以教育目的、教育目标、课程标准为依据,还要全面了解学生的现有水平、学习需要以及学习能力,从而选择、制订适合于学生的教学目标。可以说,教学目标是教育目的、教育目标、课程标准在实践层面的具体落实,是指向具体的学生的。教学目标要说明的是学生在不同的阶段学习某门课程时所要具体达成的目标。

根据完成教学目标所需要的时间的不同,一般把特殊学生的教学目标分为学科教学目标、学期或学年目标、单元目标、课时目标。

学科教学目标是指学生在一个教育阶段,譬如基础教育阶段、小学低年级段学习某门学科所要达成的目标的整体规划。

学期或学年目标是指在一个学期或学年的时段内,学生要达成的目标,又称为长期目标。学期目标的制订是以学科教学目标为基础的。

单元目标是指把学期或学年目标按照一定的逻辑结构进行分解所得到的、需要一段时间的努力才能达成的目标。

课时目标是指一节课的学习所要达成的目标。课时目标是由单元目标分解而来的。一般,一个单元目标需要若干个课时的教学才能完成。

普通学生教学目标与特殊学生教学目标的区别主要体现在两个方面:(1)学科教学目标的制订。普通学生的学科教学目标一般要求与国家的课程标准一致,而特殊学生的学科教学目标可以在一定程度上对国家的课程标准进行适当的调整,以满足具体特殊儿童的需求。(2)对个体差异的关注程度。普通教育中教师所制订的教学目标一般是针对整个班级学生的需求、适合于集体教学的目标。而特殊学生与普通学生之间、特殊学生之间差异很大,因此,在特殊教育领域更重视学生的个别化目标。教师需要根据特殊学生的需求为其制订个别化的学期目标、单元目标、课时目标。个别化的学期目标、单元目标是特殊学生个别化教育计划的要素之一。即使在制订面向全班学生的集体教学目标时,教师也需要考虑到不同学生的需要和目标。

二、教学目标的功能

教学活动主要包括计划、实施、评价三个阶段。教学目标在这三个阶段都具有重要作用。

1. 教学目标在教学计划阶段的作用

教学目标是教师在制订教学计划时,选择教学内容、教学资源、教学方法、教学组织形式、教学情境等的重要依据。教学内容的选择要为教学目标的达成服务。教师需要根据教学目标来选择什么知识最有价值,以及怎样来呈现、组织所选择的教学内容。教学目标指引着教学方法的选择,教师所选择的教学方法应该是达成教学目标的最有价值的方法。事实性知识、概念性知识的教学,更适合使用直接教学法。程序性知识的学习,更适合使用发现教学法。教学目标指引着教学组织形式的选择,知识的学习可以通过班级集体教学的形式进行教学,而合作、沟通等情感目标更适合通过小组合作的形式来教学。

2. 教学目标在教学实施阶段的作用

教学目标在教学实施阶段的作用主要有两个方面。

第一，教学目标指引、规范着教师的教学。一切教学活动都要围绕着教学目标来进行。围绕着教学目标，教学各要素有机地整合在一起，从而发挥出最佳的教学整体效能。有了教学目标的存在，教师可以及时发现自己在教学中出现的偏差，及时进行调整，从而提高教学质量。

第二，教学目标可以指引、激励学生的学习。如果教师在教学开始阶段能向学生呈现明确的教学目标，那么学生就会明确自己的任务，激发学习动机去完成任务。教学目标越恰当、越清晰，学生的学习积极性越高。

3. 教学目标在评价阶段的作用

教学目标的完成情况是评价学生的学习进步情况以及教师教学绩效的重要依据。教学目标决定着评价的标准、内容和形式。清晰的教学目标，有利于教师对自己的教学情况进行自我评价，有利于学生对自己的学习情况进行自我评价，也有利于学校领导、其他教师等对教学的质量进行评价。

另外，教学目标还便于交流、合作。清晰明确的教学目标，可以促进教师之间、教师与家长及学生间的交流，便于相关教师在教学活动中合作完成共同的目标或者补充其他教师缺少的目标内容，便于学校教育与家庭教育间的合作与互补。

第二节 教学目标表述的维度

目标表述的维度是指在表述教学目标时所包括的目标的具体方面。目标表述的维度应以具体的教学目标分类为基础。教学目标分类是指把各门学科的教育教学目标按统一标准分类，使之规范化、系列化、具体化的理论。[①] 1949 年，现代课程理论之父泰勒出版了《课程与教学基本原理》。泰勒强调课程目标的建设，重视学生真正学会了什么。泰勒的学生、著名的心理学家布卢姆(B. S. Bloom)发展了泰勒的思想，开创性地建立了第一个教育目标分类系统。布卢姆的教育目标分类影响深远。在布鲁姆之后，很多研究者尝试对预期的学生学习结果进行分类，至今已有许多教学目标分类系统。下面着重介绍布卢姆的教学目标分类理论、加涅的教学目标分类理论以及我国新课程改革的目标分类理论。

一、布卢姆的教学目标分类理论

20 世纪五六十年代，为了开发一个有助于课程开发与评价的、价值中立的目标参照体系，美国著名教育学家、心理学家布卢姆等人借用生物学中分类学的概念，尝试在教育领域建立"教育目标分类学"。布卢姆认为，完整的教育目标分类应该包括认知领域、情感领域、动作技能 3 大领域。

1956 年，布卢姆主编出版了第一本《教育目标分类学：认知领域》。1964 年，该研究

[①] 郭成.课堂教学设计[M].北京：人民教育出版社，2006：116.

团队又出版了《教育目标分类学：情感领域》一书，主要负责人是克拉斯沃尔（David Krathwohl），布卢姆参与了编写。1972年，《教育目标分类学：动作技能领域》也出版了，主要负责人是哈罗（A. J. Harrow）、辛普森（E. J. Simpson），布卢姆本人并没有参与。2001年，安德森（L. W. Anderson）等人总结了后人的研究成果，对布卢姆认知领域的目标分类进行了修订，出版了《学习、教学和评估的分类学——布卢姆教育目标分类学修订版》。

下面分别对认知领域、情感领域、动作技能领域的目标进行介绍：

（一）认知领域的目标

1. 布卢姆的认知领域目标分类

根据由简单到复杂、由低级到高级的顺序，布卢姆等人（1956）将认知领域的教育目标分为六类，分别是知识、领会、运用、分析、综合、评价。[1] 较高水平目标的达成建立在较低水平目标达成的基础上。

知识是指学生把所学信息储存在大脑中，可以回忆。知识包括特定事物的知识、处理特定事物的方式和手段的知识、学科领域内的普遍原理和抽象概念的知识等。每种类型的知识又包括若干个亚类型。

领会是指当学生要进行交流时，能理解交流内容中所含的文字信息的各种目标、行为或反应。领会目标有转化、解释、推断三个亚类。转化是指个体能把交流内容转化为其他术语，或转化为另一种交流形式。解释是指把交流内容作为一种观念结构来处理。推断是指根据最初交流中所描述的条件，在超出用以确定各种内涵、后果、必然结果和效果等既定资料之外的情况下，延伸各种趋向或趋势的能力。

运用是指在特殊和具体情境中使用抽象概念。

分析是指把材料分解成各个组成部分，弄清各部分之间的相互关系及其构成方式。分析包括要素分析、关系分析、组织原理分析三个亚类。要素分析是指识别某种交流所包括的各种要素的分析。关系分析是指对交流内容中各要素与组成部分的联结和相互关系的分析。组织原理分析是指对交流内容的组织、系统排列和结构的分析。

综合是指把各种要素和组成部分组合起来，以形成一个原先不太清楚的模式或结构。综合目标包括进行独特的信息交流、制订计划或成套操作、推导出一套抽象关系3个亚类。进行独特的信息交流是指提供一种条件，以便把自己的观点、感受和经验传递给别人。制订计划或成套操作指制订一项工作计划或操作步骤。推导出一套抽象关系是指确定一套抽象关系，用以对特定的现象或关系进行解释。

评价是指为了某种目的，对观念、作品、答案、方法和资料等的价值作出判断。评价包括按内部证据判断和按外部准则判断两个亚类。按内部证据判断是指依据逻辑上的准确性、一致性等内在证据来判定信息的准确性。按外部准则判断是指根据挑选出来的或回忆出来的准则来评价材料。

上述六类目标可以归为两大类型，一类是知识，而领会、运用、分析、综合、评价5类目标可以统称为"理智的能力和技能"（intellectual abilities and skills）。理智的能力和技能是指个体从已有经验中找到合乎需要的信息和技术，并运用于新的问题和新的情

---

[1] 布卢姆，等.教育目标分类学：认知领域[M].罗黎辉，等，译.上海，华东师范大学出版社，1986：59—160.

境。知识与理智的能力和技能具有内在的统一性。

2. 安德森等人的认知目标分类

1995—1999年,以安德森为首的专家团队经过五年的持续努力,在广义知识观的视角下对布卢姆认知领域的目标分类进行了修订。与布卢姆按照认知水平的单一维度分类不同,新修订的教育目标分类学提出了知识与认知过程两个维度的认知领域的分类框架(见表2-1)。知识维度包括事实性知识、概念性知识、程序性知识、反省认知(见表2-2)。认知过程维度包括记忆、理解、应用、分析、评价、创造(见表2-3)。两个维度互相配合,特定的知识类型有规律地伴随特定认知过程,如"记忆"与"事实性知识"紧密联系,"理解"与"概念性知识"密切联系。而且,分析、评价、创造作为最高水平的、通用的认知过程,可以整合各种类型的知识,促进记忆、理解和应用。

表2-1 认知领域教学目标分类表

知识维度	认知过程维度					
	1. 记忆	2. 理解	3. 运用	4. 分析	5. 评价	6. 创造
A. 事实性知识						
B. 概念性知识						
C. 程序性知识						
D. 反省认知						

(资料来源:L·W·安德森,等. 学习、教学和评估的分类学——布卢姆教育目标分类学[M]. 皮连生,译. 上海:华东师范大学出版社,2008:25)

表2-2 知识维度

主要类别与亚类例子
A. 事实性知识——学生通晓一门学科或解决其中的问题所必须知道的基本要素
A_A. 术语知识:机械的词汇、音乐符号
A_B. 具体细节和要素的知识:主要自然资源、可靠的信息来源
B. 概念性知识——能使各成分共同作用的较大结构中的基本成分之间的关系
B_A. 分类或类目的知识:地质学年代周期、商业所有权形式
B_B. 原理和概括的知识:毕达哥拉斯定理、供应与需求定律
B_C. 理论、模型和结构的知识:进化论、国会结构
C. 程序性知识——如何做什么,研究方法和运用技能、算法、技术和方法的标准
C_A. 具体学科的技能和算法:用于水彩作画的技能、整数除法知识
C_B. 具体学科的技术和方法:面谈技术、科学方法知识
C_C. 决定何时运用适当程序的用于确定何时运用涉及牛顿第一定律的程序的标准标准的知识用于判断采用特殊方法评估商业代价的可行性的标准
D. 反省认知——一般认知知识和有关自己的认知的意识和知识

续 表

- D_A. 策略性知识 把写提纲作为掌握教科书中的教材单元的结构的手段的知识,运用启发式方法的知识
- D_B. 包括情境性的和条件性的知 特殊教师实施的测验类型的知识,不同任务有不同认知识在内的关于认知任务的知识 需要的知识
- D_C. 自我知识 知道评判文章是自己的长处,而写文章是自己的短处 对自己知识水平的意识

(资料来源:L·W·安德森,等.学习、教学和评估的分类学——布卢姆教育目标分类学[M].皮连生,译.上海:华东师范大学出版社,2008:43)

表 2-3 认知过程维度

| 类目与替代名称 | 定义与例子认知过程 |

1. 记忆——从长时记忆系统中提取有关信息

　　1.1 识别 从长时记忆系统中找到与呈现材料一致的知识(例如再认美国历史上重要事件的日期)

　　1.2 回忆 提取从长时记忆系统中提取相关知识(例如回忆美国历史上重大事件的日期)

2. 理解——从口头、书面和图画传播的教学信息中建构意义

　　2.1 解释 澄清、释义、描述、从一种呈现形式(如数字的)转换为另一种形式(如言语的)(例如解释重要演讲或文件的含义)

　　2.2 举例 例示、具体化 找出一个概念或一条原理的具体例子(例如给出各种美术绘画类型的例子)

　　2.3 分类 类目化、归属 确定某事物属于某一个类目(如概念或原理)(例如将考察到的或描述过的心理混乱的案例分类)

　　2.4 概要 抽象、概括 抽象出一般主题或要点(例如为录像磁带上描写的事件写一则简短的摘要)

　　2.5 推论 结论、外推、内推 从提供的信息得出逻辑结论(例如在学习外语时,从例子中推论预测出语法原理)

　　2.6 比较 对照、匹配、映射 确定两个观点、客体等之间的一致性(例如比较历史事件与当前的情形)

　　2.7 说明 构建、建模 建构一个系统的因果模型(例如解释法国18世纪重要事件的原因)

3. 运用——在给定的情境中执行或使用某程序

　　3.1 执行 贯彻 把一程序运用于熟悉的任务(例如多位整数除以多位整数)

　　3.2 实施 使用 把一程序运用于不熟悉的任务(例如将牛顿第二定律运用于它适合的情境)

4. 分析——把材料分解为它的组成部分并确定部分之间如何相互联系以形成总体结构或达到目的

　　4.1 区分 辨别、区别 集中、从呈现材料的无关部分区别出有关部分或从不重要部分区别出重要部分(例如在数学文字题中区分有关与无关数量)

　　4.2 组织 发现一致性、整合、确定某些要素如何在某一结构中的适合性或功能(例如组织某一列提纲、结构化历史上描述的证据使之成为支持或反对某一特殊解释的证据)

　　4.3 归属 解构 确定潜在于呈现材料中的观点、偏好、假定或意图(如根据文章作者的政治观点确定他的观点)

5. 评价——依据标准做出判断

　　5.1 核查 协调、探测、监测、查明某过程或产品的不一致性或谬误;确定过程或产品是否有内在一致性;查明某种程序在运行时的有效性(例如确定科学家的结论是否来自观察的数据)

续 表

5.2	评判判断查明产品和外部标准的不一致性,确定某产品是否具有外部一致性;查明一个程序对一个问题的适当性(例如判断两种方法中哪一种对于解决某一问题是最适当的方法)
6. 创造——将要素加以组合以形成一致的或功能性的整体;将要素重新组织成为新的模式或结构	
6.1	生成假设根据标准提出多种可供选择的假设(例如提出假设来说明观察到的现象)
6.2	计划设计设计完成某一任务的一套步骤(例如计划写一篇历史题目的论文)
6.3	产生建构发明一种产品(例如为某一特殊目的建筑住处)

(资料来源:L·W·安德森,等.学习、教学和评估的分类学——布卢姆教育目标分类学[M].皮连生,译.上海:华东师范大学出版社,2008:59)

(二) 情感领域的目标

克拉斯沃尔等人(1964)把情感领域的目标分为5个亚类,按照由简单到复杂的顺序分别是接受(注意)、反应、价值评价、组织、由价值或价值复合体形成的性格化。[1] 较高水平的目标包含并依赖于较低水平的情感技能。沿着这个等级越往上,个体就会越用心,越投入,越依靠自己,逐渐让自己的情感、态度和价值观不再受别人的支配。[2]

接受(注意)是指学生能感觉到某些现象和刺激的存在,并且愿意接受或注意这些现象和刺激的存在。接受目标包括觉察、愿意接受、有控制或有选择的注意三个亚类。觉察是指学生意识到某一情境现象、对象或事态。愿意接受是指学生愿意承受某种特定刺激而不是去回避。有控制或有选择的注意是指自觉或半自觉地从给定的各种刺激中选择一种作为注意的对象而排除其他无关刺激。

反应是指学生对现象能积极注意,投入到所涉及的现象中。反应包括默认的反应、愿意的反应、满意的反应三个亚类。默认的反应是指学生对某种外在要求、刺激做出反应,但是还存在一定的被动性。愿意的反应是指学生对某项行为有了相当充分的责任感并自愿去做。满意的反应是指学生自愿做了某件事后产生一种满足感。

价值判断是指学生确信某一事物、现象或行为是有价值的。价值判断包括价值的接受、对某一价值的偏好、信奉三个亚类。价值的接受是指接受某种价值。对某一价值的偏好是指学生所接受的价值驱使、指引着学生的行为,成为学生的奋斗目标。信奉是指学生坚定地相信某种观念并全力以赴地为之努力。

组织是指学生能把诸多价值观念组织成一个系统,并能确定价值之间的相互关系,确立起支配作用的和普遍存在的价值观念。组织包括价值的概念化和价值体系的组织两个亚类。价值的概念化是指通过价值特征化,使各种价值能联系在一起。价值体系的组织是指学生把各种可能是毫无联系的价值组成一个价值复合体,使这些价值形成有序的关系。

由价值或价值复合体形成的性格化是指各种价值观念已经在个人的价值观层次结

---

[1] 克拉斯沃尔,等.教育目标分类学:情感领域[M].施良方,等,译.上海:华东师范大学出版社,1989:101—195.
[2] 加里·D·鲍里奇.有效教学方法[M].易东平,译.南京:江苏教育出版社,2002:86.

构中占据各自的地位,组成某种内部一致的系统,长期控制个人的行为,使个体按照这种价值观念系统去行动。该领域包括泛化心向和性格化两个亚类。泛化心向是指在任何特定时候都对态度和价值体系有一种内在一致的倾向性。性格化是指外在价值已经内化为学生最深层、整体的性格。

(三) 动作技能领域的目标

动作技能领域的目标分类出现于 20 世纪 70 年代,其中比较著名的是哈罗、辛普森 1972 年所做出的分类。[①] 两种分类都是按照从最不复杂到最复杂的目标排列的,动作技能的完成逐渐由模仿到独立、由粗糙到精细、由不熟练到自动化。

哈罗以学龄前教育为视角,将动作技能领域的教学目标分为六类,分别是反射动作、基本—基础动作、知觉能力、体能、技巧动作、有意的沟通。反射动作是指不随意的、与生俱来的本能。基本—基础动作是指在随意动作中使用的反射动作的组合。知觉能力是指肌肉运动知觉以及视听触觉的辨别与协调能力。体能包括耐力、气力、弹性和敏捷性。技巧动作是指简单、复合和复杂的动作。有意的沟通是指表情和解释的动作,依赖于知觉能力、体能和技巧动作的发展。

辛普森从职业技术教育的视角把动作技能教学目标分为七类,分别是知觉、定势、指导下的反应、机制、复杂的外显反应、适应、创作。知觉旨在通过感官注意物体、性质或关系。定势指为某种特定的行动或经验而做出的预备性调整或准备状态。指导下的反应是指学生在教师指导下或者根据自我评价表现出来的外显的行为。机制是指已成为习惯的习得性反应。复杂的外显反应是指个体能够表现复杂的动作行为。适应是指个体能够改变动作活动以符合新的问题情境。创作是指个体能根据情境的需要创造出新的行为方式及动作。

布卢姆教育目标分类的基本框架是把学生的学习结果分为认知、情感、动作技能三大类,每一大类的目标按照由低级到高级、由简单到复杂的顺序分为若干亚类。相对来说,较高水平的认知、情感和动作技能是更真实的行为,因为它们更能体现学习者在这个世界中的居住、工作、玩耍所要求的行为类型。[②] 布卢姆的教育目标分类学为教育理论与实践提供了一个启发性的概念框架,为科学技术迅猛发展时期的教育提供了一套价值观念和质量保障体系。这种"能力本位"的教育价值观,将教育目标由注重"知识"转向注重"理智的能力和技能"。[③] 但布卢姆的教育目标分类理论也招致了很多批评。有人认为教学目标不仅是学习结果,还应包括学习过程。有人认为这种以指导教学结果评价为目的的分类没有阐明各层次的目标是怎样习得的,难以用来指导学习和教学。有人认为这样的分类把完整统一的教学目标割裂开来,认知加情感加动作技能并不等于学生的学习结果。还有人认为,情感目标固然重要,但难以用行为变化来说明,难以进行评价。

---

① 哈罗,等.教育目标分类学:动作技能领域[M].施良方,等,译.上海:华东师范大学出版社,1989:35—69,155—160.
② 加里·D·鲍里奇.有效教学方法[M].易东平,译.南京:江苏教育出版社,2002:83.
③ 张华著.课程与教学论[M].上海:上海教育出版社,2000:170—171.

二、加涅的教学目标分类理论

美国教育心理学家加涅（Robert M. Gagné）认为，人类学习的结果是其性能发生相对持久的变化。习得的性能是一种内潜的心理状态或心理品质，其存在是根据学习者外在的表现或作业（performance）推测出来的。表现或作业是指与内在心理相对的外部行为表现。[①]

加涅在1965年出版的《学习的条件》中提出了八类学习，由低级到高级依次是信号学习、刺激—反应学习、链锁学习、言语联想、辨别学习、概念学习、规则学习、问题解决。在1985年《学习的条件》修订版中，他将八类学习中的前四类作为学习的基础形式，总称为联想学习。在联想学习的基础上，出现五种学习结果，即智慧技能、言语信息、认知策略、动作技能和态度。[②] 五种学习结果包括认知、情感和动作技能三个领域。加涅认为，这五种学习结果是跨学科的。学校所开设的任何学科的教学目标都在这三个领域、五种学习结果的范围之内。

1. 智慧技能

个体可能学会使用符号保持与环境的接触。智慧技能是指使符号应用成为可能的技能，是让学生能够"知如何"的知识或程序性知识。这类技能是人类习得的最为重要的技能类型，也是受教育的实质意义所在。

智慧技能包括辨别、概念、规则和高级规则四个亚类。

辨别是对在一个或多个物理维度上互不相同的刺激作出不同反应的能力，是最简单的智慧技能。

概念是个体把事物或事件归类并将该类的任何一个例证看作是该类的一分子作出反应的学习结果。概念又分为具体概念、定义概念。具体概念能通过被指认的方式来体现，可直接观察。定义概念需要通过一些特定类别的客体、事件或关系的意义来体现，如正义、温暖等。

智慧技能最典型的形式是规则。规则的陈述把若干类刺激与若干类行为联系起来。当学生习得一条规则时，就会表现出受规则支配的行为。

高级规则是指个体通过学习将规则结合形成的更为复杂的规则，是与解决实际问题相联系的。

2. 言语信息

信息是基于一种或多种形式的句子或命题。个体能够告诉信息或陈述信息时，就已经获得了一些言语信息。言语信息是陈述性知识，包括名称或符号、单一命题或事实、在意义上已加以组织的大量命题三个亚类。

名称或符号是指某个物体或一类物体的名称。

单一命题或事实是表示两个或多个有名字的客体或事件之间关系的言语陈述。

在意义上已加以组织的大量命题是由相互联系的事实构成的知识体系。

[①] 皮连生.当代心理科学与学校教育相结合的典范[M]//R·M·加涅.学习的条件和教学论.皮连生，等，译.上海：华东师范大学出版社，1999：10.
[②] R·M·加涅.学习的条件和教学论[M].皮连生，等译.上海：华东师范大学出版社，1999：46—66.

3. 认知策略

认知策略是学习者用以调控自己注意力、学习、记忆和思维的内部过程。认知策略不指向具体外部内容，而是普遍地适合于各种各样的知识内容。认知策略包括复述策略、精加工策略、组织策略、理解监控策略、情感策略五个亚类。

4. 动作技能

动作技能是指学习者进行身体操作性活动的能力。个体所获得的动作技能，不仅指完成某种规定的动作，而且指这些动作组织起来构成流畅、合规则和准确的整体行为。动作技能通常由一套序列动作构成。动作技能的先后顺序通常与动作技能本身一道习得。

5. 态度

态度是指改变个人指向客体、人或事件的行为选择的内部状态。影响行为内部状态的态度既有认知成分、又有情感成分。人类做出的各种行为很大程度上受到态度影响。态度可以以多种多样的方式被习得。

加涅用五种学习结果来解释教育目标。这样的教育目标中排除了个人先天能力（智商中的遗传因素）和人格品质中的相对稳定的人格特质。从中可见学校教育只是影响人的发展的一种有组织的外部因素。学校的教育目标是促进学生知识、技能的习得或品德的形成，而不是笼统地促进学生一般能力或个性的发展。加涅在《学习的条件和教学论》一书中详细阐述了每一类学习的性质、有效学习的条件以及它们的教育含义。加涅的学习结果分类系统不仅可以指导教学结果的测量与评价，还可以指导教学方法的选择以及学生的学习。而且该系统在指导测量与评价时，更有其独到之处，即它不仅能检测出学生是否达到了目标，而且在学生未达到目标时，还能检测出学生在知识、技能上的缺陷所在。[1]

三、我国新课程改革的教学目标分类

1999年，我国启动了新一轮基础教育课程改革。2001年6月，教育部颁布的《基础教育课程改革纲要（试行）》（以下简称《纲要》）提出基础教育课程改革的具体目标之一是要"改变课程过于注重知识传授的倾向，强调形成积极主动的学习态度，使获得基础知识与基本技能的过程同时成为学会学习和形成正确价值观的过程"。《纲要》还提出，"国家课程标准是教材编写、教学、评估和考试命题的依据，是国家管理和评价课程的基础。应体现国家对不同阶段的学生在知识与技能、过程与方法、情感态度与价值观等方面的基本要求，规定各门课程的性质、目标、内容框架，提出教学和评价建议"。[2] 后来，人们把新课程改革对学生在知识与技能、过程与方法、情感态度与价值观等方面的基本要求统称为"三维目标"。三维目标的要求对我国课程标准与教学目标的制订产生了深远的影响。专家在制订课程标准与开发教材时，广大教师在设计教案、制订教学目标

---

[1] 皮连生. 教学设计——心理学的理论与技术[M]. 北京：高等教育出版社，2000. 57.
[2] 中华人民共和国教育部. 基础教育课程改革纲要（试行）[EB/OL]. http://www.edu.cn/20010926/3002911_1.shtml.

时,都力图落实三维目标。自"三维"目标提出以来,人们对其内涵以及如何表述与实施做了很多探讨,各种观点存在较大差异。李亦菲(2011)基于新修订的布卢姆教育目标体系对三维目标进行了解读。下面主要介绍其对三维目标的涵义及关系的看法。[①]

(一) 三维目标的涵义

1. 知识与技能目标

根据新修订的布卢姆教育目标体系,"知识"与"技能"不是两个目标领域,而是认知领域内的两种不同知识类型。"知识"对应于陈述性知识(事实性知识与概念性知识),"技能"对应于程序性知识。知识与技能目标是指个体对事实性知识、概念性知识、程序性知识进行记忆、理解、应用等刚性加工的能力。由于刚性加工是以特定知识类型为对象的,知识与技能目标实际上只包括三类:记忆事实性知识、理解概念性知识、应用程序性知识。前两类为知识目标,后一类为技能目标。

记忆事实性知识。记忆是对经验过的事物(知识)的识记、保持、再现或再认。从有实际意义的教育目标角度来看,记忆主要是指对事实性知识的记忆。记忆事实性知识具体表现在再认、回忆两个方面。再认是指从长时记忆中找到与当前呈现的信息一致的知识。回忆是指根据某个指令或提示从长时记忆库中提取相关的信息。

理解概念性知识。理解是将获得的新信息与原有知识产生有意义的联系,并纳入到已有的知识结构中。从有意义的教育目标角度来看,理解主要是针对各种形式的概念性知识,即分类和类别的知识,原则和规律的知识,理论、模型和结构的知识等。理解概念性知识主要包括解释、举例、分类、比较、说明、总结、推断七个方面。解释是指将指定的概念或原理从一种表达方式转换成另一种表达方式。举例是指从一般概念或原理出发,找到符合条件的具体实例。分类是指识别某些事物是否属于某一类别,或指出某一事例是否符合某一概念或原理。比较是指找出两个或两个以上的客体、事件、概念、问题和情境等之间的异同。说明是指根据经验或研究,阐明某一系统中的主要部分是什么,它们之间如何发生变化等。总结是指从呈现的信息中抽象出一个概括的主题。推断是指从一组事例中发现特征及其相互联系,从而抽象出一个概念或原理。

应用程序性知识。应用是指利用某种方法或程序完成特定的任务。从有意义的教育目标角度来看,应用主要针对程序性知识。应用程序性知识包括执行和实施两种情况。执行是指学习者面对一个熟悉的任务,利用标准化的技能或算法完成这一任务。实施是指学习者需要选择与运用一个适当的程序完成一个不熟悉的任务。

2. 过程与方法目标

过程与方法目标是指个体利用分析、评价和创造等柔性过程,对事物或知识进行加工或整合的能力,以及促进认识、理解、应用等刚性过程的能力。过程与方法不是指教学过程或学习过程,而是指学生通过这两方面过程发展起来的学习方法与策略、问题解决的方法与策略。过程与方法目标主要包括分析,评价,创造,促进记忆、理解和应用4个方面。

分析。分析是在观念层面上将特定对象分解为其组成部分,并且确定这些部分之

[①] 李亦菲.三维目标整合教学策略[M].北京:北京师范大学出版社,2011:17—74.

间的相互关系。分析包括区分、组织、归因分析三种情况。区分是按照恰当性或重要性来辨析某一整体性结构的各个部分。组织是指确定事物和情境的要求，并识别其如何共同形成一个内在一致的结构。归因分析是指推测学习材料背后所蕴涵的观点、价值和意图。

评价。评价是依据一定的原则和标准,对特定事物或知识的性质和功能作出判断。虽然记忆、理解、应用、分析等认知过程都要求某种形式的判断,但只有在明确应用标准的基础上做出的判断才属于评价。评价包括核查和评判两种情况。核查是指考察某一操作或结果的内部一致性。例如,结论是否从前提中得出、数据是否支持假设、材料是否相互矛盾等。评判是根据外部准则或标准来判断某一事物或知识的适当性。例如,评判某个运算过程是否符合规范的步骤,评判某件作品是否达到优秀的标准。

创造。创造是指从多种来源抽取不同的要素,然后将其置于一个新颖的结构或范型中,整合为一个内在一致或功能统一的整体。一般情况下,创造始于多种解决方案的生成,然后是论证一种解决方案并制订行动计划,最后是对计划的产出。其中,生成是指通过分析问题,得出符合某些标准的不同选择路径或假设。计划是指根据特定的条件和标准,策划一种解决方案。产出是指执行计划以解决面对的问题。

促进记忆、理解和应用。分析、评价和创造等柔性过程不仅可以加工和整合各类知识,而且可以对记忆、理解和应用等刚性过程进行加工,并促进这些过程。促进记忆、理解和应用包括三种类型:(1)促进记忆的过程与方法,即对记忆的方法进行分析、评价和创造,从而促进记忆效果,通常称为"记忆策略";(2)促进理解的过程与方法,即对理解的方法进行分析、评价和创造,从而促进深层次的理解,通常称为"理解策略";(3)促进应用的过程与方法,即对应用的方法进行分析、评价和创造,从而提高应用效能,通常称为"问题解决策略"。

3. 情感态度与价值观目标

情感态度与价值观目标是指个体以自己的社会需要为基础,在处理与外部世界的各种关系的过程中形成的,并反过来对这种关系产生影响的动力系统,是由情感(情感因素)、价值观(认知因素)、态度(行为倾向)三个要素构成的有机整体。根据这一定义,可以从"关系—内容"两个维度对情感态度与价值观目标进行分析。在关系维度上,包括人与自然、人与操作对象、人与他人、人与社会、人与自我五个方面的关系。关系维度的每个方面又可以在内容维度上包括情感、价值观和态度三个方面的内容。

联结人与自然的情感态度与价值观目标。自然是指人造事物以外的宇宙万物。联结人与自然的情感目标主要有:爱护自然界中人以外的一切生物,把人—生物和人—自然作为道德共同体而倾注关心、怜惜与爱的情感。联结人与自然的价值观目标主要有:尊重生命,对自然界及其生物具有感恩之心;欣赏自然界中优美、和谐与崇高的事物。联结人与自然的态度目标主要有:树立资源保护意识和可持续发展意识;爱护环境,与自然和谐相处。

联结人与操作对象的情感态度与价值观目标。操作对象是指人类制造的各种具体事物和抽象符号。无论是具体事物还是抽象符号,都需要依靠头脑思维和肢体运动实现对它们的操作。操作对象是由人制造的,蕴涵了人类的智力和体力。对操作对象的情感态度与价值观,必然蕴涵着对人类自身的情感态度与价值观。联结人与操作对象的情感目标主要有:对操作对象的认识、探索兴趣;对自我崇高感持审美态度;对美好事物的挚爱之情。联结人与操作对象的价值观目标主要有:对操作对象的特征、秩序具有尊重甚至敬畏之情;欣赏人战胜困难的力量;把握和拥有存在的具体性、多样性;认识到科学技术是双刃剑。联结人与操作对象的态度目标主要有:在操作过程中严肃、认真、细致、不草率行事;能够克服困难进行操作。

联结人与他人的情感态度与价值观目标。他人是指每个人自身以外的其他人。联结人与他人的情感目标主要有:以正确的情感应答方式建立对他人的依恋感、安全感和信赖感;体察他人的情绪、情感,对他人有感情移入,有同感和同情心;有仁慈、宽容和体谅之心。联结人与他人的价值观目标主要有:尊重他人的权利、隐私;对本人违背道德的行为有羞耻心、内疚感。联结人与他人的态度目标主要有:与人友好、合作共事的和谐、圆融、豁达的心情;能判断他人通过情感、情绪反映出来的对自己的需求、期望与评价,从而调整自己的态度与行为。

联结人与社会的情感态度与价值观目标。社会是指生活在一起的一群人所构成的各种关系的整体。联结人与社会的情感目标主要有:爱故乡、学校、班级等,有集体荣誉感;对国家内外的不合理、不公平现象有忧虑之情。联结人与社会的价值观目标主要有:对集体委托事宜有义务感、责任心;关心国家、民族的利益与荣誉;关心世界和平、种族平等。联结人与社会的态度目标主要有:对社会公正抱有信心;对不同文化背景下的其他阶层、民族、个体能理解与进行沟通。

联结人与自我的情感态度与价值观目标。自我是指一个人有意识地控制的思想、情感和行为,是理性的、有意识的我。联结人与自我的情感目标主要有:善于识别、体察自己的情绪感受,学会合理、有度地控制情绪,对自己的情感做出适宜的表达;热爱生活,享受生命,幽默、旷达;有现实感和胜任自如的愉悦感。联结人与自我的价值观目标主要有:谦和、自知,能正确对待自己的错误;自尊、自爱、自立、自强。联结人与自我的态度目标主要有:控制由挫折引起的矛盾,适应不断变化的生存环境;进行自我管理,依靠自己的勤奋努力以及与他人的合作而获得进步与成功。

(二) 三维目标的关系

三个维度的目标是紧密联系、不可分割的。

首先,知识与技能目标、情感态度与价值观目标两者紧密联系、不可分割。两者都是围绕自然、操作对象、他人、社会、自我五个方面组织起来的。

其次,过程与方法目标、知识与技能目标紧密联系、不可分割。作为过程与方法目标基础的柔性过程直接对事实性知识、概念性知识和程序性知识进行认知加工,而且能够促进作为知识与技能目标基础的刚性过程的加工。

最后,过程与方法目标、情感态度与价值观目标密切联系。过程与方法目标中的柔性加工对个体的元认知知识进行分析、评价和创造,表现为情感过程。而元认知又通过记忆、理解和应用等刚性过程对相应知识类型加工,系统地反映了个体与自然、操作对象、他人、社会、自我五方面的关系,从而构成了情感态度与价值观目标的内容体系。这样,过程与方法目标就通过元认知知识与情感态度与价值观目标形成了联系。

第三节 教学目标表述的模式

一、结果性目标表述

结果性目标表述指向结果化的教学目标,力图展现学生的学习结果。结果性目标表述有以下几种常见的表述模式。

(一) 传统的内部表述

传统的教学目标表述往往用一些描述学生内部心理状态的词语来描述目标,如"知道"、"领会"、"掌握"等。这样的目标表述过于笼统,不能指引教师的教学,也难以据此对学生的学习情况进行评价。

传统的内部表述举例:

小明学会了过马路。

(二) 行为目标

行为目标(behavioral objectives)是以学生具体的、可被观察到的行为来陈述教学目标,它指教学过程结束后学生身上所发生的可以看到或听到的行为变化。

"行为目标"理念在课程与教学领域中的确立始于课程开发科学化的早期倡导者博比特。泰勒在1949年出版的《课程与教学的基本原理》一书中正式提出行为目标的概念,强调目标要包括行为和内容两个方面。行为是指通过教学使学生所要养成的具体行为。内容是指这种行为所运用的生活领域。20世纪六七十年代,美国著名教育学者梅杰(R. F. Mager)、波法姆(W. J. Popham)等人总结并发展了前人的"行为目标"理念,领导发动了"行为目标运动"(behavioral objectives movement)。该运动影响广泛,从而把"行为目标"取向发展到顶峰。1962年,梅杰出版了"行为目标"的经典著作《准备教学目标》(*Preparing Instructional Objectives*)。该书于1984年出版了第二版,1997年出版了第三版。梅杰关于行为目标的观点被广泛接受,影响了很多教师。

梅杰认为,教学目标应该明确地说明学生通过学习之后最终能具体做什么。梅杰认为行为目标应该包括行为、条件、程度三个要素。

行为是指学生的行为表现。目标通常要描述期望学生能做什么,以及做什么所产生的产品或结果。因此,在写目标时,教师可以问自己希望学生做什么来证明其达成目标。通常要求学生的行为是可以被观察的。但学习的结果不仅会产生可以被直接观察的外显行为,也会有不能直接观察的内隐行为。当学习结果是内隐行为时,可以用"直接"的方式来描述。所谓直接的方式是指用一个简单的行为来表示内隐的技能。譬如,在写"能进行加法计算"这一目标时,可以写成"能进行加法计算(写出答案)"。在写"能识别错别字"这一目标时,可以写成"能识别错别字(圈出错别字)"。

条件是指学生在什么情况下能够证明自己的学习结果、完成目标行为。行为完成的条件通常包括需要完成任务的难度、是否有他人的提示或帮助以及提示的程度等。行为的条件不同于教学过程以及学生所接受的教学训练,而是指在评价学生的学习结果时给学生所提供的约束因素。条件的表述也应该清晰、明确,要说明相关条件的具体信息。

程度是指学生所完成目标行为需要达到怎样的标准才可以被接受。行为的程度可能是完成任务的数量、正确性、速度、持续时间等多个方面。在撰写目标时,需要根据具体行为的性质来确定行为的程度。

行为目标举例:

在没有任何提示的条件下,小明能在两分钟内安全通过一条车辆稀少的马路。

行为目标的优点是精确、具体性、可操作。教师通过制订行为目标,可以更加明确自己的教学任务,便于选择或设计教学材料、内容或方法,便于指导、控制教学过程。行为目标可以减少歧义,便于教师与学生等进行交流。明确的教学目标可以使学生清楚地知道自己努力的方向,从而采取趋向目标的行动。另外,行为目标还便于他人对目标的达成情况进行评价。行为目标对于基础知识和技能的熟练掌握,对于保证一些相对简单的教育目标的达成是有益的。[1]

行为目标也有明显的不足。人的许多高级心理活动难以用外显的、具体的行为来描述。过于强调外显行为,会使得教师只关注那些能够被他人观察的行为,忽视学生重要的内部心理活动。

布卢姆的教育目标分类理论被认为是行为目标取向的一个范例。该理论强调在描述教学目标时,要想界定清楚目标并且不产生歧义,需要用可直接观察的行为动词。后人对认知、情感、动作技能三类目标的每个亚类目标适用的行为动词进行了总结。现把认知、情感领域的行为动词进行了整理,详见表2-4。

表2-4 适用于认知目标、情感目标的行为动词

	亚类	适用的行为动词
认知目标	记忆	定义、识别、列出、叫出、记起、认出、记录、叙述、背诵、在下面画线
	理解	挑选、举例、展示、描述、决定、区分、辨别、论述、解释、用自己的话、认同、说明、定位、挑选、报告、重申、总结、认出、选择、告诉、转化、回答、练习、模仿
	运用	应用、证明、编写、使用、推广、阐明、解释、操作、实行、建立(联系)、计划、购买、使用、利用、发起
	分析	分解、鉴定、预测、分类、比较、推断、对比、关联、批评、推论、辩论、探测、确定、发展、图解、区别、吸引、总结、估计、评价、检查、尝试、认同、检查、预报、质疑、解决、诊断、测试
	评价	鉴定、评定、决定、对照、批判、估计、评价、判断、权衡、估价、修订、选拔、验证、重视、测试
	创造	排列、集合、收集、组成、构造、创作、设计、开发、规划、经营、修改、组织、计划、装备、生产、预言、重建、综合、使系统化、发明
情感领域	接受	承认、出席、发展、确认
	反应	完成、遵从、配合、讨论、检查、服从、回应
	价值判断	接受、辩护、奉献、追求、探索
	组织	编纂、区别、表现、整理、组织、使系统化、权衡
	性格化	内化、核实

---

[1] 张华.课程与教学论[M].上海:上海教育出版社,2000:160.

于晓平等人(2010)曾利用布卢姆的教育目标分类及其相应的行为动词,为"教师在教导学生因应天气的变化要穿合适的衣服"的主题制订了教学目标,现整理如下:[1]

1. 认知领域的目标

(1) 记忆:能说出衣服有哪些种类?

(2) 理解:能说出天气冷的时候要穿的衣服,如外套、毛衣;能在一堆衣服中找出短袖的衣服。

(3) 应用:能从图片中挑选出天气热的时候要穿的衣服,如短袖、短裤等;能从一堆衣服中挑选出适合今天天气穿的衣服。

(4) 分析:能说出为什么天气冷要穿毛衣;能从图片中归纳出不同衣服的差异在哪里。

(5) 评价:能针对自己今天穿着衣服的保暖程度加以判断;能针对今天同学穿着衣服的适切度提出建议。

(6) 创造:能设计出一件穿了会很凉快的衣服;能画出一件具备保暖效果的特殊衣服。

2. 情感领域的目标

(1) 接受:能专心听教师对衣着的解说;能注意到教师所提供的各种衣服。

(2) 反应:能照着教师的要求,触摸不同衣服的质感;能在课堂上参与不同天气要穿着合适衣服的练习活动。

(3) 价值判断:能表达出对夏天穿短袖衣服的感觉;能说出夏天穿长袖衣服的感觉。

(4) 组织:能说出自己在冬天喜欢穿着的服装;能挑选出在下雨的冬天适合穿着的服装。

(5) 性格化:能展现出自己在冬天穿着服装的一致性。

3. 技能领域的目标

(1) 模仿:能在教师的示范与引导下,挑选出短袖衣服;能在教师的示范与引导下,穿上挑选出的衣服。

(2) 操作:能在教师的口头指示下,挑选出长袖的衣服;能在教师的口头指导下,穿上挑选出的衣服。

(3) 精确:能正确地挑选出短袖的衣服;能熟练地穿上衣服。

(4) 协调:能适时地穿上适合气候变化的衣服。

(5) 自然化:能在日常生活中,自然而然地穿着适合气候变化的衣服。

(三) 目的目标

梅杰的行为目标是典型的结果取向,只规定了学生学习的结果,并没有规定教师的教学期望。实际上,教学目标更多是描述教师在进行教学之前"期望"学生能学到什么。因此,在批评行为目标的基础上出现了一种目的取向的教学目标,就是目的目标(goals objectives)。教师在制订目的目标时需要回答两个问题:(1)我希望学生通过学习达到

---

[1] 侯祯塘主编.于晓平等合著.身心障碍教材教法.台北:五南图书出版公司,2010:46—52.

怎样的目标？知道、理解或者欣赏什么？（2）我怎样才能知道学生知道、理解或者欣赏了？梅杰的结果趋向的目标只回答了第二个问题，但其实两个问题都很重要。目的目标结合了梅杰的评价陈述目标的特征，但比单纯的行为目标更有包容性。当制订教学目标时，教师通过自问前面的两个问题，逐渐明确希望学生通过教学能学到什么。接着，就可以把目标陈述出来。

目的目标一般由两部分组成。第一部分是目的陈述，使用一般性或概括性的术语来回答"我希望学生通过学习达到怎样的目标"的问题，说明期待学生学会什么，譬如，学生能知道常见的颜色，学生能理解某个词语的概念等。相对于行为目标中的可观察的行为动词，目的陈述允许使用一些不能观察的动词，如理解、知道等。但对于这样的表述不同的人可能有不同的理解，容易产生歧义。第二部分是评价陈述，采用梅杰的行为目标表述方式具体说明学生可以被评价的学习结果。[1]

目的目标举例：

小明学会过马路，在没有任何提示的条件下，能在2分钟内安全过一条车辆稀少的马路。

（四）格朗伦教学目标

格朗伦教学目标是格朗伦（Norman Gronlund）于2000年提出的一种目标表述模式。格朗伦认为，目标的陈述应该分为两个部分。首先，应该用一般、概括性的术语，如知道、理解、运用、评价、欣赏等，来描述期待学生完成的整体目标。然后，要说明学生达成目标的具体行为。格朗伦教学目标的第一部分与目的目标相似，都是概括说明教师希望学生学会什么。两者的差异存在于第二部分。格朗伦教学目标第二部分说明的是学生为达成目的所完成的具体行为，或者说是列举反映整体目标特别是学生内在变化的行为样品。而目的目标的第二部分，也就是梅杰的行为目标部分并不强调目的，只强调具体的行为。另外，格朗伦不主张在目标中限定条件和标准，因为限定条件和标准会使得目标过于具体，从而限制了教师的灵活性。与梅杰的行为目标、目的目标相比，格朗伦教学目标相对宽泛、包容性强，而且具有灵活性，所以在教学实践中被更为广泛地运用。[2]

格朗伦教学目标举例：

小明学会过马路：
1. 知道过马路要走横道线。
2. 能识别允许过马路的信号灯。
3. 能安全地走到马路对面。

二、表现性目标表述

表现性目标（expressive objectives），又称为体验性目标，是艾思纳（E. W. Eisner）提

---

[1] Jacobsen, D. A., Eggen, P. & Kauchak, D. *Methods for Teaching-promoting Student Learning in K-12 Classrooms* [M]. 8th ed. Boston: Pearson Education, Inc. 2009:137.
[2] Jacobsen, D. A., Eggen, P. & Kauchak, D. *Methods for Teaching-promoting Student Learning in K-12 Classrooms* [M]. 8th ed. Boston: Pearson Education, Inc. 2009:137.

出的。表现性目标是指每一个学生在具体教育情境的种种"际遇"中所产生的个性化表现。表现性目标所追求的是学生反应的多元性、个体性,希望学生在教师所提供的教育"际遇"中获得个人意义。表现性目标的表述不能像行为目标那样,追求结果与预期目标的一一对应关系,而应该是一种美学评论式的评价模式,即对学生活动及其结果的评价是一种鉴赏式的批评,依其创造性和个性特色检查其质量与重要性。[1] 表现性目标要求明确规定学生应参加的活动,但不精确规定每个学生应从这些活动中习得什么。[2] 表现性目标适合于表述那些复杂的智力性活动,描述学生的心理感受与体验,主要应用于"过程与方法"、"情感态度与价值观"领域。高级认知策略、元认知策略、情感、态度等很难通过一两次的学习就可以看得见的改变,教师在教学前也比较难预期学生的内心会发生怎样的改变。

表现性目标所使用的动词大多是体验性的,如"参与"、"描述"、"阅读"等。

表现性目标举例:

学生能与同学一起看电影,并能参与随后的讨论。

第四节 特殊学生教学目标制订的要求与程序

一、特殊学生教学目标制订的要求

(一)目标恰当,能够满足学生的学习需求

教学目标的制订,应该基于学生的学习能力以及现有的发展水平,着眼于学生适应未来生活的需求。因此,所选择的目标应该是恰当的,是通过教学能够达成的。

(二)目标科学,符合学科的相关要求

目标的科学性体现在两个方面。首先,目标要符合相关学科目标自身的科学性,譬如,数学学科目标要符合数学学科的要求。其次,目标要符合学科的逻辑要求与组织安排,要讲究连续性与顺序性,每一后续内容要以前面的内容为基础,同时对有关内容在广度和深度上做更深一层的处理。

(三)目标表述维度全面,规范,清晰明确

目标表述要涉及到学生的认知、情感、技能多个方面的目标,根据实际需要选择恰当的表述维度。

目标表述规范的具体要求有两个。首先,目标要以学生为主体,也就是说表述"目标"所使用句子的主语应该是学生。其次,目标要描述的是学生的学习结果,不能以学习过程代替学习结果。

目标清晰明确是指教师、学生及他人都能清楚地知道教学要达成怎样的目标。传统的内部表述过于笼统。行为目标、目的目标、格朗伦教学目标虽然有些差异,但都在目标表述的清晰明确方面做出了努力。教师可以根据教学目标的性质等因素选择恰当的表述模式,力争使目标清晰、明确。

---

[1] 张华.课程与教学论[M].上海:上海教育出版社,2000:178—179.
[2] 皮连生.教学设计——心理学的理论与技术[M].北京:高等教育出版社,2000:61.

二、特殊学生教学目标制订的程序

(一)了解学生的基本情况,分析学生的学习需求

在制订特殊学生的教学目标时,首先需要全面了解学生目前的发展水平、学习能力等基本情况,还要了解学生目前所处的生态环境以及未来所要适应的环境要求,从而分析、确定学生目前的学习需求。

(二)对照教育目的等上位目标,选择教学目标

在全面了解学生学习需求的基础上,教师要参考国家教育目的、学生所在学校的培养目标、学生所学课程的标准等上位目标,从中选择适合该学生的学科教学目标,形成目标体系。然后把学科教学目标分解为若干学期的教学目标,把学期教学目标分解为单元目标,把单元目标分解为课时目标。

(三)选择恰当的表述维度和模式,表述目标

根据教学目标的性质、难度等因素,选择恰当的目标表述维度和表述模式,规范、明确地表述目标。

讨论与探究

1. 2007年教育部颁布的三类特殊学校课程方案中分别规定了盲、聋、培智三类学校在义务教育阶段的培养目标。请分别对三类学校的培养目标进行评价。

2. 特殊学生教育目标的制订既要基于学生的学习能力以及现有的发展水平,也要着眼于学生适应未来生活的需求。请问在实际设计目标时应该如何兼顾这几个方面?

第三章 个别化教育计划

由于特殊儿童与普通儿童之间、特殊儿童之间存在着比较大的个体间差异,统一的课程不能满足特殊儿童的学习需求。党的二十大报告指出,强化特殊教育普惠发展。为促进每位特殊儿童的充分发展,需要为特殊儿童制订个别化教育计划。

通过本章学习,你能够:

1. 理解个别化教育计划的概念。
2. 了解制订与实施个别化教育计划的意义。
3. 了解个别化教育计划的基本结构。
4. 了解个别化教育计划的制订人员与发展程序。
5. 了解个别化教育计划基本要素的制订要求。
6. 了解个别化教育计划实施、总结与修订的基本要求。

第一节 个别化教育计划概述

一、个别化教育计划的概念

个别化教育计划(Individualized Education Program,简称IEP)作为一种法律认可的文件最早出现在美国。20世纪70年代是IEP概念出现并成熟的年代。由于公民权利运动的唤醒,公众对没有得到公正机会的群体很敏感。鉴于当时很多残疾人被排斥在公立教育体系之外,一些在校残疾人没有得到适合教育的现实,人们开始寻求一种保护残疾儿童不被教育忽视、充分的个别化教学能够被保证的方式。

1975年,美国国会通过了《所有残疾儿童教育法》(The Education of All Handicapped Children Act,简称EHA),即94—142公法。94—142公法规定要为3—21岁(除了那些州法律还没有规定为3—5岁或者18—21岁儿童提供恰当公立教育的州)的特殊儿童在最少受限制的环境中提供自由、恰当的公立教育,不论儿童的障碍程度如何严重。94—142公法是第一个明确规定特殊儿童享有接受恰当公立教育的法律。为保证教育的恰当性,法律规定需要为每个接受特殊教育的儿童制订IEP。

IEP是指由教师、家长等人员共同讨论、根据特殊儿童个体的身心特征和发展需要而制订的针对每个特殊儿童的具体教育方案。作为学校为学生提供服务以满足学生个别化教育需要的书面承诺,IEP描述了特殊儿童个体现有发展水平,具体规定了在较长时间内特殊儿童需要达成的发展目标,达成这些目标所需要的服务以及如何评价目标的达成情况。IEP是一个准合同协议,指导、策划和记录为满足每个特殊学生的学业、社会和行为需要而特别设计的教学。

1975年EHA颁布之后,美国学校开始依据法律的要求,为每个残疾儿童制订IEP。虽然在随后的30多年间,EHA经历了几次大的修改,但依然把为特殊儿童制订IEP作为实现恰当教育的重要保证。目前,美国IDEA规定,任何3—21岁被鉴定为特殊儿童、需要接受特殊教育的儿童,必须有个别化教育计划。0—3岁的障碍婴幼儿或发展迟缓婴幼儿,要为其制订个别化家庭计划(IFSP)。IFSP不仅仅关注婴幼儿,还关注其家庭的需要。22岁的成年障碍人士不再接受特殊教育服务,不再需要IEP,改为主要由家庭、社区、政府为其提供服务。

制订 IEP 为美国特殊教育带来了深刻的变化,同时也对世界特殊教育的发展产生了深远的影响。在美国制订和实施 IEP 之后,英国、加拿大、瑞典、澳大利亚、土耳其等国家以及我国的香港、台湾等地区纷纷立法要求为特殊儿童制订 IEP,而且这些国家和地区 IEP 的功能、内容、制订与实施过程等也基本遵循美国的模式。我国大陆虽然没有相关的立法要求,但很多学校开始尝试通过制订 IEP 来提高特殊儿童的教育质量。

二、制订与实施个别化教育计划的意义

各国 IEP 在名称、形式上稍有差异,但其主要功能是基本一致的:IEP 是满足特殊儿童个别需要的教育方案,是促进家长、教师等不同人员进行沟通的工具,还是评价学校与教师教育绩效的重要依据。作为特殊教育的基石,IEP 所承担的功能对特殊教育是至关重要的,而且到目前为止还没有其他形式可以替代或完全替代。[①]

(一) IEP 是满足特殊儿童个别需要的教育方案

特殊教育之所以存在、之所以在融合教育的大潮下也没有被普通教育所取代,是因为特殊儿童有着与普通儿童显著不同的个别需要,如果不提供特殊的教育服务很难满足其发展需要。即使同一障碍类型的特殊儿童间也存在着较大的个体差异。尽管个别化不是特殊教育的唯一特征,但其无疑是特殊教育的重要特征之一。不能满足儿童个别需要的教育不能称之为真正的特殊教育。为了满足特殊儿童的个别需要,需要依据特殊儿童的现有水平、发展可能性和发展需要,制订个别化的课程,并采取有效的教学策略实施课程。其中,个别化课程是关键。有人质疑特殊儿童是否该有个别化课程,认为适合普通儿童的课程同样也适合特殊儿童,觉得教师可以运用同样的教材对特殊儿童进行差异教学、帮助特殊儿童达到适合其个别需要的目标。实质上这种做法很难保证儿童学习的系统性和恰当性,特别是当普通课程的目标和内容完全不适合特殊儿童时,基于普通课程的差异教学成效就更加不好。普通课程难以满足每个特殊儿童的课程需求。所以,满足儿童个别需要的特殊教育需要个别化的教育方案。IEP 作为每个特殊儿童教育计划的个别化部分,包括了特殊儿童不能从普通教育计划中获益的所有领域的目标及相关服务。IEP 可以看作是特殊儿童教育的个人路标,规定了每个特殊儿童教育的适当性。

(二) IEP 是促进家长、教师等不同人员进行沟通的工具

特殊教育是个难度大、影响因素多样的复杂体系,需要与之相关的普通教育教师、特殊教育教师、家长、专业人员等的积极合作。其中普通教育教师与特殊教育教师、教师与家长的合作最为重要。在融合教育的背景下,普通教育教师与特殊教育教师共同制订与实施 IEP 无疑是提高教育成效的基本保证之一。当然,家长的参与也很重要。家长能积极参与其教育过程的特殊儿童往往有更好的学习成绩,更强的社会适应能力以及更少的青春期高危行为。不论家长的种族、民族、收入水平和教育背景如何,都是如此。IEP 是家长、教师关于学生教育发展和成绩问题的交流平台。当家长、教师都知

---

① 于素红.个别化教育计划的现实困境与发展趋势[J].中国特殊教育,2012,3:3—8.

道学生的发展目标时,他们的讨论和决定会有共同点。尽管也可以有其他的合作平台,但 IEP 小组成员每年有机会一起讨论、制订与修订特殊儿童的 IEP,无疑是促进成员间交流、合作的重要机会。IEP 会议制度化的规定,有助于提高交流、合作的质量。

(三) IEP 是评价学校与教师教育绩效的重要依据

特殊教育的绩效评价与特殊儿童发展的评价一直是特殊教育领域的难题之一。由于普通儿童与特殊儿童之间、不同特殊儿童之间存在较大的个体差异,因此很难单纯用统一的评价标准对特殊学校与教师的工作、对特殊儿童的发展进行科学的评价。个别化教育计划具体规定了特殊学生在某个时期应该达到的目标、谁来帮助他达成目标以及谁来评价目标是否达成。这无疑为评价学校与教师的教育绩效提供了重要依据。从某种程度上说,个别化教育计划就是学校和家长就特殊儿童的教育质量签定的一份"契约",是学校、教师及相关人员为特殊儿童提供高质量教育的责任书。

1997 年,美国颁布的《障碍者教育法修正案》(Individuals with Disabilities Education Act Amendments,简称 IDEA(1997))规定,特殊儿童要与普通儿童接受统一的学业评价,但特殊儿童接受评价的类型及程度还是由制订该儿童 IEP 的小组决定的。该儿童的 IEP 必须说明儿童接受统一评价的情况、需要接受的调整。对不能接受统一评价的儿童,IEP 须说明原因及怎样接受选择性评价。而特殊儿童功能性目标的评价则主要依据其 IEP。IEP 仍然是特殊教育绩效评价的重要依据之一。

三、个别化教育计划的基本结构

自 1975 年美国开始制订个别化教育计划以来,个别化教育计划也在不断地发展、变革。由于个别化教育计划的核心任务是描述特殊儿童现有发展水平,规定在较长时间内特殊儿童需要达成的发展目标,达成这些目标所需要的服务以及如何评价目标的达成情况,因此不同国家、不同时期 IEP 的基本结构是一致的。由于不同国家特殊教育发展的理念与水平不尽相同,对 IEP 的要求也有些差异,因此,各国 IEP 的基本要素也有些不同。下面首先介绍个别化教育计划的基本结构,然后再介绍近些年来个别化教育计划在结构方面的一些变化。

(一) 个别化教育计划的基本结构

1975 年,美国国会通过的《所有残疾儿童教育法》实施细则中规定 IEP 必须包括下列内容或信息:(1)儿童的现有教育成绩水平;(2)年度目标及相应的短期目标;(3)为该儿童提供的具体特殊教育及该儿童参与普通教育计划的程度;(4)服务开始的日期与预期期限;(5)教学目标达成的恰当标准、评估的过程与时序安排,至少要进行年度评估。1990 年美国国会通过了《障碍者教育法》(Individuals with Disabilities Education Act,简称 IDEA(1990)),即 101—476 公法。IDEA(1990)对 IEP 的规定做了以下补充:(1)把提供辅助技术作为 IEP 的相关服务之一;(2)要求为每个 16 岁学生的 IEP 制订就业或接受高中教育的转衔计划。至此,美国个别化教育计划的基本结构就已经形成了。该基本结构被世界上的许多国家所采用,各国在制订本国的个别化教育计划时大多以此为基本框架然后根据本国的实际情况再进行调整。

概括而言,个别化教育计划的基本结构主要包括下列要素:

1. 基本信息

基本信息包括特殊儿童、特殊儿童家庭及所在学校、班级、教师等基本信息。

2. 特殊儿童现有水平

该部分主要说明在制订个别化教育计划时该特殊儿童在诸方面的现有发展水平，特别要呈现特殊儿童的障碍影响其发展的领域。学生的现有发展水平可以包括感知、运动、生活自理、认知、沟通、社会适应以及语文、数学、英语等学业方面。具体包含哪些方面要考虑学生的障碍类型、障碍程度、生理年龄等因素。

在分别呈现学生诸方面的现有水平之后，还需要在此基础上对该特殊儿童目前的发展优势与存在的困难进行综合分析，发现其特殊教育需求，提供为其进行个别化教育教学的建议。

3. 长期目标和短期目标

长期目标是以促进特殊儿童的充分发展为目标，根据儿童现有的能力水平和特殊教育需要而制订的在较长一段时间里儿童所应达到的教育目标。美国长期目标的时间跨度是1学年。根据我国的学校管理情况，长期目标的时间长度可为一个学期，所以长期目标又可以称为学期目标。

短期目标是指完成长期目标所需要的具体步骤。譬如，一个严重肢体障碍儿童的长期目标是能自己用勺子吃饭，那么，要完成这一长期目标所需的短期目标可能包括用手抓住勺子、用勺子舀起食物、把盛有食物的勺子送到嘴边等。

4. 教育支持与服务

教育支持与服务是指学校在一般的课程与教学之外，为特殊儿童提供的特别的支持与服务。教育支持与服务包括人员支持，如助教、伙伴支持等；教学资源的支持，如提供大字课文、助视器等；校外专业人员提供的专业训练，如感知运动康复训练等。每项服务需要说明服务的名称、内容以及提供服务的人员。

5. 提供教育服务的地点、开始的时间、频率、持续的时间

个别化教育计划须具体规定对学生进行教育的地点、开始的时间、服务的频率以及持续的时间段。这样做的目的是可以使个别化教育计划更易于操作，有利于评价学生在学习中的进步或存在的问题，以便及时对个别化教育计划进行调整。

6. 评价

在实施IEP的过程中，需要对特殊儿童达成每个短期目标、长期目标的情况进行评价。在IEP中应该说明评价人、评价方式，记录目标达成情况。一般而言，IEP短期目标的评价主要由实施教学的教师完成。长期目标的评价应由学校管理人员、教师等IEP团队成员共同完成。

7. 转衔计划

转衔计划是指当特殊儿童要从一个教育阶段向另一个教育阶段过渡时，为帮助其克服过渡期可能存在的困难而提供的支持服务。美国个别化教育计划的转衔计划主要是指特殊学生从学校生活向成人生活过渡时所需要的支持。而我国台湾地区的转衔计划则要求当特殊学生从幼儿园大班到小学、从小学到中学、从中学到高中、从高中到大学等不同的教育过渡阶段都需要制订转衔计划。

8. 参与制订个别化教育计划的人员

IEP需要说明参与制订个别化教育计划的人员的姓名、职务。最后,还要有学校负责人签名、家长签名,说明制订日期、修改日期。

以下是一份个别化教育计划的案例。

个别化教育方案

一、学生基本资料(表3-1)

姓名	***	性别	男	生日	2000年11月10日	班级	阳阳班	班主任	***
住址	***							电话	***	
父母	*** ***	教育程度	*** ***	职业	*** ***	年龄	** **	联系电话	*** ***
智商	44	测试量表	WISC-R				适应行为	无相关测试结果	
家庭情况	大家庭,主要教养人为父母,家庭环境和谐,家庭主要使用语言为上海话和普通话,家中无其他特殊个案	健康情况	健康情形:良好 母亲怀孕年龄:24足岁 孕期疾病:无 妊娠史:无特殊问题 出生体重2 500—4 000克 生产方式:自然分娩 胎儿状况:顺利生产 生产时父母年龄:母24父48 其他:满月时,头顶的囟门已完全闭合						学习经历	2岁时,其母亲发现其与同性或同年龄的孩子有不同的学习或情绪问题。经市儿童医院诊断为发育迟缓。后在国华医疗中心进行针灸治疗

二、学习起点及分析(表3-2)

项目	评量依据(方式)	评价人员	评价日期	评量结果
生活语文	《上海市辅读学校实用语文课程指导纲要》	***	2010.6	1. 识字写字:能正确区别一般图形与汉字,并建立汉字概念。累计认识汉字500个左右。能正确规范的书写,且结构合理,书写整洁。会写自己的姓名。能正确抄写和听写生字累计300个左右 2. 阅读:能借助图片认识字、词。正确认读学校、班级、同学的名字,知道学校名称和学校地址。能认识句号、逗号、感叹号 3. 口语交际:能听懂普通话,会使用礼貌用语。能做简单的自我介绍(姓名、年龄)。能用简短的语言表达个人的基本需求。对交谈有兴趣,能积极回应他人 4. 非语言交际:初步理解常见手势、动作的含义

续 表

项目	评量依据（方式）	评价人员	评价日期	评量结果
生活算术	《上海市辅读学校实用数学课程指导纲要》	＊＊＊	2010.6	1. 数前概念：掌握了"大和小"、"一个和许多"、"有和无"、"多和少"、"高和矮"、"长和短"、"轻和重"这些数前概念 2. 图形与几何：能正确区分长方形、正方形、三角形、圆形、五角星形 3. 数与运算：能进行百以内的点数、计数、顺数，借助教具可以进行倒数。掌握20以内的加法，20以内减法仍需巩固，但是借助减法板可以正确完成 4. 钱币与时间：认识50元、20元、10元、5元、1元、100元、1角、5角面值的人民币，能认读商品标价，会进行购物和简单结算。能区分上午和下午，能认读整点，半点的认读还需要巩固
感知觉	《上海市辅读学校感知运动训练课程指南》课程内容中的感知部分	＊＊＊	2010.6	1. 能根据视觉辨别形状、颜色、大小、高矮、长短和粗细；视觉记忆：能在10秒内记忆3—4张卡片 2. 能辨别常见的声音；能分辨声音的轻、响；听觉记忆：能在5秒内记忆4—5个无意义数，3—4个有意义词语，能复述10个字以内的句子 3. 能通过触摸辨别冷热、光滑和粗糙、干、湿，不能辨别软硬 4. 能通过味觉辨别不同的味道，如酸、甜、辣、咸、苦；能辨别喜欢吃的食物的味道；不能识别食物的不同性质（软、硬、黏、脆等），不能根据味觉提示对食物进行分类 5. 对气味有适当的反应，能识别香、臭，不能识别腥、辣；不能识别气味的浓淡
动作	《上海市辅读学校感知运动训练课程指南》课程内容中的动作部分	＊＊＊	2010.6	1. 大肌肉运动达到正常儿童水平 2. 小肌肉运动能力尚佳，能使用剪刀等常用工具 3. 手脚协调运动能力不佳，有同手同脚的现象 4. 手眼协调能力佳，能完成插棒、穿针等精细活动
生活自理能力	《上海市辅读学校九年义务教育生活课程指导纲要》	＊＊＊	2010.6	1. 能认识自我，熟悉家庭、学校的环境和部分人员。认识常见的动植物与自然现象（如早上和晚上）。认识常见的生活用品与学习用品 2. 能掌握饮食、穿衣、睡眠、如厕等基本技能。养成良好的卫生习惯。能独立完成一些力所能及的自我服务性劳动 3. 能适应学校生活。参与同伴间的游戏活动，保持愉快情绪 4. 能用折、撕、剪等技能制作手工作品，丰富自己的课余生活

续 表

项目	评量依据（方式）	评价人员	评价日期	评量结果
沟通能力	《语言训练评量表》	＊＊＊	2010.6	1. 听辨功能:能听辨声母和单韵母 2. 呼吸功能:能做腹式呼吸 3. 口腔功能:能做开闭唇运动、上齿抵下唇运动、上下抵齿运动、伸舌运动、弹舌运动 4. 声母:能正确发音声母(n/l,g/h发音错误),声韵母拼读时容易出现混淆、省略等错误 5. 韵母:能正确发音单韵母,复韵母还需要音位矫正声韵母拼读时容易出现混淆、省略等错误 6. 声调:第二声和第三声朗读容易混淆 7. 词汇理解能力:能理解日常生活事物和简单陈述句 8. 言语表达能力:能顺利进行日常生活对话,包括命名事物、短语、陈述句的表达
情绪	观察	＊＊＊	2010.6	1. 情绪状态:大部分情况下,情绪比较愉快而稳定;当其需要不能满足时,一般是以着急、默不作声、生闷气等形式来反应 2. 情绪理解:能察觉自身的情绪状态;能察觉他人的基本情绪,不能察觉和理解他人的复杂情绪;情绪理解能力差 3. 情绪表达:能用适当的方式表达愉快的情绪;不愉快的情绪表露比较压抑,常用默不作声来表现
人际关系	观察	＊＊＊	2010.6	1. 与家人的关系:能与家人和谐相处,尊敬长辈 2. 与老师的关系:能理解老师的表情,并做出正确的反应。能尊敬老师 3. 与同学的关系:能结交好朋友,能与和自己能力相当同学进行交流互动;能帮助能力弱的同学 4. 与陌生人的关系:与陌生人在一起有紧张情绪,不能主动与他人沟通
学习特点	模仿力强,能初步理解并使用常见的手势、动作,机械记忆能力较强,对学习比较有兴趣。理解能力差,手脚运动不协调			
优先发展需求	通过训练,提高对语言的理解能力			

三、长期目标(表 3-3)

10 年 2 学期　教学设计者　＊＊＊

领域	长期目标	评量结果
生活语文	1. 认识本学期汉字 100 个左右,能书写和听写其中 80 个左右	○
	2. 能在老师指导下看懂简单的图片,并看图说句	○
	3. 能正确阅读和理解本学期儿歌和课文,能轻声朗读	○
	4. 能认识问号,在老师指导下朗读疑问句,并根据提问内容正确回答	○

续表

领域	长期目标	评量结果
	5. 能以句子为单位,正确抄写儿歌	○
日常生活	1. 认识粮食(常见主食:米、面、玉米等),了解常见食品的原料及加工过程	○
	2. 知道参观博物馆、展览会的准备和注意事项	○
	3. 学看天气预报,能根据天气情况适当增减衣物	○
	4. 熟悉自己生活的社区情况,了解家里附近的超市、卖场,学会简单的购物流程	○
生活算术	1. 数前概念:能按照大小、多少、长短、高矮对多个物品(3—5个)进行排序	○
	2. 图形与几何:能在图片中找出大小、位置不同的两个同类图形(长方形、正方形、圆形、三角形、五角星形)。初步认识平行四边形、梯形	○
	3. 数与运算:掌握20以内加减混合运算;能基本理解应用题的题意,会20以内连加、连减应用题的列式计算;认识大于号、小于号,能比较百以内数的大小;认识并能使用算术型计算器辅助计算	○
	4. 钱币与时间:能熟练认读商品标价牌上的价格(100元以内)。能进行20元以内人民币的使用,会进行结算(整元)。能比较熟练正确的认读半点。认识月历,能在月历上查找"上星期、下星期"	○
感知	1. 通过味觉识别常见食物	○
	2. 视觉记忆和听觉记忆的训练	√
	3. 认识软硬	○
语言训练	1. 学会握拳放松操、牙齿放松操、手指放松操、颤舌运动,放松肌肉,增强唇舌运动能力	○
	2. 能正确指认声母/j//q//x//z/,学会清楚发音,正确认读相关词语、短语、儿歌	○
	3. 能正确认读有关中秋、景点、秋天、社区的词语、儿歌、短文	○

一、已达成该目标80%以上,则在评量栏内做记号"○"。
二、已达成该项目标60%—80%,则在评量栏内做记号"√"。
三、未达成该项目标60%,则在评量栏内做记号"△"。
四、若学生因为其他障碍限制,无法达成该项目标,则在方格内做记号"×"。

四、短期目标

科目:生活语文　执教老师:＊＊＊(表3-4)

学期目标	短期目标	教学时间	评量日期	评量结果	目标调整
1. 认读中秋节和教师节主题的字词20个左右	1. 能正确认读词语"教师节、教室、讲台、黑板、贺卡、辛苦"	9月	2011.1	○	

续 表

学期目标	短期目标	教学时间	评量日期	评量结果	目标调整
2. 看图阅读相关的儿歌和课文	2. 能正确抄写和听写词语"教师节、教室、讲台、黑板、贺卡、辛苦"			○	
	3. 能看懂图意,并正确朗读课文《教师节》			○	
	4. 能正确朗读儿歌《打月饼》,并正确认读儿歌中的生字"打、饼、情"			○	
	5. 能正确抄写儿歌《打月饼》			○	
1. 认读家乡主题的字词30个左右 2. 学习句式"什么地方的这边有……那边有……"	1. 能正确认读词语"人民广场、南京路、大剧院、博物馆、商场、饭店、静安寺、静安公园、陆家嘴、东方明珠、金贸大厦"	10月	2011.1	○	
	2. 能正确抄写和听写词语"人民、广场、商场、饭店、公园"			○	
	3. 能根据图片内容说句子"这里是……"				
	4. 能看图,用"什么地方的这边有……那边有……"			○	
1. 认读秋天主题的字词 2. 阅读秋天主题的儿歌和句子	1. 能正确认读词语"棉花、稻子、庄稼、大豆、高粱、秋天、大雁"	11月	2011.1	○	
	2. 能正确抄写和听写词语"棉花、稻子、庄稼、大豆、高粱、秋天、大雁"			○	
	3. 能正确理解和朗读儿歌《秋天到》			○	
	4. 能正确理解并轻声朗读课文《秋天来了》			○	
	5. 能正确抄写儿歌《秋天到》			○	
1. 认读社区主题的字词30个左右 2. 练习口语对话 3. 朗读疑问句,认识问号	1. 能正确认读词语"街道、居委会、派出所"	12月	2011.1	○	
	2. 能正确抄写和听写词语"街道、居委会"			○	
	3. 能正确理解和朗读疑问句,认识问号			○	
	4. 能用"你家在哪儿?你家属于什么区什么街道?"问答来练习对话			○	
	5. 能看图说句子"家里有事,可以找居委会、街道、派出所帮助解决"			○	
备注	一、已达成该目标80%以上,则在评量栏内做记号"○"。 二、已达成该项目标60%—80%,则在评量栏内做记号"√"。 三、未达成该项目标60%,则在评量栏内做记号"△"。 四、若学生因为其他障碍限制,无法达成该项目标,则在方格内做记号"×"。				

科目：生活　执教教师：＊＊＊（表3-5）

学期目标	短期目标	教学时间	评量日期	评量结果	目标调整
认识米、面等主食	1. 知道今年的9月22日是农历八月十五中秋节	9月	2011.1	○	
	2. 认识日常主食米、面加工成的食品，了解基本的加工过程。了解玉米等粗粮			○	
	3. 知道中秋传统食品月饼是由主料面粉和各种馅料制作而成			○	
	4. 了解一些新型月饼品种			○	
	5. 知道适量食用月饼			○	
学会参观前的准备和注意事项	1. 知道世博会闭幕的时间是10月31日	10月	2011.1	○	
	2. 知道参观场所的名称、参观时间			○	
	3. 知道参观活动中的注意事项（2—3项）			○	
会根据天气预报增减衣物	1. 能坚持收看或者收听天气预报，了解每天基本的天气情况（晴天、阴天、雨天、最高温度、最低温度）	11月	2011.1	○	
	2. 能在家长指导下根据天气情况选择合适的着装			○	
	3. 了解不同季节的服装和着装特点			○	
了解生活的社区，会简单购物	1. 知道自己所属的街道、居委、社区	12月	2011.1	○	
	2. 了解1—2个家附近的超市、卖场			○	
	3. 知道超市购物的基本流程，会参与购物			○	
备注	一、已达成该目标80%以上，则在评量栏内做记号"○"。 二、已达成该项目标60%—80%，则在评量栏内做记号"√"。 三、未达成该项目标60%，则在评量栏内做记号"△"。 四、若学生因为其他障碍限制，无法达成该项目标，则在方格内做记号"✕"。				

科目：生活算术　执教教师：＊＊＊（表3-6）

学期目标	短期目标	教学时间	评量日期	评量结果	目标调整
数前概念：能根据大小排序	1. 能熟练区分两件物品的大和小	9月	2011.1	○	
	2. 能在多个(3—5个)物品中区分最大、最小			○	
	3. 能按照物体的大小对多个(3—5个)物品进行排序			○	

续 表

学期目标	短期目标	教学时间	评量日期	评量结果	目标调整
图形与几何	1. 能熟练区分长方形、正方形、圆形、三角形、五角星形	9月	2011.1	○	
	2. 能在图片中找出以上5种图形（大小不同、位置不同）			○	
	3. 认识平行四边形、梯形			○	
20以内的加、减法运算和应用	1. 熟练20以内退位减法的计算			○	
	2. 能熟练地根据题意完成20以内加减的表格式应用题			○	
时间的认识	能熟练认读整点，并指出时针、分针所在的位置			○	
数前概念：能根据多少排序	1. 能根据数量区分两堆物品的多和少	10月	2011.1	○	
	2. 能对实物或者图形进行计数，比较多少			○	
	3. 能在多堆（3—5堆）物品中区分最多、最少			○	
	4. 能根据物体的数量对多堆（3—5堆）物品进行排序			○	
图形与几何	1. 能熟练区分平行四边形、梯形			○	
	2. 能在图片中找出以上两种图形			○	
20以内的加、减混合运算	1. 能熟练计算20以内的连加、连减			○	
	2. 掌握20以内加减混合运算的运算顺序、方法			○	
	3. 认识算术型计算器结构和用法			○	
	4. 能借助算术型计算器完成加、减运算			○	
时间的认识	能熟练读出钟面上的半点，并说出时针、分针的位置			○	
数前概念：能根据长短排序	1. 能熟练区分两件物品的长和短	11月	2011.1	○	
	2. 能在多件（3—5件）物品中区分最长、最短			○	
	3. 能根据长短对多个（3—5个）物品进行排序			○	
图形与几何	能在图片中找出大小相同、位置不同的同类图形			○	
20以内连加、连减的应用题	1. 能熟练的进行百以内数的认、读、写			○	
	2. 理解题意，能进行20以内连加应用题的计算			○	
	3. 理解题意，能进行20以内连减应用题的计算			○	
人民币的应用	1. 能认读商品的标价（百以内）			○	
	2. 能进行20元以内商品的结算（累加）			○	

续表

学期目标	短期目标	教学时间	评量日期	评量结果	目标调整
数前概念：能根据高矮排序	1. 能熟练区分两个物品或者两个人的高和矮			○	
	2. 能在多个(3—5个)物品区分最高、最矮			○	
	3. 能根据高矮对多个(3—5个)物品或者人进行排序			○	
图形与几何	能在图片中找出大小不同、位置不同的同类图形	12月	2011.1	○	
比较百以内数的大小	1. 认识大于号、小于号			○	
	2. 巩固数位表(个位、十位)			○	
	3. 基本掌握比较两数大小的方法			○	
人民币的应用	1. 能熟练认读商品的标价(百以内)			○	
	2. 能进行20元以内商品的结算(找零)			○	
备注	一、已达成该目标80%以上,则在评量栏内做记号"○"。 二、已达成该项目标60%—80%,则在评量栏内做记号"√"。 三、未达成该项目标60%,则在评量栏内做记号"△"。 四、若学生因为其他障碍限制,无法达成该项目标,则在方格内做记号"×"。				

科目：感知　执教教师：＊＊＊（表3-7）

学期目标	短期目标	教学时间	评量日期	评量结果	目标调整
通过味觉识别常见食物	1. 能识别甜味和咸味的月饼	9月	9.15	○	
	2. 能通过味觉识别月饼、饼干、巧克力和面包		9.22	○	
	3. 能说食物的特征：甜、咸、黏、脆等		9.29	○	
视觉记忆	能在10秒内再认看过的10张景点图片中的6—7张	10月	10.13	○	
听觉记忆	1. 能在10秒内复述听过的10个景点中的3—4个		10.27	○	
	2. 能在10秒内复述听过的天气预报中的2—3个相关信息		11.10	○	
认识软、硬	1. 初步建立软硬的概念,能通过捏一捏的方法辨别和比较软硬区别较大的两个物体	11月	11.17	○	
	2. 能在吃的过程中识别食物的软硬		11.24	○	
	3. 能尝试根据生活经验说出哪些东西是软的,哪些是硬的		11.30	○	

续 表

学期目标	短期目标	教学时间	评量日期	评量结果	目标调整
听觉记忆	1. 能在10秒内复述听过的10个需要购买的物品中的6—8个	12月	12.15	○	
	2. 能正确复述包含地点和动作的基本指令		12.22	○	
备注	一、已达成该目标80%以上,则在评量栏内做记号"○"。 二、已达成该项目标60%—80%,则在评量栏内做记号"√"。 三、未达成该项目标60%,则在评量栏内做记号"△"。 四、若学生因为其他障碍限制,无法达成该项目标,则在方格内做记号"×"。				

科目:语言训练　执教教师:＊＊＊(表3-8)

学期目标	短期目标	教学时间	评量日期	评量结果	目标调整
学会握拳放松操,会说声母/j/的词语、短语和儿歌	1. 学会握拳放松操	9月	2011.1	○	
	2. 学会正确发音声母/j/,清楚认读相关词语、短语和儿歌			○	
	3. 学会清楚朗读有关中秋节的儿歌			○	
学会牙齿放松操,会说声母/q/的词语、短语和儿歌	1. 学会牙齿放松操	10月	2011.1	○	
	2. 学会正确发音声母/q/,清楚认读相关词语、短语和儿歌			○	
	3. 学会清楚朗读景点的介绍			○	
学会手指放松操,会说声母/x/的词语、短语和儿歌	1. 学会手指放松操	11月	2011.1	○	
	2. 学会正确发音声母/x/,清楚认读相关词语、短语和儿歌			○	
	3. 学会清楚朗读秋天的儿歌			○	
学会颤舌运动,会说声母/z/的词语、短语和儿歌	1. 学会颤舌运动	12月	2011.1	○	
	2. 学会正确发音声母/z/,清楚认读相关词语、短语和儿歌			○	
	3. 学会主动与人进行轮替对话			○	
备注	一、已达成该目标80%以上,则在评量栏内做记号"○"。 二、已达成该项目标60%—80%,则在评量栏内做记号"√"。 三、未达成该项目标60%,则在评量栏内做记号"△"。 四、若学生因为其他障碍限制,无法达成该项目标,则在方格内做记号"×"。				

五、相关服务(表3-9)

（填写说明：填写内容包括升学辅导、生活、就业、心理辅导、福利服务等）

参与拟定个别化教育计划之人员

教师签名：
学校部分负责人签名：
家长签名：

意见栏：
　　学校为＊＊＊制订的个别化教育方案非常符合他的特点，我们家长在家里会根据这个方案进行相应的训练。

＊＊＊爸爸

（该案例由上海市南阳学校提供）

(二) 近些年来个别化教育计划结构的变化

个别化教育计划的结构不是一成不变的。为了适应特殊教育发展的需求，近些年一些国家和地区个别化教育计划的结构也有一些变化。

1. 美国个别化教育计划的基本结构

2002年1月8日，美国总统布什签署了《不让一个儿童落后法案》(No Child Left Behind Act，简称 NCLB)。NCLB 提出了加强教育绩效责任、增加灵活性和控制性、扩展家长的选择权、提高教师的教学方法四项基本的教育改革措施。为加强教育绩效责任，NCLB 要求包括特殊儿童在内的所有学生都必须接受其所在年级学业标准的评价。虽然 NCLB 没有对 IEP 做具体规定，但其加强教育绩效责任的措施对后来 IDEA 修订 IEP 的要求产生了重要影响。2004年11月美国国会通过了《障碍者教育改进法案》(Individuals with Disabilities Education Improvement Act of 2004，简称 IDEA(2004))，即 108—446 公法。2006年8月，IDEA(2004)的第二部分法规通过。2008年11月，IDEA(2004)第二部分法规的补充法规通过。IDEA(2004)的核心精神与 IDEA (1997)、NCLB 一致，旨在通过学习普通课程、加强教育评价来提高特殊儿童的教育质量。为此，IDEA(2004)规定在 IEP 的中继续推动特殊儿童学习普通课程，并加强教育评价；同时，又试图减轻 IEP 的文书工作，使 IEP 更灵活有效。

IDEA(2004)规定如果评估结果说明儿童需要特殊教育，那么必须为其制订 IEP。

IEP的文本必须包括以下要素：[①]

（1）陈述学生目前的学业成绩和功能成绩，包括：①学生的能力怎样影响其参与普通课程学习并取得进步。如果是学前儿童，则要说明儿童的能力怎样影响其参与恰当的活动；②对那些接受与替代性成绩标准相关的替代性评价的学生，则要描述其基准目标或短期目标。

（2）陈述可以测量的年度目标，包括学业和功能目标，旨在：①基于学生的能力满足其需要，使学生参与普通课程学习并取得进步；②基于学生的能力满足的其他需要。

（3）描述怎样测验学生朝向年度目标的达成情况以及何时阶段性报告学生的进步情况。

（4）说明特殊教育、相关服务、辅助性帮助和服务（基于同行评审的研究）：①以促使学生达成年度目标；②以促使学生参与普通课程学习并取得进步，并且③参与课外活动和其他的非学业活动。

（5）如果有的话，说明学生不能参与普通班级正常学生活动、课外活动以及其他非学业活动的程度。

（6）说明在州和学区评价中，测验学生的学业成绩和功能表现所需要的任何个别化的恰当的调整，如果 IEP 小组决定学生需要接受替代性评价，需要解释：①为什么学生不能参加一般评价；②什么样的替代性评价对该学生是恰当的。

（7）IEP 开始实施的时间安排，提供服务和调整的可能的频率、地点和持续时间。

（8）当学生 16 岁时，在不晚于其首个 IEP 实施前开始，并且随后每年更新：①基于与训练、教育、就业、独立生活能力（恰当的话）的年龄恰当的转衔评价而制订的恰当的可测量的后中学目标；②学生达成转衔服务，包括课程学习所需要的帮助；③在学生达到法律规定的成人年龄之前的不晚于一年内，要告知学生其在成年时所拥有的转衔权利。

IDEA(2004)所规定 IEP 的结构主要做了以下几个方面的改变：

（1）重视特殊儿童学业水平和功能性目标的发展。在制订、总结与修订 IEP 时，除了要考虑 IDEA(1997)提出的多方面因素，又增加了一项要求，即要求考虑儿童的学业、发展性的与功能性的需要。把原有法案的"教育成绩现有水平"改为"学业成绩及功能性表现的现有水平"。这一变化旨在缩小特殊儿童教育计划涉及的范围，使其主要集中在学业成绩和功能性表现上。相应地，年度目标被规定为"学业和功能性目标"。教育要使特殊儿童学习普通教育课程并取得进步，要满足儿童因障碍所导致的每个其他教育需要。

（2）加强特殊儿童学业水平的评价。特殊儿童学业评价的类型主要包括一般性评价和替代性评价。一般性评价是指评价标准与年级学业标准相一致的评价（允许在评价内容和标准不变的情况下，根据特殊儿童的具体需要，适当调整问题呈现的方式、回答的方式、考试的地点和时间，从而让学生更好地证明自己的知识和技能）替代性评价

[①] Gibb, G. S., Dyches, T. T. *Guide to Writing Quality Individualized Education Programs* [M]. Boston: Pearson Education, 2007:2.

是指评价标准与学生所在年级学业标准不一致的评价。IDEA(2004)规定,IEP必须说明特殊儿童如果要接受一般性评价,需要在问题呈现的方式、回答的方式等方面做哪些具体的调整。对于那些即使进行个别调整也无法接受一般性评价的特殊儿童,IEP小组要决定儿童的评价类型,说明原因,并且解释如何进行替代性评价。

(3) 减轻文书工作的负担。以往的IEP要求根据儿童现有表现水平在所描述的每个领域制订可以测量的年度目标、相应的短期目标或重要的发展目标。IDEA(2004)的最大变化是除了严重障碍儿童,绝大多数特殊儿童的IEP只需要制订年度目标。另外,还增加了一个多年IEP的试验计划,给15个州的家长和学校选择用三年IEP(一次制订某个儿童三年时间所用的IEP)代替一年IEP的机会。三年IEP的修订需要与儿童学校生活的转衔点相一致,也需要一年至少检讨1次。

2. 我国台湾地区特殊儿童个别化教育计划的基本结构

2003年我国台湾地区修正通过的《特殊教育法施行细则》第18条具体规定了IEP应该包括的事项。黄瑞珍(2007)对此做了具体的说明:[①]

(1) 评量内容:共有十项能力即认知能力、沟通能力、行动能力、情绪、人际关系、感官功能、健康状况、生活自理能力、国文、数学等学业能力的现况,与其他前述未说明者如特殊性向、兴趣、多元智能、特殊表现等。

(2) 学生家庭状况:说明学生的成长史、医疗史及家庭对学生的教养、支持、接纳的情形。除此,家庭的结构、父母的婚姻、多元语言、种族的影响等也须说明。

(3) 学生障碍状况对其在普通班上课及生活的影响:主要强调融合教育的重要性,但也应依据障碍程度、适应情形,及支援服务、资源教学的提供是否满足学生在普通班受教育的可行性。

(4) 适合学生的评量方式:上述第(1)项描述评量内容,此项则特别强调采用正式或非正式评量以全面了解学生的真正能力。此评量方式包括拟定IEP前的评量及各种教学及辅导后形成性评量,例如观察、晤谈、操作、档案等记录及各种替代评量方式,例如口语、电脑文书处理、点字、沟通辅具等。

(5) 学生因行为问题影响学习,学校行政支援及处理方式:主要是描述学生因为各种因素导致影响学习的行为,例如注意力非常短暂、动机非常薄弱,甚至有攻击行为、自虐行为等。学校应如何发挥团队力量,结合资源来改善学生不良行为,或是发展正向行为支持方案等明确方法。

(6) 学年教育目标及学期教育目标:明确依据学生的需求,按优先顺序,制订一年及一学期可以达到的目标,并清楚地呈现,且可供绩效评估。

(7) 学生所需要的特殊教育与相关专业服务。这里明白地指出是学生所需要的,而不是父母或教师所想要的。是依据学生需要结合社工、职能、物理、语言、心理、医师等专业团队的服务。

(8) 学生能参与普通学校(班)的时间及项目:这点是积极鼓励让学生尽可能地融合在普通教育中,而非在隔离的环境中受教育。

[①] 黄瑞珍.优质IEP:以特教学生需求为本位的设计与目标管理[M].台北:心理出版社,2007:6.

(9)学期目标是否达成的评量日期与标准:这点主要是用来绩效评估,检查学生是否达到或是无法达到之原因并修正以作为拟定年度目标的参考。

(10)学前教育大班、小学六年级、初中三年级及高中(职)三年级学生的转衔服务内容:这点是强调学生在转换教育阶段时的连贯问题。

2013年,我国台湾地区修正通过的《特殊教育法施行细则》第9条又对IEP的概念与内容作出了具体规定:

本法第二十八条所称个别化教育计划,指运用团队合作方式,针对身心障碍学生个别特性所订定的特殊教育及相关服务计划。其内容包括下列事项:

一、学生能力现况、家庭状况及需求评估。

二、学生所需特殊教育、相关服务及支持策略。

三、学年与学期教育目标、达成学期教育目标的评量方式、日期及标准。

四、根据情绪与行为问题学生所需的行为功能介入方案及行政支援。

五、学生的转衔辅导及服务内容。

前项第五款所定转衔辅导及服务,包括升学辅导、生活、就业、心理辅导、福利服务及其他相关专业服务等项目。

与2003年的IEP相比,2013年的IEP更加强调了对于情绪与行为问题学生的行为功能干预方案以及行政支援。由于学生的情绪与行为问题会给学生的学习带来很多困扰,所以需要特别予以关注。如果学生有情绪与行为问题,那么需要在其个别化教育计划中用专门的部分来设计行为功能介入方案。该方案一般包括以下几个要点:(1)行为问题陈述:描述学生行为问题的具体表现。(2)行为问题诊断:对学生的行为问题进行观察、分析、诊断。(3)行为问题处理:依据行为问题的诊断结果,制订处理行为问题的干预方案。学生行为问题的干预可能分为几个阶段进行。(4)所需之行政支援:说明教师在处理学生的情绪与行为问题时,需要学校在人员支持、环境调整、课程建设等方面所提供的支持。

3. 本书建议的个别化教育计划的基本结构

1975年,美国94—142公法颁布时,人们对IEP颇为狂热,研究界关注的主要是如何制订出合乎法律要求的IEP。随着时间的推移,有关IEP制订与实施的一些问题开始显现出来。而且,不同国家和地区所出现的问题基本一致。IEP的发展陷入了负担重、制订与实施难而收效不确定的困境。尽管一些研究认为制订与实施IEP的确有积极的作用,但也有很多研究认为IEP的制订与实施存在很多问题。这些问题主要反映在以下几个方面:(1)IEP的制订质量差,不能达到法律规定的基本要求。IEP没有建立起儿童现有水平评估——课程与教学目标——成效评价间的联系;长期目标、短期目标都与评估缺乏联系;没有报告儿童的现有成绩水平,直接影响其随后的目标制订;目标模糊、不具体,目标间缺乏连贯性,没有根据学生的需要制订目标;过于关注儿童的弱势与不足;目标不可行,评价标准和方法缺失。(2)制订的IEP在教学实践中并没有很好地发挥作用。按照法律的意图,IEP作为概括性的课程与教学、相关服务的规划设计,应该直接指导教学实践,促进学生的学和教师的教。然而,大量证据说明IEP并没有发挥预期的功能,在特殊教学设计方面表现无能。IEP与教学间没有建立联系。教师更多的是把 IEP 作为法律的要求,而不是指导教学的重要计划,并没有使用 IEP 来指导日常教学。(3)实施 IEP 的成效差。很少有研究证明 IEP 提高了特殊儿童的教育成效。制订与实施 IEP 以来,特殊儿童的成绩并没有变化。有人甚至认为 IEP 不管在记录儿童成长还是在促进儿童进步方面都是无效的。IEP 的现实与理想脱节。[①]

个别化教育计划制订与实施出现上述问题的原因是复杂的。相关法律对 IEP 的功能、结构、制订与实施过程等方面的规定存在一些问题,管理者、教师等执行者在制订与实施 IEP 的实践中也出现了一些问题。其中,个别化教育计划难以在教学实践中真正实施的原因之一是个别化教育计划制订团队在制订个别化教育计划时没有与学生的课程建设建立联系,或者说没有从课程建设的高度制订个别化教育计划的目标。这样制订的个别化教育计划在教学实践中容易出现难以找到实施途径的问题。鉴于学校的基本管理与运行模式是设置相应的课程、规定每门课程的课时及负责施教的教师,因此个别化教育计划目标要真正成为指导教学实践的目标,需要在制订个别化教育计划时与学生的课程建设建立联系,可以把学生的课程安排作为个别化教育计划的要素之一。

加入课程安排后,个别化教育计划的结构可以包括以下要素:
(1)学生及其家庭、学校的基本信息。
(2)学生的现有发展水平。
(3)学生的课程安排。
(4)学生的长期目标、短期目标。
(5)教育服务及相关专业服务。
(6)目标达成情况的评价。
(7)参与制订个别化教育计划的人员签名。

特殊儿童的课程安排可以包括学期课程安排、每周课程安排两个内容。

学期课程安排主要说明在一学期内特殊儿童所要学习的课程情况。学期课程安排需要说明每门课程的名称、课程与班级学生课程的关系、教材、每周课时、执教教师。每周课程安排主要是通过提供特殊儿童的周课程表,以说明在一周内该儿童需要学习的课程情况。

四、个别化教育计划的发展趋势

IEP 费时、成效却并不确定。目前,认为 IEP 的制订与实施存在很多问题的研究远远超过 IEP 有积极作用的研究。IEP 尽管受执行者等外在因素的影响,但其自身的确也存在很多问题。但由于 IEP 所承担的功能对特殊教育是至关重要的,而且没有其他形式可以替代或完全替代,而 IEP 自身所存在的问题,可以通过改革来加以改善或消除。因此,未来我们依然需要 IEP。只是我们不会再像以往那样过于依赖 IEP 了。IEP 作为提高特殊教育质量的重要形式之一,将会在一定范畴内发挥其独特的作用。

[①] 于素红.个别化教育计划的现实困境与发展趋势[J].中国特殊教育,2012(3):3—8.

未来 IEP 的发展趋势主要将体现在以下几个方面：[①]

1. 调整与改革 IEP 的相关规定，使 IEP 更加科学、有效

首先，避免目标制订的随意性，制订能促进儿童整体发展的课程目标。课程作为学校教育施加给学生的所有影响，应涉及学生发展的多个方面。单纯强调个别需要，往往容易使 IEP 制订者过于关注儿童的缺陷和不足，制订的目标范围狭窄、数量少。而且，由于缺少约束和规范，一些教师制订的 IEP 过于随意。因此，一些国家和地区近些年来开始规范 IEP 目标的领域与范畴。2003 年，台湾地区《特殊教育法施行细则》(修订)规定，学生各项能力现况应包含认知能力、沟通能力、行动能力、情绪、人际关系、感官功能、健康状况、生活自理能力、国文、数学等学业能力的现况。要以"全人教育"的理念设计目标，IEP 目标应包括认知、技能、情意三大类别。以往因难以测量而较少出现的情意目标开始作为特殊儿童 IEP 的重要目标。2004 年美国颁布的《障碍者教育改进法案》(IDEA)规定，在评估儿童的现有水平时，要关注儿童的功能性、发展性、学业的多方面信息。IEP 目标既要有学习普通课程的学业目标，也要有促进学生生活适应能力的功能性目标。

第二，改变 IEP 的设计取向，从单纯的目标模式转向目标模式与过程模式相结合。原有的 IEP 过于注重目标的预设，难以适应教学的实际需要。因此，1994 年，英国开始简化 IEP 形式，以纲要式(outline)陈述为主。2003 年，台湾地区《特殊教育法施行细则》(修订)规定，IEP 目标包括学年教育目标及学期教育目标，不再强制规定制订短期目标。2004 年，美国 IDEA 规定，除了严重障碍儿童，绝大多数特殊儿童的 IEP 只需要制订年度目标。这反映了这些国家和地区的 IEP 设计取向正在发生变化。学年初，只制订概括性的长期目标，教师可以在教学过程中根据各方面的因素制订、生成更具体的短期目标。教学过程中，教师不仅关注学生最终能达成的目标，而且关注学生在学习过程中的表现，注重培养学生的学习兴趣、信心。

第三，减少 IEP 制订与修订过程的刻板和复杂，增加 IEP 的灵活性，使 IEP 目标更能适应教学实践的变化。2004 年，美国 IDEA 规定，在 IEP 的年度审查会议之后，经家长与学校同意，教师可以不召开 IEP 小组会议而对 IEP 进行微调。鼓励教师加强 IEP 的过程性评价，关注学生在学习过程中出现的问题和需要，及时调整、修订 IEP 目标。其次，改变会议方式。除了面对面的方式，还可以采用电话会议、视频会议等方式召开 IEP 会议，以节约时间。另外，改变所有 IEP 小组人员须参加 IEP 制订会议的规定。如果家长、学校都认为，某个小组成员的专业领域与会议讨论的信息无关，那么可以不要求其出席。即使所讨论的内容与某个小组成员的专业领域有关，如果家长、学校同意，并且该成员能在会议之前向 IEP 小组提交书面报告，那么他也可以不出席 IEP 会议。

2. 减轻制订 IEP 的负担，提高实际效率

由于制订一份 IEP 需要花费大量的时间和精力，给 IEP 小组成员带来沉重的工作负担，所以，一些国家开始注重减轻 IEP 制订负担、提高效率。目前，主要有下列几种措施：(1)制作电子版 IEP。20 世纪 80 年代，美国 IEP 的发展进入"技术反应"阶段，人们

[①] 于素红.个别化教育计划的现实困境与发展趋势[J].中国特殊教育，2012(3)：3—8.

开始尝试运用计算机软件来制订 IEP 目标,减轻文案负担,节省精力和时间。尽管有人质疑运用计算机软件制订 IEP 可以减轻负担却对提高质量没有实质性的帮助,但由于它可以显著减轻文案负担,所以在美国之后一些的制订 IEP 国家和地区还是在开发计算机软件、制订 IEP 方面做了很多尝试。(2)减少 IEP 的数量、缩小 IEP 的规模,只为特别需要 IEP 的特殊儿童制订 IEP,IEP 只涉及到某些特别需要个别设计的方面。2001年,英国开始尝试不再为每个特殊儿童制订 IEP,而是为有相似需要的特殊儿童制订小组教育计划(Group Education Plan,简称 GEP)。只有那些课程与他人有差异的特殊儿童(附加的课程或不同的课程)才需要制订 IEP。2004 年,加拿大安大略省规定,IEP 要描述普通课程所没有的而该特殊儿童又特别需要的一些课程领域的目标,不是记录所有的学习目标。(3)延长 IEP 的有效时间。2004 年,美国 IDEA 增加了一个试验计划,给 15 个州的家长和教育管理人员选择用三年的 IEP 代替一年的 IEP 的机会。一次可以为非严重障碍儿童制订 3 年有效的 IEP。

第一种措施可以减轻 IEP 的沉重工作负担。第二种措施不仅可以减少工作负担,而且与教学实践更加贴切,有益于提高教学效率。所以,今后这两种措施还会继续实施与发展。第三种措施自出现以来就备受质疑,一次制订三年的 IEP,难以保证制订恰当的目标、提供恰当的特殊教育服务,也限制了家长等合作、参与的机会。这种为减轻负担而牺牲特殊儿童恰当教育权利的做法应该难以长久。

3. 转变管理者的评价取向,提高教师、家长等制订与实施 IEP 的水平

随着对特殊儿童教育成绩差的关注,家长、政策制订者开始呼吁特殊教育绩效评价进行转变。1997 年,美国 IDEA 规定把特殊儿童的教育成效纳入普通学校的绩效评价体系,学校、教师要为每个特殊儿童的学习结果负责。这些促使管理者对 IEP 的评价取向逐渐发生变化,从注重形式与文本、遵守法律程序转向注重儿童的实际教育成效。为了及时了解 IEP 实施过程中出现的问题、监控学生的进步情况,IEP 的评价由原来的每年总结一次转向更重视动态评估、过程评估,更多次数地评价学生的进步情况。

IEP 小组成员制订与实施 IEP 的水平对提高 IEP 的成效至关重要。由于一些教师、家长缺乏教育特殊儿童的能力、不能有效制订与实施 IEP,因此,在改革 IEP 的同时,应该着力提高教师、家长等的相关能力。对教师进行制订 IEP 目标、使用课程本位评价的培训,可以显著提高其为特殊儿童制订 IEP 目标的质量。家长经过学习,可以更多地了解特殊教育,更好地理解学校与教师的工作。如果每个 IEP 小组成员都有相应的知识、合作的态度和能力,一定会提高 IEP 的成效。

第二节　个别化教育计划的制订人员与发展程序

一、个别化教育计划的制订人员与责任

(一) 建立合作的 IEP 团队

IEP 的制订与实施需要那些最了解学生的人和那些即将直接与学生接触、进行教育教学的人合作。因此,首先需要建立每个学生的 IEP 团队。团队的方式使那些对学生负责以及有志于满足学生需要的人分享学生在不同环境中行为和学习的信息和观

察,对影响学生学习能力的优势和需要以及学生的教育目标达成共识,讨论如何进行调整、适应帮助学生学习和证明自己的学习,对购买个别化的设备提供建议,讨论需要从支持服务人员那里获得的支持的类型和水平。[①]

根据学生个体的需要,IEP团队的成员可以而且应该不同,但主要的成员是基本一致的。以立法保证 IEP 制订与实施的国家一般对 IEP 团队的人员组成也有规定。

美国 IDEA(2004)规定,IEP 制订团队必须包括以下人员:(1)障碍儿童家长;(2)如果该儿童正在或可能在普通班级学习,那么至少一名普通教育教师参与;(3)至少1名特殊教育教师或特殊教育提供者;(4)当地教育机构主管特殊教育质量的代表,熟悉普通教育课程,熟悉可以利用的资源;(5)一名能解释评价结果的人,也可以是上面已经提到的某个人;(6)经家长或学校慎重考虑,儿童所需要的其他方面的专家;(7)恰当的话,障碍儿童本人。[②] 美国 IEP 团队成员的定义与要求见表 3-10。

表 3-10 美国 IEP 团队成员的定义及要求

参与者	描述	要求
家长	亲生父母、监护人、或者代父母	● 通知家长,保证他们能出席会议 ● 共同商量会议的时间和地点 ● 如果家长不能参加会议,需要安排替代的方式(如电话会议)
当地教育机构代表	学校或学区的代表,能够: ● 提供和管理特殊教育计划的实施; ● 保证提供 IEP 中规定的服务	● 必须参加会议 ● 必须能承诺学区的资源 ● 可以指派参与的教师 ● 鼓励寻求未参与 IEP 团队的普通教师的支持
学生的特殊教育教师	主要负责实施 IEP 的特殊教育教师	应该参加会议
学生的普通教育教师	参与的普通教育教师是,或者可能是,负责实施 IEP 的	应该参加会议
能解释评估结果的教育含义的专业人员	具有评估的知识和技术,也许已经在 IEP 团队中了	● 必须参加会议 ● 提供评估结果与教学间的清晰联系
家长或学校决定的其他人	学校或家长可以邀请其他人参加会议	● 保密原则可能禁止学区工作人员之外的人参与,除非家长书面同意 ● 可以包括相关服务人员,转衔提供者,咨询师以及学校社会工作者
学生(如果恰当的话)	由于要考虑转衔的问题,所以从14岁开始,学生是 IEP 团队的重要一员	学校必须告知家长学生可以参与

(资料来源:Drasgow, E., Yell, M. L., Robinson, T. R. Developing Legally Correct and Educationally Appropriate IEPs [J]. *Remedial and Special Education*, 2001,22(6):362)

---

① Ontario Ministry of Education. The Individual Education Plan: A Resource Guide. 2004:15.
② Gibb, G. S., Dyches, T. T. *Guide to Writing Quality Individualized Education Programs* [M]. Boston: Pearson Education, 2007:5.

根据我国学校管理与教学实践的具体情况,建议 IEP 团队成员至少应由以下人员组成:(1)校长或者主管教学的学校负责人;(2)所有教该学生的教师;(3)学生家长;(4)学生本人(恰当的话);(5)其他相关专业人员。

(二)明确团队成员的任务和责任

在 IEP 制订和实施的过程中,所有团队成员都有重要的任务和责任。明确每个成员的任务和责任,有利于 IEP 的制订和实施。虽然根据学生个体的情况,团队成员的任务可以有所变化,但主要的任务和责任是相对固定的。

各个国家 IEP 团队成员的任务和责任不尽相同。下面主要介绍加拿大安大略省对 IEP 团队成员任务和责任的要求。[①]

1. 团队中教育工作者和其他专业人员的任务

(1) 校长的任务:①指定一名教师负责协调(不是制订)学生的 IEP;②促进计划制订、评价和更新的协作;③保证在学生安置在特殊教育计划的 30 天内完成 IEP;④在学生安置在特殊教育计划的 30 天内在 IEP 上签字;⑤保证 IEP 的实施,在实施的过程中至少在每个报告阶段对学生的学习期望进行评价与更新;⑥在发展 IEP 的过程中,保证考虑 IPRC 的建议(特殊教育计划、辅助人员等提供的服务、资源、设备等);⑦保证在发展 IEP 的过程中咨询家长、学生(学生年龄满 16 岁);⑧对那些需要制订转衔计划的学生,保证咨询社区机构和后中学机构;⑨保证向家长和学生(学生年龄满 16 岁)提供 IEP 的复制本。

(2) 班级教师(普通教育教师)的任务:①提供学生的优势、需要和兴趣的第一手信息;②完成主要课程的任务,帮助学生发展 IEP 以促进学生学习的发展;③调整或改变学习期望以满足学生的需要;评价学生达成这些期望的成绩;④采取个别化的教学策略以帮助学生达成其学习期望;⑤在每个报告阶段总结、更新学习期望;⑥保持与学生家长、其他教师以及其他与该学生 IEP 有关的专业人员、辅助人员的沟通。

(3) 特殊教育教师的任务:①如果恰当、需要的话,提供诊断性评估以决定学生的学习优势与需要;②在普通教育教师为特殊学生调整期望、改变计划或进行调整适应(如,个别化的教学或评估策略,人力支持,个别化的设备)时,为其提供支持;③提供材料、资源的建议;④调整或改变对学生在特殊教育教师直接负责的领域的期望;⑤评价学生达成期望的成绩;⑥与普通教育教师一起工作以保持与学生家长和其他教师的沟通。

(4) 助教的责任:①在教师的指导和管理下帮助学生参与学习活动;②帮助提供 IEP 中所描述的恰当的适应措施;③在教师的指导和管理下,监控、记录学生达成 IEP 期望的成绩和进步;④与学生的教师保持沟通。

(5) 其他专业人员的任务:①如果需要的话,参加 IEP 团队,参与 IEP 的过程;②帮助决定学生的学习优势和需要;③发展使用学校环境的策略以帮助学生获得学习期望中所描述的知识和技能,证明学习成效;④训练人员实施这些策略;⑤提供材料、资源的建议;⑥提供技术支持;⑦为学生家庭提供资源和支持;⑧与学生的教师、IEP 团队保持

[①] Ontario Ministry of Education. The Individual Education Plan: A Resource Guide. 2004:16.

沟通;⑨如果必要的话,在征得家长同意的情况下,进行评价。

2. 学生和家长在团队中的任务

(1) 学生的任务:①帮助团队认识自己倾向的学习风格和形式;②理解将提供给自己怎样的调整与适应措施(如,个别化的教学和评价策略,人力支持,个别化的设备);③理解 IEP,积极学习以达成目标和期望;④监管朝向目标的进步,认识到成绩报告卡怎样反映出自己的成绩;⑤在制订和总结其年度教育计划时思考 IEP 的信息(七到十二年级)。

学生参与 IEP 过程的实质和程度是变化的。然而,IEP 团队应该确保学生理解 IEP 的目的,以及计划中的目标和期望是如何个别化地裁制、评估、总结和更新的。他们应该认识到他们学习期望的达成成绩将反映在成绩报告卡上。学生必须理解他们能够参与 IEP 过程,这对他们在自己的学习中发挥积极作用是很重要的。

(2) 家长的任务:①提供与其孩子学习有关的最新的信息(如,最近的评估报告);②提供有助于发展和实施其孩子教育计划的重要信息(如,他们的孩子在家和社区中表现出的特长和能力;他们孩子的喜好、厌恶、学习风格、兴趣和对各种环境的反应);③强化和扩展教师要求孩子在家中练习和保持的技能;④就孩子在学校习得的技能转换到家庭、社区环境的情况提供反馈;⑤与学校保持充分的沟通。

支持家长、学生参与的方式:IEP 团队应尽可能早地把家长纳入合作的进程中。家庭成员所认同的教育优先对学生的整体学习经验是很重要的。除此之外,家长在 IEP 过程中扮演着重要角色:与 IEP 团队交流孩子到目前为止的生活,提出避免潜在问题的途径,帮助团队维持学生计划的连续性。

校长和教师可以通过以下方式支持家长和学生参与:①用清晰、明确的语言(如,语言中没有学术术语)开放、定期地与家长和学生交流;②给家长和学生机会,具体说明他们希望怎样、以何种程度参与发展 IEP;③用电话、书面形式与家长联系,通知 IEP 团队会议事宜;④保证给予家长和学生有意义地参与发展 IEP 的机会;⑤确保给家长和学生(如果 16 岁或 16 岁以上)IEP 附件;⑥定期与家长和学生分享有效策略,搜集反馈意见;⑦定期检查家长或学生可能存在的关注或困惑(必要时可以通过提问题的方式)。⑧澄清必要的信息以确保家长和学生理解 IEP 及其与报告卡的关系。

二、个别化教育计划的发展程序

个别化教育计划的发展程序主要可以分为以下几个步骤:

(一) 准备工作

IEP 团队成员根据学生的障碍类型与障碍程度等情况,广泛搜集信息,评估儿童现有发展水平,并对得到的信息进行分析整理,了解儿童优、弱势及特殊教育需求。

(二) 拟定 IEP 腹稿

IEP 团队中以教师为主的成员根据对学生基本信息与现有水平的了解,按照本校 IEP 格式的要求,拟定该学生 IEP 的腹稿。腹稿应该具备学校规定的 IEP 义本的所有要素。

(三) 召开 IEP 会议，制订正式的 IEP

学校召开该特殊儿童的 IEP 会议，邀请该学生的所有 IEP 团队成员参加会议。会议的主要任务是交流所了解的学生信息与发展现况，讨论已拟定的 IEP 腹稿，修改需要调整的地方，最后得到一份所有 IEP 团队成员都认可的个别化教育计划。所有 IEP 团队成员需要在新制订的 IEP 上签字。

IEP 既要有纸质版，也要有电子版。纸质版便于打印、签名、存档。电子版便于每个团队成员备份，便于在实施过程中进行修改。

(四) 实施 IEP

按照个别化教育计划的相关安排，由恰当的人员在适合的时间、地点采取恰当的教学策略和方法对学生进行教学，达成个别化教育计划所要求学生达成的短期目标、长期目标。通常，教师在教学实践中需要根据学生的长期目标、短期目标以及学生的现有水平、学习能力等因素设计相应的教学单元，再将一个单元分解为若干课时进行教学。

(五) 总结与修订 IEP

教师需要在实施 IEP 的过程中密切关注学生的发展情况，对学生进行过程性评价、总结性评价，把评价结果及时报告 IEP 团队成员。如果目标达成情况与预期不符，则需要分析原因。如果确是 IEP 目标制订的问题，则需要及时修订 IEP。

第三节　个别化教育计划基本要素的制订

个别化教育计划的基本要素包括学生及相关的基本信息、学生的现有发展水平、课程安排、长短期目标、教育服务及相关服务、目标达成情况的评级等。下面介绍 IEP 几个基本要素的制订要求。

一、填写基本信息

(一) 基本信息的主要内容

基本信息主要包括特殊儿童、特殊儿童的家庭、特殊儿童所在学校与班级的基本信息。

1. 特殊儿童的基本信息

特殊儿童的基本信息包括儿童个人的基本资料（如，姓名、性别、出生年月日），身体和生理情况（如，身高、体重、健康状况、有无对正常的学习造成消极影响的疾病及其他因素等），障碍情况（主要障碍的类型、程度、鉴定机构与鉴定时间等；伴随障碍的类型与程度），儿童的生长史（会爬、会走、会说话等的时间与状况）、医疗史与康复训练史（发现障碍的时间、主要疾病、就医情况、康复训练等）、教育史（学前教育、小学教育、初中教育等情况）。

2. 特殊儿童家庭的基本信息

特殊儿童家庭的基本信息包括主要家庭成员、儿童父母或其他监护人的情况（如，姓名、年龄、文化程度、职业、联系方式等）、父母婚姻状况、家庭氛围、经济状况、家庭学习环境（独立的学习空间、负责教育的人员等）。

3. 特殊儿童所在学校、班级的基本信息

特殊儿童所在学校基本信息包括儿童就读学校的名称、学校类型。特殊儿童所在班级的基本信息包括儿童所在年级、班级、班级学生人数、班级学生的发展水平、班级氛围、班级学生对该儿童的接纳情况。另外，必要时，还应介绍特殊儿童家庭所在社区的基本情况以及可能支持特殊儿童发展的社区资源及其他社会资源。

（二）获得信息的途径

1. 查阅已有的文本信息

可以提供有价值信息的文本主要有以下几种：(1)儿童的鉴定与诊断报告：介绍了儿童的障碍类型、障碍程度以及主要的障碍表现；(2)教育鉴定与安置委员会的决定书：说明了学生的障碍情况、安置形式，描述了学生的优势和需要，可能还包括对学生特殊教育计划和服务的建议；(3)学生在校记录（档案），包括报告卡、以前的 IEP 等。

2. 访谈与咨询

教师可以就 IEP 基本信息的相关内容访谈与咨询家长、其他相关教师与专业人员。

（三）填写时应注意的问题

1. 准确

所填写的信息要准确，要客观反映特殊儿童、特殊儿童的家庭、儿童所在学校及班级的基本信息。

2. 及时更新

对于学生的障碍情况、教育史等信息要及时更新。

3. 适当汇总

在撰写儿童的家庭状况、生长史、医疗史、教育史等信息时，建议围绕其对儿童发展与学习的影响加以适当汇总，用文字进行深入描述。不要在基本信息部分堆积过多未加以总结、整理的表格，尽量减少仅可勾选的封闭式表格。

二、描述儿童现有发展水平

儿童的现有发展水平是 IEP 的重要部分，也是了解儿童的特殊教育需求的基础，更是设计课程、制订长短期目标的重要依据。在决定希望儿童到哪里去之前，要先知道他在哪里。

（一）评估的维度

评估的维度是指从哪些方面了解与评估儿童。关于 IEP 需要介绍儿童的哪些现有水平，不同的国家和地区也有差异。

美国 IDEA(2004)规定，儿童现有水平的描述涉及儿童的障碍所影响的所有领域，主要包括学业成就、功能表现两个方面。其中，学业成就是指学生在学校所成功获得的知识和技能。学生学习的最重要的学业技能是阅读、写作、数学，因为这些技能是学习科学、社会学等学科的基础。功能表现是指儿童运用知识和技能以满足每日的生活需要。这些功能包括自己吃饭、穿衣、参加娱乐活动、与他人建立健康的关系、购买日用品、寻找工作参加面试、持有银行账户管理自己的钱财等。当然，根据特殊儿童的年龄、障碍对其学习的影响，其学业成就、功能表现的说明要求也不一样。大多数儿童主要学习普通课程,他们的现有水平说明主要是学业成就。其他学生需要掌握功能性的生活技能。有些学生两方面都需要。通常,儿童的学业或功能成绩与其同龄正常儿童核心课程的差距越大,其 IEP 越可能需要强调功能性生活技能。譬如,一个五岁的儿童不能正确认识颜色,那么可能需要把认识颜色作为其学业目标。如果一个18岁的学生不能正确认识颜色,那么需要把认识颜色作为其为成人生活准备的功能性目标,如分辨要洗的衣服的颜色。[1]

我国台湾地区规定,特殊学生的评估内容包括认知能力、沟通能力、行动能力、情绪、人际关系、感官功能、健康状况、生活自理能力和国文、数学等学业能力之现况,与其他前述未说明者如特殊性向、兴趣、多元智能、特殊表现等。其中,认知能力的评量内容包括记忆力、理解力、注意力、推理能力、后设认知能力、逻辑、空间概念、基本概念等。沟通能力可经由听、说、读、写四个向度来分析。听包括听觉理解、听觉记忆等;说属于口语表达的部分,包括构音、音质、音调、音量、共鸣、语畅、语法、语意、语用等;读包括识字能力和阅读理解能力;写包括造词能力、造句能力、国字书写能力、近端抄写、远端抄写、听写等。行动能力的评量包括站立、步行、平衡、上下楼、跑步、独立行动等。人际关系是指团体参与、合群、师生沟通、社交技能等。评量情绪的向度有情绪稳定、情绪表达、情绪管理、挫折容忍度等。感官功能包括有视知觉、听知觉、触觉、嗅觉、动觉、粗动作、精细动作等。学生的健康状况包括身体健康、出缺席、特殊疾病、生理缺陷等。生活自理能力,包括如厕、饮食、衣着、穿鞋、简易清洁、居家休闲等。学业能力包括学习动机、态度、潜能、策略、学业表现等。其他方面包括特殊性向、兴趣、多元智能检核、人格特质、社会适应、特殊表现、偏差行为等。[2]

可以从发展性的、功能性的、学业的三个方面关注特殊儿童的现有发展水平。发展性的是指儿童发展的重要领域,包括运动、语言、认知等。功能性的是指儿童生活自理与适应社会生活的基本技能。学业的是指儿童在语文、数学等课程的学习表现。当然,并不是所有儿童都需要关注这些方面。IEP 团队要根据儿童的障碍类型与障碍程度、生理年龄等因素决定从哪些方面关注儿童的现有水平,全面反映儿童的障碍对其学习、生活的影响。

(二) 评估的途径

可以通过多种途径了解学生目前的发展状况。

1. 查阅已有的文本信息

这些可以提供儿童发展状况的文本信息包括:(1)相关领域的评估报告;(2)儿童上学期或学年的 IEP、作业、评价的结果等;(3)上学期或学年教师对该学生的教育总结或建议。

2. 访谈与咨询相关人员

教师可以访谈、咨询家长、学生、学校工作人员及其他专业工作者。

---

[1] Gibb, G. S., Dyches, T. T. *Guide to Writing Quality Individualized Education Programs* [M]. Boston: Pearson Education, 2007:39.
[2] 黄瑞珍. 优质 IEP:以特教学生需求为本位的设计与目标管理[M]. 台北:心理出版社,2007:41.

咨询家长。家长可以提供有关其孩子的个性、发展、学习方面的非常宝贵的观点。通过与家长的沟通,教师可以了解家长对孩子的教育期望、家庭能给孩子提供的帮助。教师与家长的充分交流与合作有益于二者对学生的特殊教育计划和服务达成相似的期望。

咨询学生。有些国家的法律规定,在为年龄满16岁及16岁以上的学生制订IEP时,需要咨询这些学生本人的意见。其实,如果学生有一定参与能力的话,在制订IEP时都应尽可能地征询学生的意见。在对学生进行访谈、咨询时,教师要鼓励学生分享他们的学习优势与需要、特长、兴趣等的观点。

咨询其他教师。这些教师可以是以前教过该学生的教师以及目前正在为该学生服务的教师、助教以及其他学校工作人员。咨询学校工作人员可以帮助IEP团队了解该学生以前以及目前在学校环境中的表现。

咨询其他专业工作者。如果学生以前或目前正在接受其他专业工作者的服务的话,教师可以咨询这些相关人员,了解该学生在相关领域的表现情况。

3. 直接观察学生

IEP小组除了从各种书面材料、咨询他人获得信息外,还可以通过直接观察学生获得信息。通过观察学生,教师可以知道学生的相关情况,譬如对印刷课文和替代形式(如,大字印刷,录音带,盲文)的反应;处理新任务的方法及对任务的坚持不懈;与他人的接触;组织他(她)的活动、时间、材料;使用语言;在小组活动中的表现;对提示(包括听觉的、视觉的、直接和间接的口头提示)的反应。教师还可以观察环境变量如灯光、声音、温度、颜色、教室的物理安排、一日中的时间、程序和时间安排表如何影响学生的学习;学生对附近的人数、教师及辅助人员行为怎样反应,他(她)对权威怎样反应。[①]

4. 直接测验学生

当从上述途径搜集信息之后,需要对信息进行总结以决定这些信息是否足以帮助团队制订和实施教育计划。如果信息不充分,则需要对学生进行直接测验。

测验可以分为常模参照测验、标准参照测验两种。通过进行常模参照测验,可以了解该学生与其同龄人水平的差距。通过标准参照测验,可以了解该学生达成标准的情况。不管进行何种类型的测验,施测者都要注意测验的公平性,要避免因语言、试题呈现方式、回答方式等给学生造成的不公正,使学生能够在没有障碍的情况下反映出自己的真实水平。另外,教师还应注意避免学生的疲劳给测验结果所造成的影响。

通过以上途径,IEP团队对学生的情况有了全面了解。如果不同来源的信息有差异,那么应该对差异的信息进行进一步的研究,以研究最真实的状况。

(三) 现有发展水平的描述

关于儿童现有发展水平的描述要求是全面而简明。

所谓全面,是指对儿童的障碍影响其发展的所有领域以及每个领域的各个方面都进行了介绍。

[①] Ontario Ministry of Education. The Individual Education Plan: A Resource Guide. 2004:13.

所谓简明,是指语言简洁、内容明确而具体。例如,"学生水平差"、"比正常学生发展慢"就不属于内容明确而具体的描述。

(四) 分析优弱势

在全面了解学生的信息后,需要对信息进行合并、分析,对学生的现有水平做出恰当的评价,找出该学生在各领域的优、弱势,在此基础上明确学生的特殊教育需求。优、弱势能力的决定主要是依据个人内在能力相比较之下而产生出来的,亦即是相对的优势或弱势能力。何谓弱势能力?简单地说:影响或阻碍个人功能(包括沟通、社会人际、情绪、学习、动机态度、动作等)发挥的能力或明显有困难的能力,即可称为个人的弱势。只要是有助于提升个人功能发挥,或表现明显优异的能力皆可称之为优势。下面以一个案例实际说明优弱势之书写方式。①

表 3-11 个人优弱势书写案例表

优势	1. 在教师的鼓励下,会有学习的动机与欲望 2. 做事负责细心,烹饪手艺不错 3. 斯文、乖巧,不太会与人发生争执 4. 会抄写,字迹工整,能依照老师的说明写出老师所要的内容 5. 数学的学习能力、成就比语文的学习能力、成就来得好 6. 生活自理能力佳,视力、听知觉、触觉、嗅觉正常,行动自如,精细动作能力也不错
弱势	1. 在班上国语、数学成绩长期低落,与同侪相较程度仍较为落后 2. 国字基本字的认、读、写能力较弱,无法写出完整通顺的句子 3. 语文理解能力弱,导致常常不知题意,无法思考题目的内容,弄不清楚抽象或较复杂的符号或词汇,学习速度慢,阅读理解时需要较多时间 4. 对抽象概念不易理解,且兴趣不高 5. 短期记忆弱,经常无法记住刚才说过、教过、复习过的事物、内容、话语 6. 自信心较弱,喜欢管别人的事,对自己的答案不肯定,无自信,因而会参考他人的答案 7. 会分心,注意力差 8. 家庭支持度不佳,属单亲家庭,常一个人在家,缺乏照顾

特殊教育的目的在于利用儿童的优势帮助其克服所存在的弱势。所以,在了解学生的现有水平时,不能仅仅关注学生的弱势,而是既要客观地看到学生的优势,也能客观地关注学生的弱势。在决定发挥学生哪些方面的优势、克服哪些方面的弱势时,要着眼于学生的生活适应与未来的职业适应。对于影响学生生活或职业适应又难以克服的弱势,如果可能的话,可以通过其他替代方案帮助其跳脱该弱势所造成的障碍。

三、安排课程

课程设计部分需要说明学生在本学期所要学习的所有课程、这些课程与学生所在班级其他学生所学课程的关系、课程的课时与课程表的具体安排等。

---

① 黄瑞珍.优质 IEP:以特教学生需求为本位的设计与目标管理[M].台北:心理出版社,2007:50.

特殊学生的课程可以分为三大类：

（一）适应班级学生的课程

班级学生的课程是指特殊学生所在班级教师进行集体教学的课程。如果特殊学生在普通班级就读，那么就是适应普通教育课程。适应班级学生课程是指提供服务或支持帮助特殊学生学习与班级学生同样的课程并达成同样的课程目标。课程的适应不改变教学的内容或降低学生应取得的成绩。这意味着特殊学生要掌握班级学生所要学习的所有知识和技能。恰当的课程适应需要教师既对具体课程的主要目标和体系有深刻的了解，又熟悉能帮助特殊学生达成课程目标的教学策略和方法。

课程的适应可以有多种方式，譬如，在完成某项任务时给特殊学生更多的时间，给特殊学生更多的练习机会、更多的运用知识或技能的机会，运用更适合特殊学生的方法进行教学等等。课程的适应也可以是物质支持，譬如，给低视力的特殊学生准备助视器和大字课文，给情绪容易激动的特殊学生安排一个更为安静的位置。一般而言，课程的适应策略有改变特殊学生获得知识的方式、增强对课程内容的理解等。

（二）调整班级学生的课程

课程的调整是指根据特殊学生的实际需求和所学课程的特征，对其所在班级学生所学课程的内容和标准进行改变。课程的调整可以是调整课程的内容，也可以是调整期望特殊学生达成的成绩水平。

（三）特别设置的课程

如果上述两种课程不能满足该特殊学生的教育需要，那么需要为其特别设置课程。特别设置课程的目标、内容及评价标准都与班级学生不一样。

每一种课程都需要说明课程名称、每周课时、执教教师、评价方式。

适应班级学生的课程不需要制订 IEP 的长短期目标，即使在课程实施的过程中会对教学策略、教学组织形式进行适当的调整，但由于 IEP 的重心是作为目标管理的工具，其重要任务是制订目标、评价目标是否达成，所以特殊学生只要完成班级学生的课程目标，并与班级学生接受同样标准的评价即可。

调整班级学生的课程、特别设置的课程都需要制订 IEP 的长短期目标。

下面是一个个别化教育计划中课程安排的案例。

课程安排

（一）学期课程安排（表 3-12）

课程类型	课程名称	课程目标、内容的调整情况	教材	每周课时（与普通学生一起集体教学、个别辅导）	执教教师
普通课程	语文	3	九年义务教育课本（第三册）	8课时（集体7节，个辅1节）	
	数学	3	九年义务教育课本（第一、二、三册）	5课时（集体4节，个辅1节）	

续　表

课程类型	课程名称	课程目标、内容的调整情况	教材	每周课时（与普通学生一起集体教学、个别辅导）	执教教师
	英语	3	牛津英语第三册	3课时（集体2节，个辅1节）	
	美术	1	九年义务教育课本（第三册）	2课时（集体教学）	
	唱游	1	九年义务教育课本（第三册）	2课时（集体教学）	
	品社	1	九年义务教育课本（第三册）	2课时（集体教学）	
	自然	1	九年义务教育课本（第三册）	2课时（集体教学）	
	体育	1	九年义务教育课本（第三册）	3课时（集体教学）	
	探究	1	九年义务教育课本（第三册）	1课时（集体教学）	
特殊课程	认知训练		自编	2课时（个别辅导）	
	社会适应		自编	2课时（个别辅导）	

注1：课程目标、内容的调整包括以下几种情况：
　　（1）课程目标、内容与普通课程完全一样。
　　（2）课程内容与普通课程完全一样，课程目标降低要求。
　　（3）只学习普通课程的部分课程内容，达成部分课程目标。
　　（4）部分课程目标、内容与普通课程相同，补充部分课程内容。
　　（5）课程目标、课程内容与普通课程完全不同。
注2：教材如果使用普通学校教材，请说明第几册。

（二）该生周课程表（表3-13）

课程表

	周一	周二	周三	周四	周五
1	数学	数学	语文	语文	语文
2	美术	语文	数学	唱游	数学
3	语文	唱游	英语	体育	品社
4	英语	品社	语文	探究	体育

续 表

	周一	周二	周三	周四	周五
中午	语文(个)	数学(个)	英语(个)	社会适应(个)	认知训练(个)
5	班会	自然	美术	语文	集活
6	社会适应(个)	体育	语文	写字	体活
7		认知训练(个)		自然	兴趣

注:凡注明"个"者,指个别辅导,不注明者默认为集体教学。

(该案例由上海市宝山区顾村中心小学提供)

四、制订长期目标和短期目标

特殊学生调整的课程、特别设置的课程都需要在 IEP 中制订教育目标。

(一) 制订长期目标

1. IEP 团队成员在制订长期目标中的作用

IEP 团队由教师、家长等多方面的人员组成。每个成员在制订恰当的目标方面都发挥着重要的作用。

美国 IEP 团队中,每个成员在制订长期目标时的贡献如下:[1]

(1) 家长。基于儿童以往在家中与在学校中的表现,家长更知道学生可以完成什么。这对制订目标非常重要。很多时候,学校人员在制订目标时更多关注使儿童适应现有的课程和规则,有时会忽视家长的作用。

(2) 普通教师。普通教师熟悉普通教育课程,可以指导团队制订与之相联系的 IEP 目标。

(3) 特殊教育教师。特殊教育教师可以在儿童的障碍所影响的领域,打破普通教育课程标准或教学任务,制订儿童能在一年完成的合理的目标。

(4) 相关服务提供者。相关服务提供者评价言语和语言、粗大和精细动作、情绪失调等儿童的障碍可能影响的领域。这些专业人士从评估中提供信息帮助团队制订这些领域的目标。

(5) 当地教育管理机构的代表。当地教育管理机构的代表可以提供达成目标所需要的资源。

(6) 可以解释评估结果的个人。可以解释测验结果的教师或相关服务提供者可以帮助团队理解评估结果,根据评估结果制订恰当的目标。譬如,特殊教育教师可以解释儿童学业测验的结果,学校心理学家可以解释心理测验的结果,康复训练师可以解释精细动作评估结果。

(7) 拥有专业知识或专长的其他人。根据家长或学校的意见,在制订目标时,还可

---

[1] Gibb, G. S., Dyches, T. T. *Guide to Writing Quality Individualized Education Programs* [M]. Boston: Pearson Education, 2007:42.

以有家庭代表、校外照料者或者其他的拥有该种障碍或了解该儿童的人士参与。

（8）学生。学生参与制订目标可以帮助团队了解其个人喜欢什么、不喜欢什么，未来的目标是什么。当 IEP 团队开始制订该学生向成人生活转衔的计划时，儿童的参与特别重要。当学生能有贡献时，要邀请其参与制订 IEP。

2. 长期目标的基本要求

长期目标是指 IEP 团队对该学生在新的一年（或学期）里能完成任务的最好预测。教师在制订长期目标时视野要宽广而长远，要综合考虑多方面的因素。制订长期目标的依据是学生现有发展水平、学生的学习能力以及发展的需要。学生现有的能力水平是教育的起点，是通向更远的目标的出发点。学生的学习能力决定了其学习的速度和难度，学生发展的需要决定了目标的方向和内容。长期目标的选择应以学生目前和未来环境的需求以及特殊儿童总的教育目标为指引。

好的长期目标需要具备以下几点基本要求：

（1）目标要能满足儿童的需要

儿童的需要包括学业的、发展性的、功能性的需要。发展性需要是指促进儿童语言、认知等基本领域预期的发展。基本的学业水平是儿童适应社会生活的基础。不管儿童是在普通学校还是在其他安置形式中学习，都需要掌握一定的学业知识。功能性需要是指运用知识和技能满足日常生活需要。

儿童的障碍类型、障碍程度、年龄和生存环境对于目标的制订具有重要影响。

（2）长期目标的范围要广且有一定的难度，要保证学生在比较长的时间内基本教育目标的实现

目标范围广是指根据课程设计的要求，目标要涵盖所有需要制订 IEP 目标的课程，要涉及与儿童发展相关的多个领域。每门课程的目标要全面。美国学者布卢姆把教学目标分为知识学习方面的认知目标，动作与技能学习的技能目标，情感、态度、责任等方面的情意目标。特殊学生的长期目标要尽可能包括认知、技能、情意等多方面目标。避免只注重认知目标而忽视技能、情意目标的情况。

目标有一定的难度是指目标处于儿童的最近发展区，是学生通过教师的指导和自己的努力可以达成的。如果长期目标范围过少、过小，反而会束缚教育教学活动。

（3）综合多种因素，决定目标的优先顺序

在制订目标时，需要决定目标的优先顺序。在决定长期目标的优先顺序时，需要综合儿童的年龄、儿童的认知水平与学习能力、现有水平、目前与未来所面临的环境与挑战等多种因素，其中儿童的生理年龄和认知水平尤为重要。认知水平决定了学生的学习可能性，特别是在学业方面学习的可能性。生理年龄决定了学生适应社会生活所需要完成的任务。当然，儿童现有水平也是决定目标顺序的重要依据。现有发展水平较差的课程或领域往往是迫切需要加强学习的。

（4）长期目标的撰写规范且可测量

目标规范是指长期目标的撰写要符合目标制订的基本要求。首先，目标的撰写应以学生为导向，而不是以教师为导向。"培养学生认识邮局的标志"的表述不正确，"能指认出邮局的标志"才是正确的表述方式。其次，目标指的是学习结果，而非学习活动。

"练习饭店点餐的活动"的表述不正确,"能在饭店完成点餐的活动"才是正确的表述方式。

目标可测量是指目标可以被他人评价、测量。可测量的目标可以确保所有团队成员理解、认同要求该学生所达成的具体目标。教师可以根据具体的目标为学生设计精确的教学活动,过于概括、含糊不清的目标不能直接指导教学。家长可以根据具体的目标在家对学生进行教育指导。具体的目标还有利于团队成员对学生的学习情况进行精确的评价。当学生没有进步时,可以及时调整目标或教学策略。

当然,长期目标作为学生在一个学期或学年所要达成的目标还需要具有一定的概括性,既不能过于具体,也不能过于笼统、不能评价。譬如,"促进某某学生的发展","缩小某某学生与班级正常学生的差距",就是过于笼统的目标。

实践证明,一个真正可以测量的长期目标至少包括以下几个要素:[1]

（1）描述儿童的行为出现的条件(情境)。这些条件可能包括教学的线索、材料、教学的人员、环境、一天中的时间。譬如,"在教师的直接指导下"。

（2）目标中所描述的行为是可以观察、可以测量的,以判断目标是否可以达成。譬如,"理解加法"是不能观察或测量的,因为这种表述没有清楚地说明学生怎样证明自己理解了。他人无法看到学生"理解",只能看到理解以某些可观察的形式所表现出的"证据"。以可测量的目标陈述,该目标可以写成"写出加法问题的正确答案"。他人可以看到答案,并容易判断其正确性。理解、思考、感觉是不能观察的行为,因此在写长期目标时不能使用这类词语。

（3）目标达成的标准。标准要与行为相关。确定标准的方式有多种:①每次实验次数不同时,譬如参加同伴活动的机会,可以用百分数表示;②当实验的数字相同时,譬如每周拼写20个单词,可以用正确数或允许错误的数字表示;③速度是指速度和准确率,譬如一分钟内正确读出的词语数或者一分钟内正确写出的数学作业答案数;④频率是指在一定时间内所测到的某一行为出现的次数。譬如,在学校的一天时间内发火的次数;⑤等待时间是指刺激出现与儿童作出期待的反应的时间间距;譬如,标准是希望儿童在15秒内对成年人的问候作出反应;⑥持续时间是指行为持续的时间长度,譬如,儿童的尖叫声可以持续的时间。

在制订目标时,选择恰当的标准是非常重要的。譬如,教师收集某个学生尖叫的频率,发现该生每天叫两次:一次出现在早晨八点到午餐时间,一次出现在午餐到下午三点。教师认识到这样的时间间隔还是较为恰当的。

（4）说明符合该标准的行为在其他条件下的类化

类化的标准是学生在以下各种不同的情境下都能完成任务:不同的人、不同的环境、不同的教学提示、不同的时间、不同的材料。譬如,小明的类化目标是在资源教室、在普通班级数数、写数到120。

（5）说明学生完成标准任务的持续时间

譬如,小明数数、写数到120的持续时间是每周三次,连续三周。如果在这段持续

---

[1] Gibb, G. S., Dyches, T. T. *Guide to Writing Quality Individualized Education Programs* [M]. Boston: Pearson Education, 2007:42.

时间内小明完成了标准任务,这说明小明不仅掌握了,而且能够保持该技能。

(二) 制订短期目标

1. 短期目标的作用

短期目标是把完整的学习任务分解为小的、可测量的目标。一个长期目标至少要有两个短期目标。

近些年来,许多国家和地区为了减轻教师负担,使 IEP 更具灵活性,不再要求一定要制订短期目标。譬如,2003 年,我国台湾地区《特殊教育法施行细则》第 18 条有关 IEP 内容的规定就要求 IEP 要有学年教育目标及学期教育目标,不再强行要求制订短期目标。2004 年,美国 IDEA 只要求为接受替代性评价的特殊儿童的 IEP 制订短期目标。替代性评估只能用于极少数的障碍程度严重、不能使用与正常儿童同样的标准对其进行评价的特殊儿童。这意味着只有少部分特殊儿童的 IEP 需要制订短期目标。

尽管一些国家和地区不强制规定 IEP 必须制订短期目标,但由于短期目标具有重要的作用,所以很多 IEP 团队在发展 IEP 的过程中还是制订短期目标,但目标的制订和实施都更具灵活性。

短期目标的作用主要有以下几个方面:(1)保证长期目标的完成。特殊儿童在完成长期目标时有一定困难。因此,需要运用任务分析法,把长期目标根据目标的特征、特殊儿童的学习能力等因素分解为若干个学生经过努力可以完成的短期目标。(2)便于进行过程性评价。对每个短期目标的完成情况进行评价其实就是对长期目标的完成情况进行过程性评价。这种评价有利于教师根据学生的学习情况及时调整目标、教学内容、策略等,便于教师经常向家长报告特殊儿童的发展情况,也便于学校更好地监督、管理 IEP 团队的工作。

2. 短期目标的制订方式

长期目标可以以多种方式分解为短期目标。[①]

(1) 任务分析:任务分析是指把要达成的完整的目标按照一定的顺序分解为不同的部分。譬如,数数到 100,可以分解为:①5 个星期内数 1—10;②8 个星期内数 1—20;③15 个星期内数 1—100。

(2) 准确性:长期目标可以根据儿童掌握知识和技能的准确性分成不同的短期目标。如,准确性从低到高:①到 10 月 31 日,准确性达到 50%;②到第二年 1 月 31 日,准确性达到 75%;③到第二年 4 月 1 日,准确率达到 90%。

(3) 支持水平:长度目标可以按照学生准确完成任务所需要的支持水平分成不同的短期目标。如,①10 个星期内全部的身体提示;②15 个星期内仅用口头提示;③20 个星期内没有任何提示。

(4) 类化:长期目标可以按照学生在其他情境或环境中的类化水平分成不同的短期目标。譬如,学生独立入厕的目标可以分解为:①11 月前在教室的卫生间里独立入厕;②第二年 2 月 1 日前在学校的任何卫生间能独立入厕;③第二年 4 月 1 日前在社区

---

① Gibb, G. S., Dyches, T. T. *Guide to Writing Quality Individualized Education Programs* [M]. Boston: Pearson Education, 2007:53-55.

的卫生间里独立入厕。

上述标准并不互相排斥,可以根据需要结合一种或多种形式。

五、设计完成 IEP 目标所需要的教育服务与相关服务

在制订好学生的长期目标和短期目标后,需要设计完成 IEP 目标所需要的教育服务与相关服务。

(一) 教育服务

教育服务是指学校为帮助学生达成 IEP 目标所提供的教育教学服务。根据学生的安置方式,特殊学生有可能在普通学校普通班级、普通学校资源教室、普通学校特殊班级、特殊学校、医院或在家接受教育服务。教育教学服务一般由教师提供。如果学生安置在普通学校,普通教育教师、特殊教育教师都要为学生提供教育服务。

教育服务的设计需要总体说明服务的内容、提供服务的教师、服务一共持续的时间、每次服务的持续时间、服务的频率。另外,在设计每次服务时,还要说明该服务所要帮助学生达成的目标、提供服务的具体地点、开始的时间。

(二) 相关服务

相关服务是指为特殊儿童提供其所需要的除教育服务之外其他方面的服务。

美国的特殊教育相关服务是指交通、发展性的、矫正的以及其他的支持性服务以帮助特殊儿童从特殊教育中获益。相关服务包括:(1)辅导,包括康复辅导;(2)障碍状况的早期鉴定与评估;(3)说明服务;(4)医学服务;(5)定向行走服务;(6)物理与作业治疗;(7)心理服务;(8)游戏,包括治疗游戏;(9)学校照料服务;(10)社会工作服务;(11)言语—语言病理学和听力学服务;(12)交通。

相关服务由各种具有提供专业服务资质的专业人员亲自提供或者在其指导下提供。譬如,心理服务由学校心理学家提供,言语—语言病理学和听力学服务由言语语言病理学家提供,物理治疗由物理治疗师提供,作业治疗由作业治疗师提供。

根据儿童的需要,相关服务可以在普通班级、资源教室、康复训练室或学校的其他场所进行,必要的话也可以在校外的场所进行。

相关服务的设计需要总体说明服务的内容、提供服务的专业人员、服务一共持续的时间、每次服务的持续时间、服务的频率。另外,在设计每次服务时,还要说明该服务的目标与内容、提供服务的具体地点、开始的时间。

六、设计学生目标达成情况的评价

IEP 的长期目标、短期目标的实际达成情况都需要进行评价。

(一) 目标评价的类型

目标达成情况的评价分为总结性评价、过程性评价。

总结性评价是指对学生长期目标达成情况的评价。

过程性评价是指对短期目标达成情况以及在短期目标实施过程中学生表现情况的评价。

(二) 评价的方式

在评价学生的目标达成情况时,需要采用多种评价方式。常用的方式包括:(1)测验:教师呈现问题,要求学生回答。测验可以以纸笔测验、操作测验等形式进行;(2)作业:学生的作业、作品都可以反映其目标达成情况;(3)行为观察:教师观察学生的具体行为表现。行为观察可以以现场直接观察、录像分析等形式进行。

(三) 评价结果的处理

教师需要及时记录与总结评价结果,根据评价结果决定接下来的教学。

另外,教师需要根据学校的管理规定,定时向学校、家长以及其他 IEP 团队成员报告学生的目标达成情况。

七、制订转衔计划

转衔计划是指帮助特殊儿童从一个教育(生活)阶段向另一阶段过渡、衔接的计划。由于特殊儿童在向另一阶段过渡时往往会面临很多困难,因此需要在过渡尚未开始时,现阶段的教师与下一阶段的教师合作,根据学生适应下一阶段的要求,提高学生相关知识与技能,从而更好地适应未来的学习、生活。

一些国家和地区规定某些阶段特殊学生的 IEP 需要制订转衔计划。我国台湾地区要求学前教育大班、小学六年级、初中三年级及高中(职)三年级特殊学生的 IEP 需要有转衔服务内容。美国的转衔计划主要是为学生适应成人生活而制订的,IDEA(2004)规定当障碍儿童年龄满 16 岁时或者在 IEP 团队认为恰当的更年轻的年龄,应该为其制订转衔计划,并应每年更新。

下面简要介绍美国 IDEA(2004)对转衔计划的要求:[1]

转衔计划必须包括以下几个部分:(1)在训练、教育、结业、独立生活能力(如果恰当的话)方面基于年龄恰当的转衔评价而制订的可测量的后中学目标;(2)帮助学生达成目标所需要的转衔服务,包括学习的课程;(3)在学生达到所在州法律所规定的成人年龄前至少一年的时间,已告知其向成年转衔的权利。

IEP 团队如何完成转衔计划?

(一) 可测量的中学后目标

转衔计划的第一步是 IEP 团队与学生一起探索学生未来的志向。法律要求目标的制订需基于恰当的转衔评价。IEP 团队和可以提供转衔服务的社区机构代表根据评价结果讨论特殊学生的职业兴趣、继续教育的愿望、对独立的成人生活的期待等。学生的兴趣接下来会转变为五个领域的后中学目标:

1. 教育。教育目标包括学生在后中学的环境中希望学习什么、在哪里学习、进入学生所期望的学校和计划的条件是什么、相关的经济责任等。

2. 训练。训练是指理想的职业所需要的具体的技能,如文字加工、设备操作、食物加工、人际关系或木工手艺。

---

[1] Gibb, G. S., Dyches, T. T. *Guide to Writing Quality Individualized Education Programs* [M]. Boston: Pearson Education, 2007:91-93.

3. 职业。职业目标以学生期望的行业或职业为中心。职业目标可能在学生高中毕业时马上实现，或者可能需要专门的训练或教育。

4. 独立生活。这一领域的目标主要指学生完成学校生活后所希望的居住类型，接受社区服务、参加活动所需要的交通。

5. 日常生活技能。这一领域的目标包括个人的日常生活技能，如做饭、吃饭、穿衣、修饰（梳理头发）等。

(二) 帮助学生达成目标所需要的转衔服务，包括学习的课程

转衔计划的第二个步骤是决定在学年必须为学生提供什么服务以帮助学生达成后中学目标。由于转衔服务必须在校外提供，所以 IEP 团队必须邀请所有可能提供转衔服务的机构或者为转衔服务付费的机构代表参与。这些机构可能包括能够提供公立或私立的职业训练服务、福利服务、心理健康服务或者其他的基于社区的项目的机构。

转衔服务可能包括下列服务的一种或全部：

1. 教学：包括学习准备达成后中学目标所需要的学业或技能训练的课程。

2. 相关服务：学生达成年度目标所需要的服务。

3. 校外提供的社区经验：包括基于社区的工作探索、工作现场的训练、银行、购物、交通、健康关心、咨询、娱乐活动。

4. 如果恰当的话，习得日常生活技能，如修饰自己（梳头等）、洗衣、准备食物、编制预算。

5. 如果恰当的话，进行职业功能评价以了解学生的职业意向。这包括对学生的职业意向和在一般及特定工作场所工作的技能的综合评价。该评价可以以正式或非正式评价的形式评价学生的优势、态度、兴趣、工作经验以及其他相关因素。

转衔计划案例：夏洛特是个有肢体障碍的 17 岁女孩。其转衔计划的年度目标是：在没有言语提示的情况下，至少四周时间里，当夏洛特乘坐公交车到达工作地点时，能独立坐轮椅进入建筑物，开始工作。

第四节 个别化教育计划的实施、总结与修订

一、IEP 的实施

当 IEP 制订好后，IEP 团队应确保每个与该学生学习有关的人都了解其 IEP 的内容，确保所有直接从事教学的教师，以及家长和学生都有了 IEP 的副本。其次，IEP 团队要确定 IEP 的实施途径，落实实施人员的责任。

(一) 确定 IEP 的实施途径

当 IEP 确定了学生的课程、需要达成的长短期目标以及为达成目标所需要的特殊教育及相关服务后，在开始实施时首先需要考虑通过什么途径实现上述目标和任务。

如果特殊学生在普通班级学习，教师首先要考虑该特殊学生的教育目标与普通教育课程目标的差异。如果目标与学生所在年级普通教育课程目标基本一致，那么这些目标的落实可以主要由普通教育教师在集体教学中落实。必要时由特殊教育教师或助教提供帮助。如果该特殊学生的教育目标与普通教育课程目标有较大差异，则需要根

据学校的教学资源等实际情况考虑采取特殊教育教师在普通班级辅导、学生到恰当年级水平的班级接受教学(走班制)、学生到资源教室接受辅导等方式进行教学。

当特殊学生在特殊班级学习时,教师需要统筹考虑班级里所有特殊学生 IEP 的情况,决定班级大多数学生需要共同学习的课程以及需要达成的目标,然后决定该特殊学生与班级大多数学生的课程、目标的差异。

(二)落实实施人员的责任

对照 IEP 中的具体任务和目标,落实每项任务和目标的负责人。

随着融合教育的开展,越来越多的特殊儿童在普通学校接受教育。普通班级教师和辅助人员在实施学生 IEP 中负有重要的责任。加拿大安大略省对普通班级教师和辅助人员在实施学生 IEP 中的责任进行了如下的规定:[1]

1. 普通班级教师

普通班级教师需要注意学生 IEP 中对教学、环境、评价的调整和安排,但是不应受 IEP 中列出的教学和环境的调整和安排局限。随着师生关系的发展,教师应该探索各种可以促进学生学习能力的策略,并在学生的 IEP 中记录成功的策略。如果学生接受替代性评价,那么教师在调整评价时要慎重且咨询相关部门。

调整不能改变学习期望的内容,但应该考虑到学生倾向的学习形式,给学生证明其学习成效的恰当机会。一些诸如提供安静的工作场所或抄写学生的口语回答之类的调整安排应该预先计划。

教师要仔细观测 IEP 学生的学习—评价过程,终止无效的教学策略和调整,代之以新的策略。

当教师负责学生 IEP 中需要达成调整目标的课程教学时,需要进行另外的计划。教师应该合并(协同)小组教学、同伴教学等策略,以帮助学生参与许多班级活动。当其他学生在完成与特殊学生 IEP 无关的个人任务时,教师要利用这一机会对特殊学生进行直接教学或个别化教学以帮助学生掌握 IEP 中规定的知识和技能。教师要对相关的个别化的工作和任务的地点和程序进行结构化的设计,以使学生尽可能在教师较少的帮助下进行操作、完成任务,从而提升学生的独立性。在学生学习其他知识之前,应把重心放在帮助学生掌握 IEP 中规定的知识和技能上。

2. 辅助人员

许多替代性计划——如,社会能力、情绪管理、个人照料、定向行走训练——需要辅助人员的参与。辅助人员例如助教,通过帮助学生学习和提供 IEP 所描述的恰当调整和安排来为班级教师提供帮助。在实施 IEP 的过程中,需要为助教和其他提供支持的人员制订和提供个别的时间表和地点安排。

(三)实施 IEP,评价学生的进步

在实施 IEP 的过程中,要对学生的学习情况不断进行过程性评价。评价所提供的信息可以使教师调整日常教学以保持学生最好的学习状态。如前所述,最重要的是观测教学策略和调整措施的有效性。使用多种评价策略,包括直接观察、测验、自我和同

---

[1] Ontario Ministry of Education. The Individual Education Plan: A Resource Guide. 2004:43.

伴评价等,将对学生的学习进行最好的理解。鼓励学生在他们自己的学习中成为负责的伙伴,可能的话,他们应该关注 IEP 中记载的年度目标、学习期望、适应措施,以在评价过程中帮助教师。

二、IEP 的总结与修订

IEP 在实施的过程中以及实施结束后,需要按照计划中的安排对学生的学习情况进行过程性评价与总结性评价。过程性评价可以帮助 IEP 实施者及时发现实施过程中的问题,从而及时做出调整。总结性评价可以为新 IEP 的制订提供丰富的参考信息。

IEP 的修订是指对 IEP 团队已经制订的 IEP 进行修改、调整。

IEP 目标是在学期或学年开始时,IEP 团队成员根据学生的现有发展水平等因素对学生在一学期或一学年所能达成的目标的一种预设。当预设的目标不符合学生的学习实际时,则需要及时进行修订。同时,还应考虑在学习过程中教师所发现的学生新需要、家长所提供的学生新信息以及其他需要考虑的方面。

修订的范围可以是长短期目标,也可以是教学策略、人力与物质资源、相关服务措施等影响学生学习的多个方面。如果学生的学习目标提前达成了,那么需要把后面的目标提前或制订新目标。如果学生的学习目标没有按期完成,那么需要分析目标未达成的原因。首先应该分析是否存在教学策略、教学方法的问题,以及是否需要把长期目标分解为更为合理的短期目标。如果上述几个方面都没有问题,则需要调整长期目标。

当需要对学生的 IEP 做出重大改变时,必须召开 IEP 会议,征求相关人员的建议,就 IEP 目标的修改达成共识。

IEP 团队成员在实施、总结、修订 IEP 的过程中,要做好相关记录。

讨论与探究

1. 个别化教育计划的制订需要团队成员花费较大的精力,而且有时由于一些原因实施的成效并不理想。请问是否还需要制订个别化教育计划?有没有其他的方式可以替代个别化教育计划的功能?

2. 请以美国个别化教育计划结构的变化为例说明个别化教育计划如何适应特殊教育发展的需要。

3. 评价一个真实的个别化教育计划。

4. 尝试完成一个特殊学生的个别化教育计划。

第四章

单元计划

教师为学生制订个别化教育计划、规定学生在一个学期或学年内所要学习的课程以及所要达成的目标后，需要根据学生的需要、社会的要求、课程的理念等选择与组织课程内容。课程内容一般是以单元的形式加以组织的。教师要根据单元内容制订单元教学计划。

通过本章学习,你能够:

1. 理解单元、单元计划的涵义。
2. 了解单元的类型。
3. 了解垂直单元设计、水平单元设计的要求。
4. 了解特殊教育单元设计需注意的问题。
5. 了解单元计划的基本要素与结构。
6. 了解特殊教育单元计划制订需注意的问题。

第一节 单元计划概述

一、基本概念

(一) 课程与教学内容

课程与教学内容是指各门学科中特定的事实、观点、原理和问题,以及处理它们的方式,它是在一定的教育价值观及相应的课程与教学目标指导下,通过对学科知识、社会生活经验或学习者的经验中对有关知识经验的概念、原理、技能、方法、价值观等的选择和组织而构成的体系。[①] 课程与教学内容是教学活动开展的依据。

为了使学生的学习取得更好的成效,需要对选择出来的课程与教学内容按照一定的编排原则加以组织编排,从而把某门课程的内容组织成若干个单元。

(二) 单元

在《现代汉语词典》中,单元的本意是指整体中自成段落、系统,自为一组的单位(多用于教材、房屋等)。[②] 在课程与教学领域,单元是指教学内容中具有统一性和完整性的一个单位。单元是构成课程内容的一种方式,它可以是学科内容的"化整为零",也可以是综合数个学科而发展出来的。[③] 在确定课程的目标之后,教师需要选择教学内容,并按照一定的逻辑要求把教学内容组织成既彼此独立又有一定连贯性的一个个单位。每个单位即是一个单元。对学生而言,单元是一个完整的学习经验。

(三) 单元计划

单元计划,又称为单元教学计划,是指为完成一个单元的教学内容而制订的教学计划。

二、单元的类型

(一) 课程与教学内容的组织方式

单元的类型取决于课程与教学内容的编排方式。

---

① 钟启泉.课程与教学概论[M].华东师范大学出版社,2004:70.
② 现代汉语词典[M].北京:商务印书馆,2012:255.
③ 林智中,陈健生,张爽.课程组织[M].北京:教育科学出版社,2006:165.

钟启泉等人(2004)认为,课程与教学的编排原则主要有"纵向组织与横向组织"、"逻辑顺序与心理顺序"、"直线式与螺旋式"等。[①]

纵向组织与横向组织。所谓纵向组织,或称序列组织,是按照某些准则以先后顺序排列课程与教学内容,强调学习内容从已知到未知,从具体到抽象。所谓横向组织是指打破学科的界限与传统的知识体系,用一些"大观念"、"广义概念"和"探究方法"作为课程内容组织的要素,使课程与教学内容和学生校外经验有效地联系起来。

逻辑顺序与心理顺序。所谓逻辑顺序,是指根据学科本身的系统和内在的联系来组织课程与教学的内容。所谓心理顺序,是指按照学生心理发展的特点来组织课程与教学内容。现在人们倾向于把学科的逻辑顺序与学生的心理顺序统一起来。

直线式与螺旋式。所谓直线式是指把一门课程与教学的内容组织成一条在逻辑上前后联系的直线,前后内容基本上不重复。螺旋式(或称圆周式)则要在不同阶段上使课程内容重复出现,同时逐渐扩大范围和加深程度。

林智中等人(2006)认为,课程组织可分为垂直组织和水平组织。课程的垂直组织是指对学习经验作层次上的有序组织,使学习者能层层深入地学习。垂直组织重视的是学习经验的进展性、阶段性、序列性和层次性。课程的水平组织是指对学习者的学习经验作联系上的有序组织,使得学习经验成为一个有机的整体,以利于学习者的学习。[②]

本书认同课程组织分为垂直组织和水平组织这一观点。垂直组织,是指按照一定的先后顺序来组织课程内容。作为组织课程内容的"顺序"可以是学科知识的逻辑演进序列,也可以是人的身心发展序列。具体而言,这些顺序可以是由单纯到复杂、由熟悉到不熟悉、由具体到抽象、由古到今、由整体到部分或由部分到整体。课程的垂直组织有助于高效率地获取学科知识。水平组织是指以真实世界中对个人及社会具有重要意义的问题和议题为主题来组织课程内容,不同的主题间并没有明显的"先后顺序"。在解决现实问题时,相互分离的知识很难发挥作用。课程的水平组织打破了原有的分科课程的领域界限,有助于提高学生解决问题、批判性思考的能力。

(二) 单元的类型

按照课程与教学内容的组织方式来说,以垂直组织形式组织而成的单元称为垂直单元,以水平组织形式组织而成的单元称为水平单元。

1. 垂直单元

垂直单元往往是在一个学科内部发展起来的。在这个学科中,课程与教学内容是以等级式排列或者按照一定的步骤排列的。就单元与单元之间的关系而言,前面所学单元的内容可能是后面所学单元内容的先备知识,或者前面所学的单元内容相对于后面所学单元的内容是简单的、容易学习的。就单元内部而言,一个垂直单元的内容需要若干个课时的教学才能完成。前面课时所学的内容是后面课时所学内容的先备知识,或者前面课时所学内容相对于后面课时所学内容是相对简单的。换言之,垂直单元计划是对学科内容本身的知识做连贯性的计划安排。每一学科可以分成数个单元,每个

[①] 钟启泉主编.课程与教学概论[M].上海:华东师范大学出版社,2004:80—81.
[②] 林智中,陈健生,张爽.课程组织[M].北京:教育科学出版社,2006:5.

单元可以分成数个课时来完成①。

2. 水平单元

水平单元是以学生在生活中需要解决的重要问题或感兴趣的现象为主题而组织起来的单元。就单元与单元之间的关系而言,不同的水平单元之间没有明显的等级关系。就单元内部而言,由于生活中的重要问题大多不是单独某个学科的知识所能解决的,水平单元往往需要整合多个相关学科的知识内容,或者不同学科在同一时间段里都围绕该问题进行学习。

水平单元能够为学生开展多样化的学习提供充分的空间,使学生积极地参与到有意义的学习中。通过帮助学生发展有意义的理解并因此激发他们的学习动机,可以使教学的效果达到最佳。跨学科主题单元要比仅仅教授互不相干、彼此分离的学科知识有效得多。②

相应地,为完成一个垂直单元的教学内容而制订的教学计划称为垂直单元计划,为完成一个水平单元的教学内容而制订的教学计划称为水平单元计划。

第二节　单元设计与单元计划的制订

一、单元设计

单元设计是指把某门课程或几门课程的教学内容按照一定的组织方式组合为若干个单元。单元设计需要说明课程内容组织成若干单元的整体结构,还要说明每个单元的教学目标、教学内容。

(一) 单元设计的基本程序

单元设计的基本程序可以分为以下几个步骤:

1. 了解学生所学课程的整体结构、课程的目标、课程的内容。
2. 了解学生的能力、水平等基本情况。
3. 决定课程内容的组织原则,譬如,垂直组织或者水平组织。
4. 决定教学实践中所要采用的低层次单元的种类,譬如,课时教学或半日教学。
5. 决定每个单元教学的时间跨度,譬如,一周、两周或一个月。
6. 设计单元:按照上述要求,把一门课程的目标、内容组织成若干个单元。每个单元需要说明该单元的教学目标、教学内容。

(二) 垂直单元设计

垂直单元设计的关键是根据课程目标与内容、学生的能力与需要、教学环境等多种因素选择恰当的垂直组织方式。

1. 常见的垂直组织方式

波斯纳(Posner)和斯特赖克(Strike)于1976年发表文章,列出了很多不同的组织

---

① 沈翠莲.教学原理与设计[M].台北:五南图书出版有限公司,2001:95.
② Patricial, L.R., Richard, D.K..跨学科主题单元教学指南[M].李亦菲,等,译.北京:中国轻工业出版社,2005:3.

形式。他们认为课程内容序列可以分为5个大类别,而每个大类别又可再细分。[①]

(1) 按现实世界景象编排

① 空间:由远至近,由近至远,由下至上,由西至东。

② 时间:由古至今,由今至古。

③ 物理特征:按年龄(由老至少,由少至老)、硬度(如地质学里,按物质的硬度来教授不同的岩石)等等。

(2) 按知识概念编排

① 等级分类:按等级分类的大小来编排,例如先教什么是能源,其次教什么是再生能源与非再生能源,然后再在再生能源的课题下逐项介绍。

② 理论关系:一套理论往往是由多个概念所组成。例如,按这一原则,教师可以先教授水循环系统,然后是河流盆地的各种水流方式,最后教授泛滥与暴雨的原因。

③ 复杂程度:各项概念和理论的准确度、复杂度以及抽象度都不一样,可以由易至难地编排。

④ 逻辑性的先后:例如要认识"增速",便需先学习速度的概念。

(3) 按探究程序来编排

① 探究的逻辑步骤。

② 探究操作的步骤。

(4) 按学习规律来编排

① 操作上的先后条件:可用于技能的学习上。

② 熟识程度。

③ 困难度。

④ 学习兴趣。

⑤ 发展阶段。

⑥ 内化程度。

(5) 按使用次序来编排

① 使用程序:例如在培训酒店清洁员工如何清洁产品时,可以按清洁程度编排教授各项步骤的先后程序。

② 估计使用的次数:把使用频率较高的内容先教,如在教授酒店门童时,先教英文对答,然后才是日语、法语等。

波斯纳和罗尼斯基(Rudnitsky)(2001)继续将这个由波斯纳和斯特赖克(1976)提出来的分类框架精细化。表4-1描述的是对这个分类框架的调整与拓展。[②]

表4-1排序模式	1. 跟世界有关的 (1) 空间——顺序是建立在自然发生的物理位置的基础上的(例如星球、地理、地球的地层等)

[①] 林智中,陈健生,张爽.课程组织[M].北京:教育科学出版社,2006:79.
[②] Chiarelott, L.情境中的课程——课程与教学设计[M].杨明全,译.北京:中国轻工业出版社,2007:44—45.

续 表

  (2) 时间——顺序是建立在时间发展的顺序的基础上的(例如文献的年代、美国历史、进化等)
  (3) 物理属性——顺序是建立在物理特征发生的顺序的基础上的(例如地质结构、解剖和生理学、人类发展等)
 2. 跟概念有关的
  (1) 类型相关——顺序是建立在同类中类似的标准的基础上的(例如脊椎动物、多边形、名词和动词等)
  (2) 建议相关——顺序是建立在一系列建议中相似的标准的基础上的(例如牛顿运动定律、原子理论等)
  (3) 辩证——顺序是建立在概念的复杂性水平基础上的,在讲授更复杂的概念前先讲授相似的概念(例如在讲授多细胞生命形式之前先讲授单细胞生命形式,在讲授混合物之前先讲授元素)
  (4) 逻辑前提——顺序是建立在逻辑一致的基础上的(例如加法、减法、乘法、除法、原因和结果)
 3. 跟探究有关的
  (1) 探究逻辑——顺序是建立在探究的逻辑结构基础上的(例如科学方法、批评思考的方法)
  (2) 探究方法——顺序是建立于在情境中真正的探究是如何发生的基础上的(例如物理科学家、社会科学家、文学批评家、影视评论家等所使用的方法)
 4. 跟学习有关的
  (1) 经验前提——顺序是建立在经验基础上的(例如有关以基础语音教学法为基础的顺序的研究,奥苏贝尔(D. P. Ausubel)的口头学习模式)
  (2) 相似——顺序是建立在首先给学生讲授最熟悉的内容的基础上的(例如首先是最熟悉的,接下来是不太熟悉的)
  (3) 难度——顺序是建立在学习者学习概念或技能的难度水平的基础之上的(例如首先是最容易的技能,然后是较难的技能)
  (4) 兴趣——顺序是建立在学生对概念或技能感兴趣的基础之上的(例如根据有关兴趣的调查列出最感兴趣的主题到最不感兴趣的主题)
  (5) 发展——顺序是建立在发展模式的基础上的(如维果茨基(Vygotsky)的最近发展区,皮亚杰(Piaget)的认知发展阶段)
  (6) 内化——顺序是建立在学习者获得信念或态度的方式的基础上的(例如克莱斯石(Krathwol)和布卢姆的情感领域,科尔伯格(Kohlberg)的道德发展阶段)
 5. 跟应用有关的
  (1) 程序——顺序是建立在特定情境中遵循既定过程的基础上的(例如撰写一篇论文,科学实验过程,汽车维修过程)
  (2) 预期使用频率——顺序是建立在特定的概念或技能是如何被应用于具体情境的基础上的(例如每天所使用的与工作有关的技能和那些不太经常使用的技能,软件使用技能和计算机编程技能)

  2. 垂直组织方式的选择

  影响垂直组织方式选择的因素是多方面的。

  首先,教师需要分析课程与教学内容及其结构,根据内容的性质以及内容之间的关系来选择相应的组织形式。譬如,课程内容是历史教学,不同的历史事件是存在明显的时间先后的,所以可以按时间维度由古至今来组织课程内容。

  同时,教师还要考虑学生的学习水平、学习能力与学习需要。按照学生的熟识程度、困难度、发展阶段、内化程度等学习规律来组织课程内容。另外,课程的组织还要考虑学生的需要和兴趣,对于学生特别需要掌握的知识和技能可以优先安排学习。

另外,教师还要考虑可能的教学环境、教学资源等问题。譬如,如果学校远离地铁站,学习乘坐地铁的教学时间每周只有一课时,那么学生就不可能每次都在真实的情境中学习乘坐地铁。教师在设计"乘坐地铁"的单元时,可能就要按照"通过影像熟悉乘坐地铁的步骤——模拟乘坐地铁——在真实的环境中乘坐地铁"的顺序。

有时,直线的或单线的课程组织会造成课程的难度与学生的能力水平之间不一致的现象。如果确实需要具有不同能力水平的学生都学习该课程的内容,那么需要在课程难度与学生的能力水平间建立一种平衡。1960年布鲁纳所提出的螺旋式课程理念便可以解决这一问题。螺旋式课程是指根据某一学科知识结构的"概念结构",配合学生的"认知结构",以促进学生的认知能力发展为目的的一种课程发展与设计。[①] 具体来说,螺旋式课程是把大致相同的课程内容分成不同的难度水平,对学习水平较低的学生呈现低难度的课程内容,当学生的学习水平提高时再呈现与其学习水平相适应难度的课程内容,从而使学生在前期学习的基础上得到进一步提高。

由于螺旋式课程兼顾了学科结构的逻辑顺序和学生认知的发展顺序,所以螺旋式组织也是垂直组织的一种类型。

(三) 水平单元设计

水平单元设计的关键是根据学生所学课程的整体结构、国家的课程政策、学生的现有水平与具体能力等决定水平组织的方式。

泰勒认为,建立课程的水平联系就是统整。当然,对于统整课程的水平组织形式,学者们的看法并不一致。泰勒认为水平组织的主要形式有特定学科、广域课程、核心课程、未分化的结构。雅各布斯(Jacobs)(1989)把统整课程分为学科本位、平行学科、多学科、科际整合、统整日、完全课程。瓦尔(Vars)(1991)把统整课程的模式分为相关、融合、核心课程(结构式核心课程、非结构式核心课程)。比恩(Beane)(1997)认为,在课程统整中,计划始于一中心主题,然后借由确认与此主题或活动相关的概念,展开课程的计划。如此计划,目的在于探讨主题本身,因此不需要考虑科目领域的界限。[②] 比恩认为课程统整很明显地不同于长久以来主导学校中的分科做法,但重新汇整零碎片段的学科知识组成一个新学科,跨越不同科目领域的思考协作和评价,学生在学校期间以事件的顺序安排一天活动的"统整日",甚至多学科式或多科目式课程都不是真正意义上的课程调整。

本书认为,水平单元当然是始于主题的。正是由于这些生活中学生需要解决的问题或者感兴趣的议题之间没有明显的等级关系,所以围绕这些主题所设计的单元才被称之为水平单元。但这并不意味着就具体的某个主题而言不能是跨学科的。水平单元的组织形式可以分为跨学科和超学科两种。

跨学科的组织形式,又可称为多学科方式,是指两个或更多的学科围绕着某个共同的主题来进行教学内容的组织,每个学科呈现自身既有的、又能服务于主题的内容,从而保证学生能了解相关主题的内容或者解决需要解决的问题。为了达到这一目标,可

---

① 黄光雄,蔡清田.课程设计——理论与实际[M].南京:南京师范大学出版社,2005:110.
② J.A.Beane.课程统整[M].单文经,等,译.上海:华东师范大学出版社,2003:15.

能需要调整具体学科内容的呈现顺序,以保证在同一时间段内不同学科都围绕着同一主题进行教学。这种水平单元又称为跨学科主题型单元(interdisciplinary thematic unit,简称ITU)。跨学科的组织形式是试图通过不同学科知识的统整来使学生了解主题、解决问题。

超学科的组织形式,又可称为完全课程,是指完全超越学科领域的界限,以真实生活情境中学生的需要为组织的中心,围绕着学生需要完成的主题本身进行分析,找出主题相应的关键概念或知识点。超学科的组织形式是试图通过整合学生的社会经验来提高学生解决生活问题的能力。

(四) 特殊教育单元设计需注意的问题

制订单元计划可以帮助教师做好学年或学期的课程规划,使学生的学习活动完整、有序。在特殊教育中,有些特殊学生没有统一的教科书。教师需要在为学生制订好个别化教育计划后,根据个别化教育计划的长短期目标以及课程的具体安排选择恰当的课程与教学内容,并根据学生的情况、课程的需要等把课程与教学内容组织成教学单元,制订相应的单元教学计划。

教师在为特殊儿童设计教学单元时,既要遵循一些一般原则,同时还要注意一些特殊的问题。

1. 需要遵循的一般原则

(1) 系统性

系统理论的发展,将各种实际层面的事物定义为一群互动、互相关联或互相依赖要素的组合,其本身具有具体性,并朝向共同目标的实体。系统不是其各个组成部分简单、机械地叠加。系统的力量在于整体大于部分之和。学生所学的所有课程被视为为达成其教育目标的一个大系统,每门课程也是一个系统,每个单元也是一个小系统。在设计单元时,教师要注意各单元计划间的系统性,使单元间、单元的组成部分间按照某种逻辑体系相互联系。单元间、单元的组成部分间的相互联系方式,甚至可以决定学习者是否能够以及在多大程度上能够达到较高水平的认知、情感和动作技能等方面的发展。[①]

(2) 完整性与独立性

单元是指教学内容中具有统一性和完整性的一个单位。相关的教学内容之所以会组成一个单元,是由于这些内容都关注了同一个主题或同类的问题。在设计单元时,注意单元与单元之间要有相对的独立性,不同的单元关注不同的问题。同时,就每个单元所关注的问题或主题而言,教学内容要比较完整。

2. 需要特别注意的问题

(1) 选择恰当的单元类型

教师需要综合考虑特殊儿童的认知水平、年龄、学习动机与兴趣、课程的范式与要求等多方面的因素,决定课程与教学内容的组织方式是采用垂直组织还是水平组织。

特殊儿童、特别是发展障碍儿童的课程范式主要有发展性课程、功能性课程、生态课程。发展性课程认为特殊儿童的发展与普通儿童没有本质的差异,在认知、运动、语言

---

① 加里·D·鲍里奇.有效教学方法[M].易东平,译.南京:江苏教育出版社,2002:104.

等重要的发展领域遵循着与普通儿童相同的发展顺序与发展阶段,只是在发展速度上可能会慢一些,所能达到的最高发展水平可能会低一些。因此,特殊儿童的课程与教学内容的组织应根据普通儿童的发展顺序来安排,或者不需要为特殊儿童特别设置课程,只需要把普通儿童的课程进度放慢即可。发展性课程比较强调课程结构的严密性和层级性。课程内容应包括儿童发展每一阶段、层级的重要能力的教学,即以各个里程碑式能力的先决条件为目标,通过任务分析,将需要学习的能力或技能分解为一个从简单到复杂的课程目标层级。如果儿童不能掌握某种技能,就必须降低学习的层级,直到儿童能够达到教育目标。① 发展性课程以儿童的心理发展顺序、学科的逻辑顺序来组织课程与教学内容,因此,在发展性课程中,教学单元主要是垂直单元。

发展性课程主要是依照等级序列来组织课程与教学内容,并未充分考虑特殊儿童的生理年龄和生活的实际需要。这样的课程也许适合轻度认知障碍或年幼的特殊儿童,但不适合年龄较大的儿童。按照发展性课程的要求,年龄较大的重度认知障碍学生可能还在学习低幼儿童的课程内容,这无疑是不利于促进这些学生适应社会生活的。另外,发展性课程的有些课程内容可能是特殊儿童即使努力学习也难以掌握的,而有些课程内容则可能是即使掌握了也对其适应社会没有实质性帮助的。这种与学生个人生活无关的课程学会学而无趣,学习动机也不强。

鉴于发展性课程难以完全满足特殊儿童适应社会生活的需要,功能性课程、生态课程则开始得到人们的重视。功能性课程认为中重度认知障碍儿童在发展方面与普通儿童不仅有发展速度等量的差异,还在发展模式等方面有质的不同。教师在设计功能性课程时,需要综合考虑特殊儿童的障碍程度特别是认知障碍程度、生理年龄等因素,找出重要的、具有功能性的、符合学生的生理年龄和认知水平的课程内容,教给学生生活上用得到的、能促进独立生活能力的技能。生态课程则被视为基于功能性课程的一种进步:教师在选择学生需要掌握的功能性技能时,还要充分考虑学生目前与未来生活环境的需求。

根据学生在生活中需要完成的任务,功能性课程可以分为生活自理、家庭适应、学校适应、社会适应、职业适应、休闲娱乐等若干领域。就不同领域而言,生活自理能力是儿童完成家庭适应、学校适应等其他领域任务的基础。譬如,儿童具有自己吃饭、自己入厕等生活自理能力是其适应学校生活的基础。家庭适应等其他领域课程目标的难度略有不同,但彼此之间大多不存在明显的等级关系。就同一领域而言,同一领域包含若干项需要学生学习的功能性技能。这些技能可能在难度上也略有不同,但大多也不存在明显的等级关系。所以,功能性课程、生态课程在课程组织方式上更为复杂。常见的课程形态是以生活中需要解决的问题为核心来组织课程,但在问题出现的序列上也会适当考虑问题的难度。由此,功能性课程中课程与教学内容所组织成的单元大多为水平单元。

(2) 选择恰当的层级或综合程度

教师在设计单元时,要充分考虑特殊儿童的认知水平、年龄等因素。

在设计垂直单元时,要综合考虑学生的能力水平、课程内容的性质与要求等因素,选择恰当的目标层级。相同的课程目标与内容,越是认知水平低的学生越需要分成更

---

① 盛永进.当代特殊教育课程范式的转型[J].外国教育研究,2012年(1):98—105.

多的层级,每个层级的难度要小些。单元的难度要处于学生的最近发展区,是学生经过教师的帮助和自己的努力所能完成的。

在设置水平单元时,要根据学生的能力水平、主题的性质与要求等选择恰当的综合程度。相对于跨学科的组织形式,超学科组织形式的综合程度更高。整体而言,对于认知功能受限的障碍学生(包括多重及重度障碍),课程的整合程度应高于其他学生,且障碍程度越高,整合度也应越高;低龄障碍学生课程的整合性要高于大龄学生,但随着心理、生理年龄的增长,应逐渐增大分化性的学习比重。因此,理想的整合与分化关系的处理,应根据特殊需要学生的需要,有层次地递减或递增(见图4-1)。①

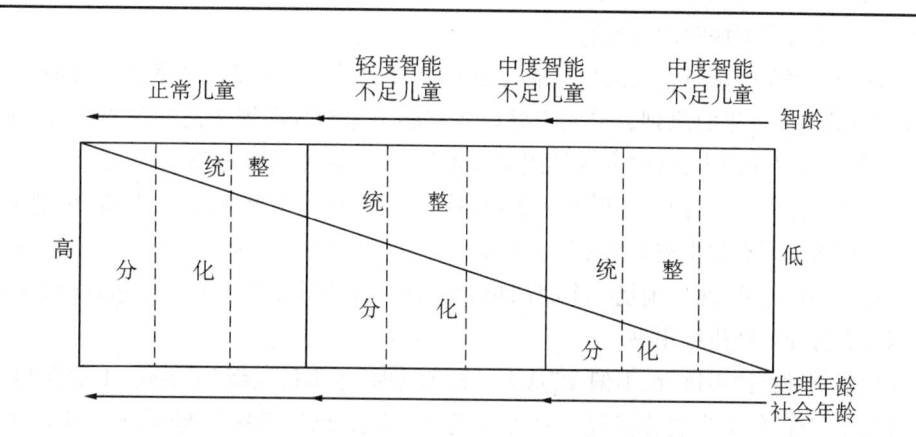

图 4-1 智障儿童课程整合与分化关系图

(3) 与个别化教育计划的目标配合

为落实个别化教育计划,如果可能的话,单元目标要与个别化教育计划目标配合。大单元的目标可以与个别化教育计划的长期目标一致,小单元的目标可以与短期目标一致。当然,并不是所有课程都能做到这些。数学、物理等结构清晰的课程可以做到单元目标与个别化教育目标的配合。而语文、英语之类的课程则较难做到。语文、英语等语言类的课程往往是把相关的长、短期目标分散在每一篇课文中的。

(4) 单元的时间跨度适宜

单元的时间跨度要适合学生的情况。一般来说,在决定单元内容的多少时一方面要看单元的性质,更重要地是还要考虑学生的学习能力与水平。对于正常儿童而言,一个单元教学的时间跨度以一周为宜。如果时间太短,学生可能不够精熟,但如果跨越太长的时间,学生也可能会失去兴趣。特殊学生(特别是认知障碍学生)学习速度较慢、学习能力较弱,单元学习的时间可以适当延长。现实中,中度智力障碍学生学习一个单元的时间为两周左右。如果学生的障碍情况更严重,单元的时间跨度也可以适当再延长,但最好不要超过一个月。

(五) 特殊学校跨单元主题课程设计案例②

上海市卢湾辅读学校,为适应招生对象以中度智力障碍学生为主的情况,建设了以

---

① 盛永进.特殊教育课程范式的演进及其转向[J].中国特殊教育,2011(12):21—81.
② 何金娣.中度弱智儿童生存教育的课程与教学[M].上海:上海远东出版社,2003:23—37.

生活为主线的单元主题课程。他们提出,中度智力障碍课程的设计既要体现课程的功能性、实用性,又要保持学科的系统性。反对一切从学生需要出发而脱离社会的要求、割裂学科体系的极端。他们将三者融合在课程的设计中,建立起贯通与分科相结合的课程结构。

整个学校的课程分为生活适应、实用语算、活动训练三大板块。课程整体结构是以生活板块为主线的单元主题课程结构:以生活板块为中心,其他的教学活动(例如,实用语文、实用数学、音乐、体育、美术、感知、康复和劳动等)服务于这一中心,将《纲要》中的教学目标通过一个个生动活泼的综合主题单元有机地结合起来。这样就克服了中心不突出、教学目标分离、易造成教学偏向以学术为中心的弊端,而且也可以避免出现机械地给各门学科分配课时的现象。

课程的编制强调以学生的生存能力为主,围绕培养学生生活技能的各个方面,遵循由浅入深、循序渐进的原则。单元主题课程克服了原有分科课程之间的封闭性、孤立性,将各学科之间的内容以"生活"为中心,有机地结合起来进行教学。

在具体操作中,他们先列出以生活板块为主线的单元主题,然后按照难度、学生的需要等因素把所有学生需要的主题排列成1—18学期的序列(详见表4-2),其次列出各学科的知识序列,然后围绕一个总的单元主题按各学科在本单元所要达到的目标分别编写教材和教师指导用书。

譬如,在设计"不挑食、不偏食"这个主题单元时,各学科围绕"不挑食、不偏食"的主题来编排课程,使学生能够将蔬菜的名称、形状、味道、画法等联系起来,并从不同角度强化不挑食、不偏食的教育。通过各学科整体协调、相互渗透,教学由各学科的齐头并进转变为一个系列的循序渐进,从而体现了教材的整合模式。

再比如,在"认识人民币"这个主题单元中,生活课的目标是能到超市购买常用的文具和生活用品。实用语文的目标是认识词语"圆(元)、角、分";学习句子"我用人民币买东西";学习书写生字"角、民、币";练习用"谁用人民币做什么"说一句话。实用数学的目标是认识硬币"1元",认识纸币"1元"、"2元"、"5元"、"10元",熟练掌握人民币的兑换。体育课的目标是训练学生步行的技巧,结合训练内容,做游戏"到银行兑换人民币"。音乐课的目标是学会歌唱表演"我在马路边捡到一分钱"。感知目标是区分一张纸币与几张纸币的厚薄,区分纸币和硬币的软硬,学习把相同票面的人民币归类。情感目标是爱护人民币。

表4-2 单元主题课程序

年级/学期	单元主题名称							
1—1	我们的身体	鞋袜	上厕所	好好吃饭	好好睡觉	保护自己	我爱我的家	常见的清洁工具
1—2	上下楼梯	如厕用具	手的卫生	衣裤	饭前饭后	我和同学	尊敬长辈	懂礼貌

续 表

年级/学期	单元主题名称							
2—1	脸的卫生	我是中国人	穿衣裤	不挑食不偏食	文明用厕	别上当受骗	老师、同学	爱劳动(一)
2—2	刷牙	穿着	饮食卫生	节日(一)	按时作息	小心危险	文具	守秩序
3—1	皮肤	常见的食物	文明用餐	红绿灯	我们的同学	居室	讲文明	保暖
3—2	脚的卫生	服装整洁	用餐卫生	珍惜时间	关闭门窗	社区	我和我家	交通工具
4—1	睡前准备	用厕卫生	家禽与家畜	我的一家	为人民服务	厨房用品	生日	过年
4—2	用眼卫生	自我了解	节日(二)	四季	着装	寻求帮助	爱劳动(二)	电话
5—1	学洗澡	整理衣服	尝一尝闻一闻	自我保护	商店	简单劳动	待客做客	中国传统节日
5—2	人体	装饰物	蔬菜与水果	公共秩序	娱乐场所	和睦的一家	爱护公物	国徽
6—1	头的卫生	职业服饰	家用电器	餐前餐后	邮局、医院	告示、标语	友好相处	课间活动
6—2	大自然	自然现象	电的用处大	洗衣物	整理卧具	我的家乡	爱护庄稼	四大发明
7—1	个人卫生	日常用品	厨具	守时	木工	中国的版图	重大历史事件(一)	包装
7—2	洁体	衣物的洗涤	烧便饭	注意安全	自我保护	旅行	重大历史事件(二)	缝纫
8—1	认路	学做家务	拌凉菜	自尊自强	写信	重大历史事件(三)	钱币的找零	选购衣服
8—2	讲仪表	休闲	家常菜	电器的保养	遵纪守法	访友、待客	重大历史事件(四)	司法机关
9—1	青春期的卫生	衣服的收藏	选购食物	简单点心	我国的民族	职前教育	劳动纪律	职业态度
9—2	鞋的保养	储蓄	烫衣服	守信用	电工	履历表	求职	薪水

(资料来源:何金娣.中度弱智儿童生存教育的课程与教学[M].上海:上海远东出版社,2003:29—30)

二、单元计划的制订

单元计划制订的核心任务是教师综合单元目标、单元教学的内容、学生的能力水平与学习需求等因素,确定该单元教学需要学生达成的具体目标,决定如何组织教学内容、合理分配时间、选择恰当的教学程序和活动完成教学任务,最后还要设计如何评价教学目标的达成情况。

(一) 单元计划的要素与结构

1. 单元计划的基本要素

单元计划需要包括以下几个要素：

(1) 教学对象(班级、年级或学生)

(2) 单元名称

(3) 单元所属课程名称

(4) 需要的教学时间

(5) 单元的教学目标

(6) 教学内容概要

(7) 教学程序、时间与活动

(8) 所需的教学资源

(9) 单元目标达成情况的评价

2. 单元计划的基本结构

在具体制订单元计划时，上述九个要素可以组成两种基本结构。

(1) 结构1

单元的九个要素的呈现顺序同上。在需要的教学时间部分只是概括地介绍本单元教学所需的总体时间，如两周。

结构1的案例见案例1。

案例1

> 对象:五年级轻度智力落后儿童
> 学科:生活
> 主题:乘公交车
> 需要的合适时间:2周
> 1. 单元主要目的:了解公交车的主要特征及乘车的基本程序,通过学习乘坐公交车,掌握基本的乘车礼仪,体会公交车给生活带来的方便。
> 2. 行为目标:
> A. 描述公交车的主要特征,在几种交通工具的图片中辨认出公交车;(认知——知识)
> B. 认识公交车站,学会分辨来车的线路,选择正确的公交车;(认识——知识、运用)
> C. 学习乘车的基本步骤,并在教师的带领下进行模拟;(认知——综合,动作技能——粗大运动)
> D. 掌握基本的乘车礼仪;(认知——综合、情感态度价值观)
> E. 在教师的带领下乘坐一次公交车,体会公交车给生活带来的方便。(认知——综合,情感态度价值观)

3. 内容概要

A. 公交车的主要特征:(1)车头(线路标志);(2)车厢(形状,前面有驾驶座、投币箱,车厢里的座椅排列);(3)车门、车窗。

B. 公交车站的特征:(1)站牌;(2)候车区。

C. 基本的乘车步骤:(1)走到车站;(2)等车;(3)排队上车;(4)投币;(5)坐车;(6)下车。

D. 乘车的基本礼仪:(1)上下车排队;(2)上车买票;(3)不喧哗、不吵闹;(4)不将头手伸出窗外;(5)为需要帮助的乘客让座。

4. 程序和活动

A. 观察图片、视频、短片等(公交车及其他交通工具)。

B. 讨论。

C. 幻灯片展示乘公交车的步骤。

D. 模拟活动(乘公交车)。

E. 教育游戏(呈现许多乘公交车的场景,同学对图片人物的行为进行评价,对或错,错了怎么改正)。

F. 实践活动:乘一次公交车。

5. 教学辅助或资源

A. 幻灯:如何乘公交车。

B. 教育游戏。

C. 交通工具的卡片。

6. 评估

A. 单元测试。

B. 实践活动中的表现。

(该案例的撰写者为华东师大蔡静雯同学)

(2) 结构2

第二种单元计划不仅介绍该单元所需的总体教学时间,而且根据教学实施时的最小时间单位(如,课时或半日),把单元目标与内容在最小时间单位上分解成了若干个组成部分。因此,在结构上,第二种单元计划不是完全按照第一种结构中的九个要素的呈现顺序,而是需要把单元计划的教学目标、教学内容概要、教学程序、时间与活动等要素进行整合,先介绍单元总目标,然后分别介绍每个最小时间单位的教学目标、教学活动等。

结构2的案例见案例2、案例3。

案例 2

生活语文《眼睛》教学设计

一、教材说明

本学科使用的教材是河北教育出版社出版的《全日制培智学校义务教育

实验教科书（试用）》，根据2007年《培智学校义务教育课程设置实验方案》的基本精神和要求编写。主要以家庭生活、学校生活、社会生活为主线，强调从学生日常生活常见的现象以及学生比较熟悉的事物入手，开展单元主题教学活动，以让学生在某一主题学习中能获得深刻的生活和情感体验，在现有的生活范围内能有更大的进步为主要目标。本学期的单元包括认识五官、校园生活、讲卫生、我爱祖国等内容，使课堂教学与学生的生活实际相结合，实现课堂教学的生活化，培养学生良好的学习、生活习惯，为将来更好地适应社会打下基础。

二、单元说明

1. 单元教学内容

本单元题目为《认识五官》。本单元通过对学生进行认识五官的教学，使学生能够正确指认并了解其作用，养成爱清洁、讲卫生的良好习惯。本单元共分为《眼睛》、《鼻子、耳朵》、《口、舌》三课，结合学生的生活经验，教授他们认识五官，知道五官的作用，并培养他们爱护五官的生活习惯，同时教会他们能够听、说、读相关的教学内容，并能书写生字和简单词语。

2. 单元教学目标

知识	1. 听——上课时注意听老师讲话，理解老师讲授的内容；学会聆听他人，理解他人的语言 2. 说——通过简单的对话或模仿老师说话，用简短的语言或肢体动作表达意思 3. 读——能指读（或跟随模仿）、背诵课文中的字词句和儿歌 4. 写——能用笔独立书写"目"、"我"、"气"、"耳"、"口"、"舌"，或在辅导下体验写字
能力	1. 遵守课堂纪律，关注他人教学活动，在教学互动中形成学习意识 2. 扩展认识教材外与五官相关的的字词和句子 3. 根据老师的反馈，修正自己不当的注意力、课堂行为和知识经验
情感	1. 建立与老师亲密依恋的情感，树立积极的学习态度 2. 在课堂有趣的教学活动中，乐于参加活动，与人交流 3. 知道五官的作用，养成爱护五官的生活习惯

3. 教学策略

分层教学策略——分层设定教学目标和教学活动。

个别化教学策略——个别化设计教学目标。

生活化情境教学策略——以学生的生活经验作为教学内容的主要素材。

实践操作教学策略——以师生问答，学生说话、动手练习为学习的主要途径。

游戏教学策略——设计游戏活动，激发学生竞争、互助的教学氛围。

三、课题整体教学安排

本课课题为《眼睛》，主要教授学生认识眼睛，知道眼睛的作用，掌握生字

"目"、"我"的读写和相关的词语,并通过讨论和儿歌学习,养成爱护眼睛的习惯,不用脏手揉眼睛。

课题《眼睛》 教学安排表

	教学安排
第1课时	1. 初步感知眼睛 2. 认识"目"的音、形、意和书写 3. 区分与"目"相关的形近字 4. 认识常用的"目"的词语
第2课时	1. 体验眼睛看不见的感觉,讨论眼睛的作用 2. 学习课文"我有一双明亮的大眼睛,我要好好地保护它"。指读、背诵句子 3. 完成课文配套练习,看图说话
第3课时	1. 学习儿歌"爱护眼睛",指读、背诵儿歌 2. 养成要爱护眼睛的好习惯——写字时保持视线距离、认真做眼保健操、不用脏手揉眼睛、不长时间看电视

(该案例的撰写者为成都市锦江区特殊教育中心阳斌老师)

案例 3

《识别触摸时的感觉》单元设计

学科:感知
班级:一年级(苗苗班)

一、学情分析

(一)学习材料分析

在《上海市辅读学校感知运动训练课程指南》(征求意见稿)(下称《指南》)中,将《感知运动训练》课程定位为补偿性课程。主要补偿辅读学校学生在感知觉、动作、平衡协调等方面存在的不足与障碍,是学生进行其他课程学习的基础。

我校根据《指南》的要求,在低年级设置了"感知"与"感统"课程,分别落实《指南》中感知和感觉统合部分的课程目标。其中《感知》课程的总目标为:能运用各感官感知事物,增加感知的敏锐性和准确性,对环境的改变能做出适当的反应;组织与整合各种感知信息,提高自我控制与整体协调能力,增强注意力;将所学技能融入日常生活,增加与外界环境的互动,不断提升自信心。

在《指南》中,感知训练领域分为视觉训练、听觉训练、触觉训练、味觉训练、嗅觉训练和本体觉与空间感觉训练六个训练项目。在触觉训练中,又分为识别触感和识别物品两个部分,这两个部分在目标与内容上体现由低到高、不断递进的顺序。

触觉训练表

识别触感	识别物品
1. 身体被触碰时有反应,并能指出刚被触摸的部分	1. 通过手的触摸辨认常见的物品
2. 识别触摸时的感觉 如冷、热、软、硬、干、湿、粗糙、光滑等	2. 能以触觉辨认物品的形状、大小、质地
3. 对身体接受的刺激有适当的反应 如对疼、痒、热、冷等不舒服刺激的避让,对轻柔抚摸等舒服刺激的接受等	

目前,《感知》课程尚无可参考的教材,我校的感知教材是根据《指南》进行自编的。在进行教材编写的过程中,我们将其中"识别触感"的第二、第三条目标及内容设计形成了《触觉训练——识别触摸时的感觉》单元。

(二) 学生情况分析

触觉是儿童最早发展的能力之一,丰富的触觉刺激对儿童的认知、情绪情感及社会交往的发展都有着重要的影响。经过前期的观察和初步的评估发现,本班学生对较强的触觉刺激均有明显反应,但在触觉敏感性上呈现出差异。根据学生学习能力、学习特点及触觉反应情况的差异,现将全班8位学生分为4组:

A组:

小丁、小晨:理解及表达能力较好,学习速度较快,注意力集中,触觉敏感性较低。

小峰:理解及表达能力较好,学习速度慢,注意力集中,触觉敏感性较低。

B组:

小兰、小盈:理解及表达能力较差,学习速度慢,注意力分散,触觉敏感性较高。

C组:

小鹏:自闭症儿童,理解能力差,很少出现自发性语言,能重复简单句子,学习速度慢,触觉敏感性较高,注意力较为集中,适应集体教学。

D组:

小越:自闭症儿童,有一定的理解能力,能与教师进行简单问答,学习速度较快,触觉敏感性较低,注意力分散,不适应集体教学。

小韬:自闭症儿童,有一定的理解能力,能与教师进行简单问答,学习速度慢,触觉敏感性较高,注意力分散,不适应集体教学。

二、单元学习目标

1. 能通过手部的触摸辨别冷、热，软、硬，干、湿，粗糙、光滑的感觉，能根据问题指认或确认。

2. 能在教师的引导下用正确的方法触摸，了解触摸过程中怎么保护自己的安全。

3. 能对舒服和不舒服的触感有基本的判断，并在教师的语言引导下进行简单的描述。

差异部分（小越，小韬）：

1. 能在教师的语言引导下命名冷、热，软、硬，干、湿，粗糙、光滑的感觉。
2. 能对冰、烫、疼等触感做出避让的反应。
3. 能愉悦接受轻柔的触感。

学习重点：各种不同触感的辨别。

学习难点：相近触感之间的辨别。

三、单元教学计划

本单元共安排8课时进行教学，课时安排及课时目标如下：

单元课时计划表

课题	课时安排	目　　标
辨别冷、热	2课时	1. 能通过触摸辨别冷、热，能指认或确认 2. 能根据冷、热将物品进行分类 3. 建立初步的安全意识，知道不能触摸烫的物品和冰的物品 差异部分： 1. 能避让烫和冰的物品 3. 能在教师的辅助下触摸物品并命名冷、热的触感 1. 能在教师的提示下说出生活中哪些东西是冷的，哪些东西是热的 2. 知道除了触摸，还能用哪些方法辨别冷、热 3. 能在教师的引导下说出喜欢哪种触感，不喜欢哪种触感 差异部分： 　　能在教师的引导下，跟说出生活中哪些东西是冷的，哪些东西是热的
辨别软、硬	2课时	1. 能通过触摸辨别软、硬，能指认或确认 2. 能根据软、硬将物品进行分类 3. 掌握用捏握或按压感觉软、硬的方法 差异部分： 　　能在教师的辅助下触摸物品并命名软、硬的触感 1. 能在教师的提示下说出生活中哪些东西是软的，哪些东西是硬的 2. 能在教师的引导下说出喜欢哪种触感，不喜欢哪种触感

续表

课题	课时安排	目标
		差异部分： 　　能在教师的引导下，跟说出生活中哪些东西是软的，哪些东西是硬的
辨别干、湿	2课时	1. 能通过触摸辨别干、湿，能指认或确认 2. 能根据干、湿将物品进行分类 3. 建立初步的安全意识，知道防滑和避免碰擦粗糙度较大的物品 差异部分： 　　能在教师的辅助下触摸物品并命名干、湿的触感
		1. 能在教师的引导下说出喜欢哪种触感，不喜欢哪种触感 2. 知道自己的衣服弄湿了应该怎么处理 差异部分： 　　在教师的提示下知道自己的衣服弄湿了应该怎么处理
辨别粗糙、光滑	2课时	1. 能通过触摸辨别粗糙和光滑，能独立确认 2. 能根据粗糙和光滑将物品进行分类 3. 初步建立秩序感，能进行有序操作 4. 建立初步的安全意识，知道防滑和避免碰擦粗糙度较大的物品 差异部分： 　　能在教师引导下通过触摸感知粗糙和光滑，并在引导下进行指认
		1. 能在教师的提示下说出生活中哪些东西是粗糙的，哪些东西是光滑的 2. 能在教师的引导下说出喜欢哪种触感，不喜欢哪种触感 差异部分： 　　能在教师的引导下，跟说出生活中哪些东西是粗糙的，哪些东西是光滑的

（该案例的撰写者为上海市南阳学校陈奇老师）

（二）单元计划的呈现方式

单元计划的呈现方式有文字描述和图表解释两种。文字描述的方式是指用文字来说明单元计划的诸要素。图表解释的方式是指用图表的形式说明单元内部的系统结构，各小单元或者重要内容间的关系。文字描述可以对计划的细节进行详细介绍，便于教师自己做细致的规划，也便于与他人的交流。而图表的形式则可以清楚地说明单元内部系统的结构及诸要素的关系。案例1是一个文字描述的单元计划。该单元计划还可以用图4-2进行解释：

图 4-2 案例1单元计划图

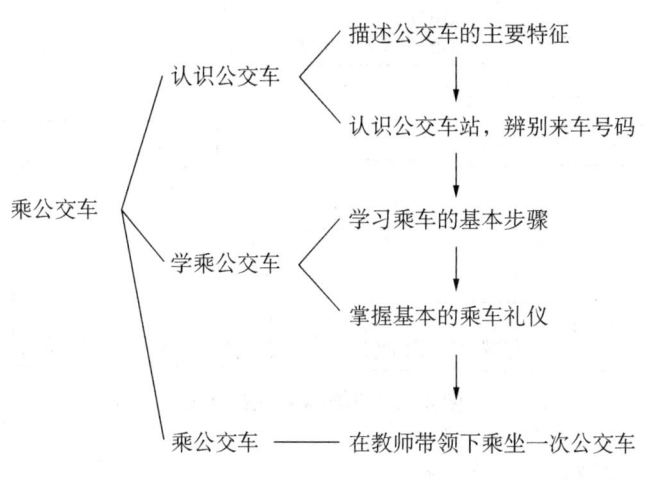

```
                    ┌─ 认识公交车 ──┬─ 描述公交车的主要特征
                    │              │         ↓
                    │              └─ 认识公交车站,辨别来车号码
                    │                        ↓
         乘公交车 ──┼─ 学乘公交车 ──┬─ 学习乘车的基本步骤
                    │              │         ↓
                    │              └─ 掌握基本的乘车礼仪
                    │                        ↓
                    └─ 乘公交车 ──── 在教师带领下乘坐一次公交车
```

(该图的作者是华东师范大学蔡静雯同学)

鉴于文字描述、图表解释各有优点,因此在制订单元计划时,可以使用文字描述和图表解释相结合的方式。

案例4即是一个文字描述和图表解释相结合的单元计划。

案例4

> 对象:五年级轻度智力落后儿童
> 学科:综合
> 主题:乘公交车
> 需要的合适时间:2周
> 1. 单元主要目的:掌握乘坐公交车的相关知识,能够乘坐公交车。
> 2. 行为目标:
>   A. 生活目标:了解公交车的主要特征及乘车的基本程序,通过学习乘坐公交车,掌握基本的乘车礼仪,体会公交车给生活带来的方便。
>   B. 实用语文目标:在认识"公交车"的基础上,认识词语"公交车、车站、排队、买票",学习书写生字"站、排、队、买、票"。
>   C. 实用数学目标:在学会"上车买票"的基础上,复习巩固人民币的使用,学会乘公交车要准备零钱,认识大面值的纸币并学会兑换。
>   D. 体育目标:复习巩固依次序排队的行为规范,模仿公交车行驶进行快步行走训练,并模拟公交车靠站停车,即在标志物前停下脚步的动作,训练大动作的协调性。
>   E. 情感目标:学习乘车礼仪,培养在公共场所良好的行为规范,体会公共交通工具为生活带来的便利。
>   F. 音乐目标:学唱《公共汽车之歌》。

```
                语文:
                朗读课文、识字、识词

  数学:                              音乐:
  大面值人民币兑换                    学唱《公共汽车之歌》
                生活:
                乘公交车

       体育:              情感:
       快步行走与减速停下训练    学习乘车礼仪、
                          体会公共交通工具的便利
```

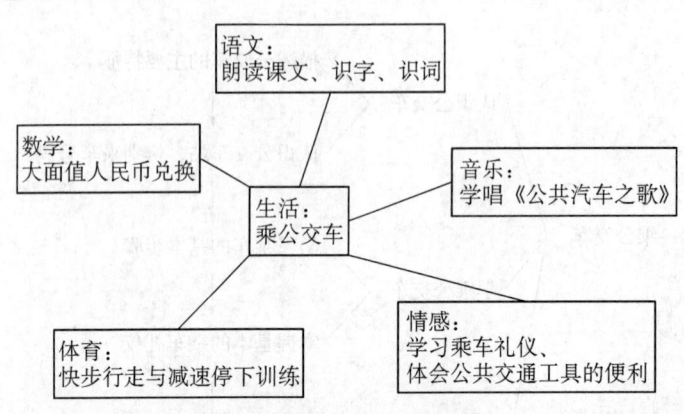

图 4-3 案例 4 单元计划图

3. 内容概要
A. 生活学科:
公交车的主要特征:
(1) 车头(线路标志)。
(2) 车厢(形状,前面有驾驶座、投币箱,车厢里的座椅排列)。
(3) 车门、车窗。
公交车站的特征:(1)站牌;(2)候车区。
基本的乘车步骤:(1)走到车站;(2)等车;(3)排队上车;(4)投币;(5)坐车;(6)下车;(7)不将头手伸出窗外;(8)为需要帮助的乘客让座。
B. 语文学科:
课文:《公交车的故事》。
词语:公交车、车站、排队、买票。
汉字:站、排、队、买、票。
C. 数学学科:
大面值纸币的兑换:
(1) 20元＝2个10元＝20个1元
(2) 50元＝5个10元＝50个1元
(3) 100元＝2个50元＝5个20元＝10个10元＝100个1元
D. 体育学科:
公交车的行驶特点:
① 在马路上行驶(结合快步行走的训练,走直线、转弯等)。
② 在公交车站靠站停车(在制订标志物处减速并停下)。
E. 情感态度体验:
乘车的基本礼仪:(1)上下车排队;(2)上车买票;(3)不喧哗、不吵闹。
F. 音乐学科:《公共汽车之歌》
公车上的轮子转呀转,转呀转,转呀转;公车上的轮子转呀转,跑遍城市。
公车上的门呀开开关关,开开关关,开开关关;公车上的门呀开开关关,跑遍城市。
公车上的人呀上上下下,上上下下,上上下下;公车上的人呀上上下下,跑遍城市。

4. 程序和活动

　　A. 朗读；B. 讨论；C. 教育游戏；D. 模拟活动（乘公交车）；E. 体育活动；F. 唱歌；G. 实践活动：乘一次公交车。

5. 教学辅助或资源

　　A. 幻灯：如何乘公交车；B. 教育游戏；C. 交通工具的卡片；D. 人民币样张；E. 模拟公交站牌；F. 歌曲。

6. 评估

　　A. 单元测试；B. 实践活动中的表现。

（该案例的撰写者为华东师范大学蔡静雯同学）

（三）特殊教育单元计划制订需要注意的问题

1. 充分考虑特殊学生的实际情况

单元计划并不是固定不变的。同样的主题、同样的单元内容，当参与学习的学生情况不同时，单元计划也需要相应地进行变化。教师在制订单元计划前，要了解、分析学生的一般能力水平、学习特征、障碍情况，特别要了解学习本单元所需先备知识的掌握情况，在此基础上把单元总目标进行合理地分解，合理地安排教学时间、教学活动、教学策略、教学资源。

2. 加强单元内部的系统性

每个教学单元自身就是一个小系统。该系统又包含若干因素，或者可以按照教学单位时间等条件分成若干个小单元。教师在设计单元计划时，要注意单元内部更小的单元或课时计划间的系统性。单独一节课很难达到较高水平的行为。如果在设计单元内各课时计划时注意彼此间的联系，使某一课时的学习能够以先前课时的学习结果为基础，并且能够为后面课时的学习做铺垫，那么通过计划好的许多课时的共同作用，知识、技能和理解得以逐渐发展，产生出越来越复杂的结果。系统，或者说，教学单元的各部分之间的关系是看不见的，但又是最重要的，正是它使单元结果大于课时结果之和。如果不注意单元各部分间的联系，就不能产生真正的系统。取而代之的，可能是用某些在共同的单元标题下捆绑在一起的混合物，就像阁楼里或者汽车储物箱里堆积的各种各样的杂物一样，没有什么东西能与别的东西相协调，也不能产生出连贯的整体或者统一的主题。[①]

讨论与探究

1. 特殊学校跨单元主题课程在实施时需注意什么问题？
2. 尝试为特殊学生制订一个垂直单元计划、一个水平单元计划。

[①] 加里·D·鲍里奇.有效教学方法[M].易东平,译.南京:江苏教育出版社,2002:101.

第五章

课时计划

目前学校大多以一个课时作为最小的实施教学时间单位。一个单元的教学内容通常会经过若干个课时的教学才能完成。因此,教师在制订好单元计划后,还需要制订课时计划。

通过本章学习，你能够：

1. 理解课时计划的涵义与作用。
2. 了解特殊学生课时计划设计的依据。
3. 了解特殊学生课时计划的要素与设计要求。

第一节　课时计划概述

一、课时计划的涵义

课时计划，又称为"教案"，是指教师以一节课为范围所做的教学设计，是教师在课堂教学前准备的教学活动计划书。

课时计划通常包括教学目标、教学要点、教学资源、教学过程等几个要素。

制订课时计划是每位教师必须具备的能力。

二、课时计划设计的任务与作用

（一）课时计划设计的任务

课时计划是教师对一节课所要完成的任务与活动的统筹规划。教师需要根据单元目标、学生的具体情况等制订恰当的教学目标，并且为了实现教学目标而选择恰当的教学资源，规划恰当的教学过程，合理分配教学时间，选择恰当的教学方法和教学策略。

（二）课时计划设计的作用

1. 提高教学成效

制订课时计划，可以使教师在实施教学前对教学目标等诸要素进行周密的思考，从而设计出最佳的教学过程、教学活动，为取得最佳教学效果做好准备。

2. 稳定教师的信心

课前的周密规划，可以使教师在走进教室、开始教学前对本节课要完成的任务和活动了然于胸，稳定教师的信心，使教学活动能够有序进行。

3. 提高应变能力

课时计划只是教师在教学实施前对教学目标与过程的一个预设，并不是一成不变的脚本。实施教学时，教师需要根据学生以及教学进行的具体情况，来对预设的教学目标、教学活动进行适当的调整。而教学实施前制订课时计划，可以帮助教师更好地应对课堂中发生的各种情况，教师可以在课时计划的基础上做出及时而灵活的应变。

三、课时计划的类型

课时计划的类型多样，从不同的角度进行分类可以分为不同的类型。

(一)单纯的教师活动课时计划与师生活动课时计划

按照课时计划在教学过程设计时呈现的是师生互动的活动还是单纯呈现教师的活动,可以把课时计划分为单纯的教师活动课时计划与师生活动课时计划。单纯的教师活动课时计划,又称为传统的课时计划,是指在设计课时计划中的教学过程时,只呈现教师的活动步骤、活动目的与活动内容。师生活动课时计划,又称为师生互动课时计划,是指在设计课时计划中的教学过程时,在呈现教师"教"的活动时,也同时呈现学生在相应步骤中"学"的活动。

(二)详细课时计划与简略课时计划

按照课时计划在教学过程设计时所呈现内容的详细程度,可以把课时计划分为详细课时计划与简略课时计划。详细课时计划,简称为"详案",是指教师在设计课时计划中的教学过程时,详细呈现每个教学细节,甚至呈现教师所说的话、所提的问题。简略课时计划,简称为"简案",是指教师在设计课时计划中的教学过程时,不呈现具体的细节,只描述大致的教学步骤、环节,呈现关键内容。实践中,学校一般要求新入职教师撰写详细的课时计划,以帮助教师做更周密的思考。对于新教师来说,课时计划越周详,越有利于教学的成功。而经验丰富的教师则可以制订简要的课时计划,以简要的方式列出教学的备忘录,不必要逐一描述具体的细节,因为有经验的教师对于怎样完成一个教学任务已经很熟悉了,他们完全可以凭借自己丰富的教学经验与纯熟的教学技巧使得教学流畅地进行。当然,即使经验再丰富的教师,在教学前也需要制订课时计划。

(三)个别教学课时计划与集体教学课时计划

根据接受教学学生的数量,可以把课时计划分为个别教学课时计划与集体教学课时计划。个别教学课时计划,是指教学对象只有一位学生,教学组织形式是教师与学生一对一进行的个别教学,所设计的课时计划是为一位学生的学习服务的。集体教学课时计划是指教学对象有若干位学生,教学组织形式为集体教学(包括小组教学),所设计的课时计划是为若干位学生的学习服务的。

第二节 特殊教育课时计划设计

一、特殊教育课时计划设计的依据

(一)课程的性质与要求

课时计划的设计需要基于课程的性质与要求。学科课程、基于生活问题解决的课程等不同类型的课程在课程性质、课程目标等方面是有差异的。教师在设计课时计划目标、选择教学方法时需要根据课程的性质与要求。譬如,生活技能课程需要选择基于活动的教学方法,注重学生在实际环境中的操作。

(二)单元计划的要求

单元目标的达成需要教师根据单元的性质与内容、学生的学习能力等因素把单元目标划分为若干个课时目标。因此,课时计划的制订需要基于单元计划,完成单元计划所赋予本课时的任务。

(三) 学生的先前知识

知识与技能的学习需要建立在已经具备相应的先备知识的基础上。因此,课时计划的设计,需要考虑学生在学习本节课之前所具备的先备知识。

(四) 学生的障碍情况与学习能力

学生的障碍情况以及障碍对其学习的影响、学生的基本学习能力是教师在制订课时计划目标、选择教学材料、设计教学过程时需要考虑的重要因素。

二、特殊学生课时计划的要素与设计要求

特殊学生的课时计划可以分为教学说明与课时计划的主体两个部分。下面分别介绍每个部分的要素以及设计要求。

(一) 教学说明

教学说明旨在说明学生的基本障碍情况、教材的基本情况以及学生学习本节课的已有基础。该部分主要包括以下几个要素:

1. 学生基本情况

在学生基本情况部分,教师首先需要介绍班级学生的人数,简要说明学生的障碍类型及障碍程度。接着,简要介绍学生在接受与理解信息、语言表达、问题解决等方面的基本能力。最后,简要介绍学生学习本课程的现有水平。

2. 教材说明

在教材说明部分,教师首先需要说明本节课所使用的教材以及教材的来源。教材的来源可以是教师自编教材,也可以是选自其他教材。接着,教师需要介绍本节课的教学内容与先前已经上过的相关课时以及随后所要上的相关课时教学内容间的关系。如果本节课的内容属于某个单元的一部分,则要介绍单元的目标、单元的整体结构。其中,单元的整体结构是指本单元分为多少课时以及每个课时主要完成的目标是什么。在此基础上,说明本节课在整个单元中的位置。

3. 学生学习本节课的已有基础

在学生学习本节课的已有基础部分,教师要说明学生在学习本节课时已经具备的、与本节课学习内容密切相关的先备知识。如果本节课的教学目标和内容属于某一单元的一个组成部分,而且在此之前已经完成了该单元其他课时的教学,那么教师需要说明学生学习该单元其他内容的情况。

特殊学生课时计划教学说明部分举例:

课题:独脚椅——感觉统合训练设计

教学说明

1. 学生分析

四(1)班共有学生 11 人。障碍类型包括:自闭症 3 人;脑瘫 2 人;其余为智障生。

A 层学生包括杨某某、李某、吴某某和费某某。他们身体的协调和平衡能力较好,已经能够独立、灵活地坐在独脚椅上。在独脚椅上旋转时,身体也基

本能够保持平衡。但还需要进一步获得熟练和成功的感觉,增强自信心和自我控制能力。

B层学生包括陈某某、罗某某和涂某某。他们已经能够独立坐在独脚椅上,但是坐在独脚椅上进行其他动作时,身体表现得比较僵硬,协调性和灵活性比较差。

C层学生包括计某某、赵某某和钱某。他们已经掌握了坐独脚椅的方法,但是坐下后,还需要在教师的辅助下才能调整为正确的坐姿。动作显得僵硬,缺乏独立调节身体平衡的能力。

D生孙某某系重度脑瘫患者,能够独立坐在有一定高度的康复凳上,身体的协调和平衡能力很差,只有在陪护人和教师的共同帮助下才能尝试坐独脚椅。

2. 教材分析

教材取自《上海市辅读学校感知运动训练课程指南》中感觉统合训练领域固有平衡感觉训练——独脚椅。它作为前庭功能和本体感觉的训练器械,可以增强动作协调性、重心控制能力和平衡能力。

本节课是独脚椅训练的第二课时,所以在课的开始阶段先对上节课所学内容进行复习。在这个环节,先加入了听觉训练和视觉训练,一方面避免学生静坐时感觉枯燥;另一方面是要同时给予学生多种刺激,并将这些刺激与运动相结合,提高学生感觉的敏锐性,增强动作的协调性。然后,组织学生两人一组一边唱拍手歌一边做动作,给予本体感觉刺激的同时,还让他们在愉快的氛围中与同伴打成一片,帮助学生与他人和谐交往。

提高训练环节是本节课训练的重点,较之前训练难度有所加大。为避免学生对训练产生抵触情绪,故以游戏的方式导入,激发学生的训练兴趣。然后,让学生在独脚椅上旋转的同时再完成其他动作,学生可以在训练中不断感觉自己对躯体的控制,增强自信心,愉悦心情。同时,还可以提高学生对复杂动作的组织协调能力,并为下节课的训练打下良好的基础。

(此案例由上海市扬帆学校冯雅丽老师提供)

在这一案例中,教师对学生的基本情况、教材情况以及学习本课内容的已有基础都做了明确介绍。但是对"独角椅"这个单元还可以做更完整的介绍,进而交待本节课在整个单元中的位置。

(二) 课时计划的主体

1. 教学目标

课时计划的教学目标是指教师通过一个课时的教学,期待学生达到的学习结果。教学目标是教师选择教学材料、设计教学过程的重要依据。

在实践中,为了保证教学目标的达成,往往需要对教学目标进行进一步的分析,找出教学重点与教学难点。其中,教学重点,又称为教学要点,是指教学目标中需要学生重点掌握的目标。教学重点需要在教学过程中加以强调,需要引导学生重点探究、讨论、分析。教学难点是指教学目标中学生达成困难最大的目标。教学难点往往需要教师在教学过程中通过一定的手段、策略来突破。教学重点与教学难点的关系一般有两种。一种情况是两者密切相关,教学难点是达成教学重点目标时存在的困难,或者说是教学重点目标中达成困难最大的目标。教学难点突破了,教学重点目标就容易达成了。另一种情况是两者之间没有直接关系,教学重点、教学难点都是相对于所有教学目标而言的。

教师在制订特殊学生的课时教学目标时,除需满足第二章所提出的"特殊学生教学目标制订的要求"之外,还要注意以下问题:

(1) 关注学生的差异

如果教学多个特殊学生,那么在制订课时计划目标时,需要关注每个学生的学习需求,为每个学生制订恰当的目标。在具体的表现形式上,如果学生的目标差异较大,那么应该逐一写明每个学生的课时目标。如果某几个学生有大致相同的目标,那么可以把学生分成几个不同的层次,分别制订每个层次学生的课时目标。

在制订本课时的整体目标之后,需要确定教学目标的重点、难点。在确定教学重点、难点时,同样需要关注学生的差异。不同层次的目标或不同学生的目标需要有不同的教学重点、难点。

(2) 目标的表述更加明确

相比于学期教学目标、单元教学目标,课时计划目标的表述应该更加明确地说明学生要完成的具体任务、完成任务的条件以及所要达到的标准。

在说明学生需要完成的具体任务时,建议参考相关教育目标分类理论对具体领域目标的分层,做到描述清楚、明确。特别是在制订分层目标时,应该避免使用"掌握"、"初步掌握"等含糊不清的词语。

在说明完成任务的条件时,可以从完成任务的具体情境、为学生所提供的具体支持等方面进行描述,避免使用"在教师的帮助下"、"在同学的帮助下"等笼统的描述。完成任务的条件可以是单项,也可以是多项。

在说明任务的标准时,教师可以根据任务的性质选择恰当的表述方式。当任务是要求学生解决一定数量的题目或问题时,标准可以是正确解决问题的数量或者允许错误的数量。当任务是要求学生解决不确定数量的问题或抓住不确定数量的机会时,标准可以是正确解决问题的百分比。对于要求既准确又快速解决问题的任务而言,标准可以是单位时间内正确解决问题的数量。

特殊学生教学说明与课时教学目标举例(为了方便读者评价课时教学目标的制订情况,本案例把该课时计划的教学说明与教学目标同时呈现):

课题:用计算器计算小数加法——九年级(上)数学教学设计

一、教学分析

1. 学生情况分析

(1) 总体情况

全班共 12 个学生,智商分布情况为:IQ55—69 的有 6 人,IQ40—55 的有 6 人。就学生的数学学习情况大致可分为三层,下面就各层学生的学习特征及本课学习的基点做以下分析:

A层学生原有知识准备较扎实,100以内的进位加法退位减法的准确率能达到1分钟20道左右,能够熟练地操作使用计算器计算整数的加、减、乘、除法习题,能够正确地笔算2个小数相加的加法,多个加数的小数加法笔算速度比较慢;有"超市购物"的实际生活经验,有较强的动手能力,良好的社会适应能力。

B层学生接受能力一般,能够进行一些简单的逻辑思维;计算能力一般,能够比较熟练地操作使用计算器计算整数的加、减、乘、除法习题,能够正确地笔算加数简单的2个小数相加(诸如:3.2+5.4、12.8+54.6)的加法,速度较慢。

C层学生接受能力比较差,能够操作计算器计算整数的加、减、乘、除法;有与家长一起超市购物的经历。

(2) 个体特征

个体特征表

分层	学生	性别	残障类型	学习特征及本课学习基点
A层	小朱	男	轻度智障	逻辑性较强,能主动参与合作,有组织能力,任组长。
	小章	男	轻度智障	逻辑性较强,口头表达能力较好,会帮助指导他人。
	小倪	男	轻度智障	逻辑性一般,能主动参与教学活动,好胜心强。
	小黄	女	轻度智障	逻辑性与计算能力一般,比较粗心,乐于帮助他人。
	小严	男	轻度智障	逻辑性较强,不喜欢主动与他人交流,能参与课堂教学活动,但是主动性不好。
	小魏	男	轻度智障	逻辑性、生活适应性、社会交往能力都较好,但帮助同学不够主动。
B层	小马	女	中度智障	计算准确率不高,动手能力较好,但是动作比较慢,有良好的人际交往能力,具有一定的合作精神。
	小叶	男	中度智障	有一定的口头表达能力,动手能力不强,欠缺合作精神。
	小徐	男	中度智障	口算能力很差,但能熟练操作计算器计算,有一些简单的社会和生活适应能力,合作意识不强。
C层	小柳	男	中度智障	接受能力一般,但基础知识较差,学习习惯较差,学习不主动。
	小许	女	中度智障、视障	接受能力一般,视力较差,影响审题,生活、社会适应能力较差。
	小施	男	中度智障	接受能力、计算能力较差,注意力不集中,不能主动参与课堂教学活动,生活、社会适应能力较差。

2. 教材分析

我们对于智障学生的教育主要是根据学生自身的知识基础、接受能力来选择适合他们的教学内容,同时要考虑到所学知识与技能能为今后生活所需、所用。"计算器"是生活中广泛使用的计算工具。让智障学生学习"用计算器计算"这一技能,有很强的实用性,它能帮助学生化解计算中的难点,如在生活中购物经常会碰到诸如"5.60元"的小数标价。因此我们就在教学中安排了"用计算器计算小数加、减、乘、除法运算"的单元内容。

我参考了《全日制培智学校教科书》第十七册第四单元"电子计算器的认识和使用"的教学内容。原教材安排在学习了整数的加、减、乘、除法计算以及小数的加、减、乘、除法计算之后,集中学习计算器的认识与操作计算器进行计算。而我则是根据学生的实际情况(有的同学计算能力比较差,有的甚至不能够独立进行计算)并在参考《全日制培智学校教科书》第十七册第四单元"电子计算器的认识和使用"的基础上进行自编教材,安排在学习完"万以内的整数的加减法"以及"乘数是一位数的乘法、除数是一位数的除法"之后插入学习"用计算器计算整数的加、减、乘、除法运算"。在学生掌握小数的认识以及小数的性质之后学习有关小数的计算时,我根据学生的接受能力以及当前的实际情况安排学习用计算器来计算小数的加、减、乘、除的运算。根据教学进度安排,这节课学习的是"用计算器计算小数加法"。

本课的学习是在学生原有的操作计算器计算的基础上略作改变,将整数变成了小数。在学习这节课之前,我已经安排了2个课时让学生专门学习和练习"熟练地在计算器上输入小数"。经过2节课的练习,学生基本能够比较熟练地在计算器上输入小数。本课重要解决的是两个问题:正确地在计算器上输入小数加法的算式,尤其注意正确地输入每一位加数;将所学的知识运用于生活之中。通过这节课的学习以及后续的相关练习,大多数的学生(A层和B层)将能正确熟练地使用计算器计算小数加法。这一知识点的学习将为学生后续学习"用计算器计算小数减法"、"用计算器计算小数乘法"、"用计算器计算小数除法"做好铺垫。因为"用计算器计算"的关键就是算式的正确输入,而加、减、乘、除法算式的输入方法大致相同,所不同的仅仅是中间的运算符号而已。"用计算器计算小数加法"的学习中解决了"正确输入小数"这一重点、难点之后,学习用计算器计算小数减法、小数乘法、小数除法就将更为顺利。

二、教学目标与重难点

(一) 教学目标

1. 知识与技能:通过学习,能够正确掌握用计算器计算小数加法的方法,并能将此技能运用于购物等生活实践中。

分层要求:

A. 正确、熟练地用计算器计算加数较为复杂的小数加法(诸如：32.81＋9.36、5.62＋15.7)；能够自己选择购买10件以内的商品，标出价格并算出总价。

　　B. 正确地用计算器计算加数较简单的小数加法(诸如：23.2＋15.4、6.32＋8.12)；能够选择购买4件商品，标出价格并算出总价。

　　C. 会正确地在计算器上输入加数简单的小数加法算式(诸如：2.3＋9.5)，进行计算；能够选择老师给定的商品，标出价格，在A层学生的帮助下算出总价。

2. 过程与方法

(1) 通过独立尝试、师生互动来探究新知。

(2) 在小组合作中进行计算器操作练习和购物游戏，以巩固知识。

3. 情感与态度：积极参与小组合作学习、购物游戏。

分层要求：

A. 在小组合作中能够认真倾听他人的意见、主动帮助学习有困难同学。

B. 能够主动参与小组合作，并在小组合作中能够认真倾听他人的意见。

C. 能够参与到小组合作的练习与游戏当中。

(二)教学重点与难点

教学重点：学会正确地在计算器上输入小数加法算式。

教学难点：能够正确地运用所学的知识进行实践操作。

(此案例由上海市虹口区密云学校何敏老师提供)

　　在这一案例中，教师对教学目标的设计做到了恰当关注学生的差异，目标的表述清楚、明确。但是，在设计教学重点、难点时需要考虑不同层次学生的重点与难点目标。

2. 教学资源

　　资源是指自然界和人类社会中可以创造物质财富和精神财富的、具有一定积累的客观存在形态。课堂教学资源是指为实现课堂教学目标可资开发与利用的各种条件和保障。[①] 课堂教学资源可以分为物质资源与人力资源两种。物质资源主要是指教师在教学过程中自己操作呈现给学生的教具、课件、其他教学材料，或者供学生操作使用的学具、作业单等等。由于教科书是一般课堂教学的必备材料，因此不需在教学资源部分进行介绍。人力资源是指在课堂中除主讲教师之外的、可能给学生的学习提供帮助的其他人员。

　　在制订特殊学生的课时计划时，教师需要根据教学目标、学生的学习能力与需求等因素，选择恰当的物质资源。所选择的教具要符合学生的认知水平，适合教学内容的特征。对于认知障碍学生，特别是对于那些通过观察教师对教具的操作仍难以理解教学

[①] 代蕊华.课堂设计与教学策略[M].北京：北京师范大学出版社，2005：175—176.

内容的学生,教师需要为学生准备学具。如果主讲教师或者说传统意义上的一位任课教师不能满足学生的学习需要,可以配备协同教学教师、助教、志愿者等其他人力资源。

在说明所选择的教学资源时,教师需要简要说明教学资源的基本情况,不是仅仅说明教学资源的类别,但也不必过于繁琐地介绍资源的来源、制作细节等。譬如,语文课中教师在教授《爬山虎的脚》的课文时,为低视力学生选择的教学资源是"爬山虎的实物、彩色图片"。这样的表述简洁、明确。如果只交待教学资源是"实物"、"彩色图片",则过于笼统,他人难以理解。

3. 教学过程

在陈述教学目标、教学资源之后,教师需要设计为达成教学目标所开展的教学活动。实践中大多是从教学过程的视角来设计教学活动。

教学过程是指教师对学生施加教育影响,学生在教师的指导下逐步掌握学习内容、达成教学目标的过程。在教学过程中,教师、学生围绕着教学目标与教学内容进行双边互动,而且这些互动是在一定的空间和时间限制内进行的。因此,教学过程是教师的教授活动与学生的学习活动的统一。按照教学活动在一定时间序列展开的阶段,可以把教学过程分为若干教学环节。教学过程设计所要解决的问题就是确定教学过程的具体环节以及每个环节中教师和学生围绕教学内容所具体进行的活动。

(1) 常见的课堂教学过程模式

① 赫尔巴特的课堂教学过程模式

最早提出教学过程一般模式的是赫尔巴特。赫尔巴特基于儿童获得知识的注意、期待、探究和行动四种心理状态,把教学过程分为明了、联想、系统、方法四个阶段。其中,明了是指给学生明确地讲授新知识;联想是指使学生将新知识与旧知识联系起来;系统是指指导学生在新旧知识的基础上作出概括和总结;方法是指引导学生把所学知识用于实际。后来,赫尔巴特的学生又在"明了"之前增加了一个"预备"阶段,从而把赫尔巴特的教学过程变为五个阶段。赫尔巴特的五阶段教学过程于19世纪末20世纪初传到中国,对我国课堂教学过程的设计产生了深远影响。

② 凯洛夫的课堂教学过程模式

苏联教育学家凯洛夫基于知识的学习包括理解、巩固、运用三个阶段,把教学过程分为组织上课、检查复习、提出上课的目的内容和要求、讲授新教材并明确内容要点、检查巩固所学知识、布置作业六个环节。20世纪50年代,凯洛夫六环节教学过程模式传入我国,迅速被广大教师接受并在实践中得到了广泛运用。

基于凯洛夫的理论,综合广大教师的经验,目前我初中小学的课堂教学过程通常会包括组织上课、检查复习、讲授新教材、巩固新教材、布置课外作业五个教学环节。其中,"组织上课目的在于促使学生对上课做好心理上和学习用具方面的准备,集中注意,积极自觉地进入学习情境。检查复习目的在于复习已学过的内容,检查学习质量,弥补学习上的缺陷,为接受新知识做好准备。讲授新教材的目的在于使学生在已有知识的基础上,掌握新知识。巩固新教材的目标在于检查学生对新教材的掌握情况,并及时解决存在的问题,使他们基本巩固和消化所学教材,为继续学习和进行独立作业做准备。

布置课外作业目的在于培养学生应用知识分析问题、解决问题的能力和自学能力"①。

③ 加涅的课堂教学过程模式

西方国家通常把教学过程的设计视为界定教学过程中的关键事件并加以安排。通过界定关键事件、分析承担这些事件的责任,"我们可以把教与学区分开来。学是指学习者头脑中发生的内部事件,而教则是教师为了能够影响学习者头脑中进行的活动而提供的各种教育活动的总和"②。教学过程的设计就是要合理安排教学事件,"促使外部的教和内部的学发生密切关系,让学生积极地投入到学习过程中去,而使学生理解教学事件是这样的教学安排的一个组成部分"。③

在西方国家影响较为广泛的是加涅的学习过程理论以及课堂教学过程模式。④ 加涅把学习看作是一系列过程,并通过假设学习者的内部结构及每一结构所完成的各种加工过程构建了信息加工模型。加涅的信息加工模型包括信息加工系统和控制过程两个协同作用的系统。加工系统由感受器、感觉登记器、工作记忆、长时记忆、反应发生器和效应器组成。学习者从环境接受刺激从而激活感受器。感受器将刺激转换成神经信息,信息在加工系统中被加工、贮存、提取和应用。控制过程包括执行控制过程和预期。执行控制过程和预期并不与加工系统的任何一个操作过程直接联系,而是对整个加工系统进行调节和控制。执行控制过程和预期决定了学习者选择一种或多种信息加工的方式,决定个体如何注意、贮存、编码并提取信息。加涅把信息加工过程以及控制系统加工的执行控制过程、预期称为学习的内部过程。而内部过程要受到各种外部事件的影响。教学作为促进学生学习的重要外部事件之一,不仅要提供给学习者刺激,还要支持学习者的各种内部过程,保持控制过程的运作。加涅总结了影响内部过程的各种外部事件,具体见表5-1:

表5-1 学习的内部过程及其所受的外部事件的影响

内部过程	外部事件及其影响
注意(接受)	刺激变化产生唤醒(注意)
选择性知觉	物体特征的增强和差异促进选择性知觉
语义编码	言语指导、图片、图表可提供编码方式
提取	提供或呈现如图表、表格、箭头、押韵等线索帮助提取
反应组织	就学习目标进行言语指导,告诉学习者所要求的行为表现类型
控制过程	通过言语形成定势从而激活并选择合适的策略
预期	告知学习者目标,从而形成对行为表现的具体预期

(R·M·加涅.学习的条件和教学论[M].皮连生,译.上海:华东师范大学出版社,1999:84)

当然,随着教学的继续,学习者在自我教学方面的经验会增加,他们会获得一种对

---

① 皮连生.教学设计——心理学的理论与技术[M].北京:高等教育出版社,2000:103.
② 加里·D·鲍里奇.有效教学方法[M].易东平,译.南京:江苏教育出版社,2002:121.
③ 加里·D·鲍里奇.有效教学方法[M].易东平,译.南京:江苏教育出版社,2002:121.
④ R·M·加涅.学习的条件和教学论[M].皮连生,译.上海:华东师范大学出版社,1999:69—85.

其自身过程更大程度的有效控制，对外部所提供的教学支持的需求也会发生变化。

根据学习的内部加工过程和促进相应过程的外部事件，加涅提出了相应的课堂教学过程模式。教学过程由七个教学事件组成，按照促进学生内部加工过程的顺序依次为引起注意、告知学习者目标、激活相关的原有知识、呈现刺激材料、引发期待行为、提供反馈、评估学习行为。具体如下：[1]

引起注意。引起注意是指唤起和控制学习者的注意。引起注意可能是使学生从完全不注意的状态到注意的状态，也可能是把学生从已经注意的状态提高到更高的注意水平。引起注意的事件强度取决于学习者的起始状态。

告知学习者目标。教师明确告知学生课堂教学目标，从而使学习者形成对学习的期望，帮助他们在上课前组织思维，使学习者集中注意去获取所要求的行为结果。

激活相关的原有知识。激活相关的原有知识是指在学习新的内容之前，通过复习、概括、重述等形式帮助学生回忆已学过的、与本课时教学目标有关的最重要的知识和技能。激活相关的原有知识是在进行新的课时内容之前需要预备的最后一个教学事件。

呈现刺激材料。在该教学事件中，教师向学习者呈现新知识材料。鉴于物体特征的增强和差异促进选择性知觉，教师呈现的刺激材料要具有鲜明的特征，要与背景有较大差异，要适合学习者的年龄、知识准备与学习能力。另外，在呈现新材料时，要安排好材料呈现的顺序以及每次呈现材料的数量。

引发期待行为。引发期待行为是指教师为学习者提供学习指导，从而促进学习者的知识理解和技能形成的内部过程。教师要根据学习者的特征、学习目标等选择恰当的指导方式。引发期待的行为旨在促进学习者在学习过程中的隐蔽的、个人的投入。

提供反馈。在学习者做出反应、表现出学习行为之后，教师要及时让学习者知道其理解与行为是否正确，以便促进与维持学生的积极参与，及时改正错误。

评估学习行为。评估学习行为是指教师在教学过程中、教学结束时，通过提问、测验等方式了解学生对教学目标的达成情况，帮助学生进一步巩固学习结果。

下面是一个运用加涅课堂教学过程模式的课时计划案例。[2]

单元标题：美国历史（重建前后的早期开端）

课时标题：国内战争的原因（课时 2.3）
1. 吸引注意
在幻灯片上展示下列系列战争：
法国和印度战争，1754—1769
革命战争，1775—1781
国内战争，1861—1865
第一次世界大战，1914—1918
第二次世界大战，1941—1945

---

[1] 加里·D·鲍里奇.有效教学方法(第四版)[M].易东平，译.南京：江苏教育出版社，2002：122.
[2] 加里·D·鲍里奇.有效教学方法[M].易东平，译.南京：江苏教育出版社，2002：135.

朝鲜战争，1950—1973
　　越南战争，1965—1975
　2. 告知学习者目标：期待学生知道国内战争的原因，并说明这些原因；至少也能应用在幻灯片列出的其他战争中的一个。
　3. 激发学生回忆前提学习内容：简单回忆课时2.1和2.2讲到的法国和印度战争，以及革命战争的原因。
　4. 呈现刺激材料：(1)概括导致国内战争的重大事件：局部主义的出现，劳动力密集型经济，以及缺少分工；(2)界定国内战争中的重要人物以及他们的角色：林肯、李、戴维斯和格朗特；(3)叙述战争的四个一般原因，并解释哪一个与国内战争的联系最密切：经济（利益），政治（控制），社会（影响）以及军事（保护）。
　5. 引发期待行为：让全班界定出四个原因中，哪一个与引发国内战争的重大事件关系最密切。
　6. 提供反馈：让学生回答，并指出答案的合理性。
　7. 评估行为
　　布置作业：写一页篇幅的文章，从幻灯片所列的战争中，选一个进行评估并说明导致这场战争的四个原因各占有怎样的相对重要性。

(2) 特殊学生的课堂教学过程设计
特殊学生的课堂教学过程设计，需要注意以下问题。
① 教学环节灵活，适合学生的学习特征
教师在设计特殊学生的教学过程时，不管教学组织形式是集体教学、小组教学还是个别教学，都要根据特殊学生的学习特征与需要，制订能促进学生学习的、灵活的教学环节，同时，还要科学分配每个教学环节的时间。

前面所述的赫尔巴特的、凯洛夫的以及加涅的课堂教学过程模式尽管在具体的教学环节上不太相同，但总体而言3种教学过程模式都是基于学生的学习而设计的，都把教学过程至少分为准备阶段、发展阶段和综合阶段。问题的关键在于在一节课中，学生学习的过程并不完全等同于一节课的教学过程。对于一个信息而言，学生的学习过程始于对该信息的注意，终于掌握信息并能正确运用。但一节课中，学生所学习的新信息可能不止一个。因此，需要基于学生的学习过程，根据一节课所要学习的新信息量以及学生的接受能力灵活设计教学过程。对于接受能力比较差的特殊儿童，不能固守固定的教学过程模式，一节课不能只有"组织上课、检查复习、讲授新教材、巩固新教材、布置课外作业"几个教学环节。教师可以把一节课所要学习的信息分成几个部分，每次只学习少量的信息。每次在学习新信息时，教师都要有组织复习、新授、巩固练习的教学环节。

另外，教师还要根据特殊学生的年龄、学习能力与水平、学习任务的特征等因素科学设计每个教学环节的时间。一般而言，学生年龄越小、学习水平越低、接受能力越差、学习任务难度越大，相应的每个教学环节持续的时间也应该相对减少，以免学生产生疲劳。

教学环节灵活的特殊学生课时计划教学过程设计举例：

课题：西红柿、茄子——语文教学设计

教学目标：
1. 认读词语："西红柿"、"茄子"，并能与实物配对。
2. 学说句子："这是茄子,那是西红柿"。
分层目标：
A层：(1)能独立认读词语："西红柿"、"茄子"。
(2)能根据实物摆放,独立说话"这是茄子","那是西红柿"。
B层：(1)能认读或跟读词语"西红柿"、"茄子",在老师的指导下矫正发音,并能与图片配对。
(2)能跟读句子"这是茄子,那是西红柿"。
C层：会指认茄子、西红柿的实物及图片。
教学重点：
认识茄子和西红柿,并能认识它们的名称。
教学难点：
认识词语"茄子"、"西红柿"。
教学准备：
多媒体演示、蔬菜实物、蔬菜图片、词语卡片。
教学过程：

案例教学过程设计表

教学环节	教师活动	学生活动
一、复习（3分钟）	老师：上新课之前,我们先来复习一下以前学过的词语。 出示词语卡片："黄瓜","土豆"。 带领书写"土"、"豆"。 出示词语卡片："这是","那是"。 老师："这"指的是离我们比较近的东西或人,"那"指的是离我们比较远的东西或人。	A生认读,B生跟读。C生从图片中指认出哪个是黄瓜,哪个是土豆。 学生书写。 A生认读,B生跟读。 A生回答。
二、新授(1)	老师：我们知道,黄瓜和土豆都是属于什么呀？ 老师：今天我们继续来学习第4课,今天这节课上老师要带大家认识两样新的蔬菜。 拿出实物茄子,提问这是什么。 老师：有的同学知道的,有的同学还不认识哦。我们请A生来告诉大家这是什么。 领读：茄子。 老师：看看茄子是什么颜色的？什么形状的？而且还有点弯弯的,对不对啊？它的一头还有一顶绿色的小帽子,这就是它的柄。 把茄子放到BC生眼前,也可以让他们摸一摸。 老师：这个是茄子。但是有的时候我们也可以看到这样的茄子。(出示实物,胖胖的)大家看,这也是茄子,它的形状怎么样？是不是长长的了？	学生齐答：蔬菜。 A生回答：茄子。 跟读：茄子。 齐答：紫色。长长的。 BC生看或摸一摸,加深对茄子的认识。 学生：不是,胖胖的。

续 表

教学环节	教师活动	学生活动
	老师：哦,胖胖的,但是它也是紫色的,对不对啊？ 出示两种茄子。 老师：大家看,它们都是什么？ 老师：再跟我说一遍,茄子。以后大家看到像这样紫色的长长的,或者像这样紫色的但是胖胖的,都是茄子。 老师：现在,请大家从学具篮中找出茄子的图片。 提问：你找到的这是什么呀？ PPT出示一组图片,让学生从中找出茄子。 出示茄子的大图片,说：这个就是茄子。小朋友们都已经认识茄子了,下面我们来学一学"茄子"这个词语。 出示词语卡片："茄子。"领读。 请学生在学具篮中找出"茄子"的词语卡片。 老师：请找到的同学点着词语读一读,读两遍。 出示配图词语卡片,领读"茄子"。 老师：刚才我们认识了什么蔬菜？ 老师：好的。接下来我们再来看一看,这是什么？ 出示实物西红柿。 老师：番茄,也叫西红柿。跟我一起说：西红柿。西红柿是有3个字的。 提问B生：这是什么。 把西红柿放到C生面前,说：这是西红柿。 我请小朋友们仔细看一看西红柿,你们看到西红柿是什么颜色的啊？什么形状啊？ 红色的,圆圆的,这个就是西红柿。好,现在,请大家从学具篮中找出西红柿的图片,放在桌子上。 提问：你找到的这是什么？ PPT出示一组图片,让学生从中找出西红柿。 (图片中有西红柿切开以后的样子,稍讲解) 出示西红柿的大图片,说：这个就是西红柿。小朋友们都已经认识西红柿了,下面我们来学一学"西红柿"这个词语。 出示词语卡片："西红柿"。领读。 请学生在学具篮中找出"西红柿"的词语卡片。 老师：请找到的同学点着词语读一读,读2遍。 出示配图词语卡片,领读"西红柿"。	学生：茄子。 跟读：茄子。 找图片。 B生回答：茄子。 A生上来指一指,告诉其他同学这是什么。B生上来指出茄子,并跟读。C生指出茄子。 学生跟读。 开小火车读。 找卡片。 A生认读,B生尝试点着认读或跟读。 齐读：茄子。 学生：茄子。 A生回答：番茄/西红柿。 跟着说：西红柿。 B生回答：西红柿。 C生指指西红柿。 学生：红色的。圆圆的。 找图片。 AB生回答：西红柿。C生指指西红柿的图片。 B生找出西红柿后(大家告诉他这是什么),跟着说。C生指出西红柿。 学生跟读。 开小火车读。 找卡片。 A生认读,B生尝试点着认读或跟读。 齐读：西红柿。

续 表

教学环节	教师活动	学生活动
三、巩固练习(1)	老师：刚才我们认识了哪两样蔬菜呀？ 领读。 下面老师要考考小朋友了。 把茄子和西红柿的图片贴在黑板上，请同学上来进行图文配对。 把词语保留，请A生看着老师点的字读词语。	学生：茄子、西红柿。 跟读。 B生把词语卡片贴在相应的图片下。C生上来指出哪个是茄子，哪个是西红柿。 A生读词语，B生上来指出词语。
四、新授(2)	老师：下面，请同学看好，老师把茄子拿在手里，把西红柿放在那里。哪一样蔬菜离我们比较近呀？ 恩，茄子离我们比较近，那我们可以说：这是茄子。跟我一起说。 我们知道"这"指的就是离我们比较近的东西或者人。 提问：这是什么？（提示把话说完整） 老师：茄子在这里的，我们可以说"这是茄子"。 那刚才老师把西红柿放在哪里了呀？ 恩，西红柿在那里，我们可以说：那是西红柿。跟我一起说。 "那"指的就是离我们比较远的东西或者人。 提问：那是什么？ 提问：这是什么？那是什么？ 能不能看着这两样蔬菜，用"这是……，那是……"把两句话连起来说一说？	学生：茄子。 学生：这是茄子。 A生回答，B生试着回答。 C生指指这里的茄子。 学生指指：那里。 学生(用手指)：那是西红柿。 A生回答，B生试着回答。 C生指指那里的西红柿。 A生回答。 A生试着把两句话连起来说：这是茄子，那是西红柿。 全班跟读。
五、巩固练习(2)	请同学看着实物练习说：这是茄子，那是西红柿。	A生独立说话，B生跟读，C生指出蔬菜在哪里。
六、小结	老师：好，今天我们认识了两样蔬菜，还记不记得是哪两样？ PPT出示词语：茄子，西红柿。领读。 分别出示茄子和西红柿的图片。 手举茄子，问：这是什么？ 指着西红柿：那是什么？ 老师：把两句话连起来说一遍。	学生：茄子，西红柿。 学生跟读。 C生上来指出茄子和西红柿。 学生：这是茄子。 学生：那是西红柿。 学生：这是茄子，那是西红柿。

续表

教学环节	教师活动	学生活动
七、布置作业	老师：今天回家请同学把第4课的词语和句子读一读。	A 生能认读词语和句子。 B 生能指出字词，并跟读。 C 生能认识蔬菜的图片。

（此案例由华东师范大学吴静同学撰写）

在这一案例中，教师根据学生的特征，把新授内容分为两个部分，相应的教学过程变为"复习——新授(1)——巩固练习(1)——新授(2)——巩固练习(2)——小结——布置作业"。这样的教学过程设计相对于普通中小学常见的教学过程更为灵活，更加适合智力障碍学生的学习。如果把"复习"改为"复习(1)"、"复习(2)"，把整个教学过程改为"复习(1)——新授(1)——巩固练习(1)——复习(2)——新授(2)——巩固练习(2)——小结——布置作业"，可能更有利于智力障碍学生学习。

② 教学过程要与教学目标相呼应

教学过程的设计要紧紧围绕教学目标，保证通过所设计的教学过程能实现预设的教学目标。

如果教学组织形式是集体教学或者小组教学，不同层次水平的学生有不同的教学目标，那么更应注意教学过程的设计要兼顾不同层次学生，使不同层次学生的教学目标最终都能达成。

根据学生教学目标情况的不同，教学过程的设计一般会有两种情况。

第一种情况是学生的教学目标不同、但教学内容基本相同，教师可以在一个基本相同的教学过程中满足不同层次学生的教学目标。要完成这一任务，教师在教学设计时需要注意以下方面：一是遵循通用教学设计的原理，在教学过程中教师要采用灵活多样的方式来呈现教学内容，还要鼓励学生采用灵活多样的方式参与课堂学习、采用最适合自己的表达方式来呈现学习结果。二是根据不同层次学生的教学目标，有针对性地设计课堂提问和练习。三是在教学过程中，可以在其他学生进行课堂练习时，对某些学生进行单独的指导。

下面是一个同一教学过程落实不同层次教学目标的课时计划设计案例。

课题：线段的认识——数学教学设计

一、教学分析

（一）教学内容分析

本节课内容来源于人教版《全日制培智学校数学（第6册）》第78页。本单元分三部分：认识直线，认识线段，以及实践活动"量一量"。认识线段安排5课时，本节课是认识线段的第一课时。在认识线段后再逐步教授画线段，量线段。

教材中对认识线段的第一课时要求是：学生能指认线段，说出线段特征。因此本节课教学目标定位：建构线段的描述性概念及3个基本特征（直的、2个端点、有长短）。

（二）学生能力分析

本班为七(1)班，学生11人，8男3女。根据学生的智障程度与学习能力，我将他们划分为A、B、C三组。A组3名轻度智障生（其中1名伴有听力障碍，需佩戴助听器）；B组4名中度智障生；C组4人，其中2位重度智障生，1名为重度自闭症，1名重度语言障碍。

此前，学生已经学习了认识直线，有了直的概念。在生活中也接触过线段，有一定的生活经验，这些都为这节课的学习作了很好的铺垫。但智障学生还不能用完整的语言表达出事物的本质特征，他们的理解往往是表面的，零碎的。本节课是第一次接触线段这一概念，要使他们对"线段"的概念提升到一个概括的、抽象的认识，有一定难度。所以本节课教学目标定位为用直观描述的方式来说明线段的特征，而不下定义。因此，本节课A组学生的学习目标是能够构建线段的描述性概念，能够说出线段的3个基本特征；B组学生能够指认线段，跟说线段的三个基本特征；C组学生能够指认线段的某一特征：如直的。

教学目标与重难点

教学目标：

A组

1. 观察图片特征，建构线段的描述性概念及3个基本特征（直的、2个端点、有长短）。
2. 通过质疑、讨论，学生能理解线段的特征。
3. 通过动手寻找生活中的线段，感受数学的乐趣。

B组

1. 观察图片特征，会指认线段。
2. 通过模仿，学生能简述线段的特征。
3. 通过寻找生活中的线段，感受数学的乐趣。

C组

在教师指导下或助教员的协助下，会指认线段的某一特征：如直的。

教学重点：

A、B组

建构线段的描述性概念及3个基本特征（直的、2个端点、有长短）。

C组

会指认线段的一个特征：直的。

教学难点：

B组

建构线段的描述性概念。

C组

直与曲的区分。

二、教学媒体资源选择

课件、卡片、线条等

案例教学过程设计表

教学环节	教师活动预设	学生活动预设	设计意图
(一) 激趣导入 生活情境,感知"曲"和"直" 1. 情境中引出"曲""直" 图5-1 消防员救援现场	提问:消防队救援现场,说说消防员为何不走楼梯,而沿着墙壁外的管子爬行。	A、B组学生讨论。 C组学生说图意,进行安全教育。	多次感受:直与曲的区别。
图5-2 弯曲的马路和笔直的马路	提问:这两条路都是从同一个地方到达同一个地方,如果你急着赶路,走哪条路可以节省时间。	A、B组学生讨论。 C组学生说说马路的形状:直?还是弯?	
图5-3 简笔画(弯曲线画的和全是笔直的线画的)	提问:这两幅简笔画组成的线有什么不同。	A、B组学生讨论。 C组学生说说图意。	
图5-4 跳绳和拔河的场面	提问:跳绳的绳子和拔河的绳子除了粗细和长短还有什么不同。		
2. 分类中感知"曲"和"直" ① ② ③ ④ ⑤ 课件显示:从上面5幅图上分别描出其中的一部分线。	分类:这些线都一样吗?你能将	A、B组学生说分组以及理由。	

续 表

教学环节	教师活动预设	学生活动预设	设计意图
呈现资源： ①③都是直直的线。 ②④⑤都是弯弯曲曲的线。 老师小结：今天我们就来认识这些直直的线。	这些线按照一定的标准来分类吗？	C组学生指认直、弯。	
（二）探究体验，建构线段的概念及其特征 1. 魔术游戏：直线上变出一段。 　请问你看到了什么变化？ 2. 魔术游戏：变"曲"为"直" 　看一看：小朋友们手中都有一根毛线，随便往桌上一放，毛线的形状是怎样的？ 　变一变：你能想办法把这根线变直吗？ 　比一比：拉紧后的线与原来的线有什么不同？ 3. 初步感知，建立线段的直观表象 　（1）介绍线段 　　老师边摸边指出：像刚才这样，把线拉直，两手之间的一段可以看成线段。 　（2）感受线段是直直的 　　用力一拉，原来弯曲的线就变成直直的了，所以线段是直直的。 　（3）感受线段的"两个端点" 　　师（一手拉住线）问：这样能得到线段吗？怎么才能得到线段？ 　　得出：用手捏住线的两头，这两头就是线段的两端，两头的点叫做"端点"。 　　小结并板书：有2个端点。 　（4）感受线段有长短 　　拉一拉手中的毛线，再和同桌手中的比一比，你能发现什么？ 　　小结：线段有长有短。 4. 丰富的活动，强化线段特征 　（1）找线段、感受线段的3个特征 　　　　① 　　　　② 　　A　　　　B 　　　　③ 　①你知道吗？在生活中处处有线段。 　引导学生观察直尺、黑板、课本的每条	教师提问，关注每一个学生操作。 教师指导	A、B组学生动手操作。 C组学生拉一拉绒线，感受直。 A、B组学生寻找线段。 C组学生指认直、弯。	通过操作，逐步感受线段的三个特征，形成概念。 寻找生活中的线段

续表

教学环节	教师活动预设	学生活动预设	设计意图
边,动手摸一摸每条边和端点,使学生知道这些边都可以看成线段。 ② 下面请小朋友们找一找,我们身边还有哪些物体的边可以看成线段?看谁先找到!(可动手摸一摸) ③ 小结:为什么这些物体的边都可以看成线段?你记住线段的样子了吗?你能告诉大家吗? (2) 折线段,感受线段有长短 ① 介绍:将一张长方形纸对折,折痕就是一条线段。 ② 你能折出一条比它长一点的线段吗? ③ 你能折出一条比它短一点的线段吗? ④ 你能折出长方形中最长的一条线段吗? 过渡:刚才我们在同一张白纸可以折出不同长度的线段,那就说明了,线段的长度是怎么样的?(有长有短) (3) 辨线段 想想做做下一题,不是线段的说明理由,是线段的请说出其特征。 下面哪些是线段?是线段的在( )里画"√"。 ( ) ( ) ( ) ( ) (4) 数线段 谈话:其实有很多我们以前学过的图形就是由不同方向的线段围成的。想想做做第2题,请你数数每个图形各是由几条线段围成的,填完后再说说你有什么新发现。 下面的图形各由几条线段围成?填在( )里。 ( )条 ( )条 ( )条 ( )条 小结:我们学过的多边形,是几边形就是由几条线段围成的。	教师个别辅导	A、B组学生折纸并比较。C组学生折一条直的折痕。 A、B组学生独立完成并说理由。 C组学生指认直,弯。 A、B组学生独立完成并说理由。 C组学生指认图形。	巩固线段概念

续 表

教学环节	教师活动预设	学生活动预设	设计意图
（三）拓展练习 图 5-5 如图，从 A 地到 B 地有三条道路，若在 A 地有一只小狗，在 B 地有一些骨头，小狗看见骨头后，会沿哪一条路奔向 B 地，为什么？ 师小结：看来小动物们也很聪明，还知道走最近的路，这也是动物的本能。	教师提问，引导学生讨论。	学生答：会沿着第②条路奔向 B 地。因为第②条路是直的、最短。	拓展线段的特征，让学生在联系中巩固知识点，获得新知。
（四）总结 通过学习，你今天有什么新收获想和大家一起分享吗？			
板书设计： 线段的认识： 直的、2 个端点、有长短。			

（此案例由上海市金山区辅读学校莫凌祥老师提供）

在这一案例中，教师为三个层次的学生分别制订了不同的教学目标。由于三个层次学生的教学目标都是与线段有关的，教学内容及教学资源基本一致。针对这种情况，教师设计了一个教学过程。该教学过程包括导入、探究体验、拓展练习、总结四个教学环节。教师努力通过一个教学过程实现三个不同层次学生的教学目标。

第二种情况是学生的差异很大，教学目标不同，教学内容也不相同，无法通过同一教学过程使不同学生的目标都得以实现。这时，教师可以尝试进行复式教学，为不同层次的学生设计不同的教学过程。譬如，教学目标分为 A 层学生的目标、B 层学生的目标。当教师对 A 层学生进行新授时，可以安排 B 组同学进行自主练习。当 A 层学生进行自主练习时，教师可以对 B 组学生进行新授。

下面是一个复式教学的课时计划设计举例。

课题：二年级语文第二册《西湖名堤》；一年级语文第一册《寄冰》

一、教学说明

（一）学生基本情况

我们爱心班共有 7 名学生，年龄跨度在 8 岁到 14 岁之间。其中自闭症 6

人，智障1人。他们的认知水平并不高，大部分处在低年级的认知水平。7名学生中，2名学生的记忆力较好，所学的新知识都能得到有效的记忆，而其他的学生记忆反馈不十分理想。注意力方面，玮玮、聪聪、婷婷、小梦、小壹已经适应了学校的课堂学习，注意力集中的时间要较长一些，旸旸和鸿鸿入学时间还不长，仍旧无法适应课堂学习，需要老师多次提醒，才能把注意力集中到学习上，但是维持的时间并不长。我们班级的这些学生还是以直观的思维为主要方式来进行学习理解，抽象思维和想象能力比较缺乏，他们容易接受图文配合的学习，但是如果要他们结合自己的生活开展想象，并进行语言的描述就有困难了。语言能力方面，自闭症学生中有5个孩子没有自主性的语言，他们的交流还是以凌乱的词语为主，也只有熟悉他们的老师、家长才能从这些词语中发现他们的需求。聪聪、鸿鸿的模仿说话能力较强，模仿时口齿清晰，语句完整。但是，婷婷、小梦、旸旸的模仿说话只能以词组为单位才能表述清楚。其中，小梦、旸旸的口语表达不清晰；聪聪、婷婷、小壹能语音清楚地表达，但也只是模仿层面的交流；玮玮，能有自主的语言，但是口齿还不是很清楚。学习技能方面，5名学生学会了跟着老师在文本学习中进行划线做笔记。聪聪和玮玮笔记的正确率比较高，婷婷、小梦能找出相应的词语，找句子还有些困难。鸿鸿和旸旸还不会做笔记。

因此在这堂课的教学设计中，我根据教材内容的不同把我们班的学生划分成这样两类：学习两年级第二册的学生中，婷婷、小壹、小梦为A类，小龙、玮玮和聪聪有一定的知识储备量，分为B类。学习一年级第二册的学生中，旸旸为A类，模仿力相对较强的鸿鸿为B类。这两位同学都无法独立进行学习，必须有教师的引导。

（二）教材分析

《西湖名堤》是一篇写景的美文，介绍了位于杭州的著名旅游胜地西湖的两道名堤：白堤、苏堤。课文语言优美，富有情趣。本课第一、二节介绍了西湖的美景，运用了3个比喻将西湖的婀娜多姿和宁静的水景展现在我们眼前。在普教的教材中，这两小节里有7个生字要习得，5个生字要求能在田字格里正确书写。在这一课中，还有些词语需帮助学生重点理解，如："素有"、"掠过"、"层层叠叠"、"连绵起伏"。

《寄冰》是篇有趣的课文。课文语言浅显，较容易读懂，通过学习让孩子在故事中懂得一个常识：冰遇热变水，水遇冷变冰。整篇课文的语言生动活泼，符合低年级学生的年龄特点。这一课可以把它分成三部分进行教学，"为什么寄冰"、"谁给谁寄冰"、"结果怎样"。在课文的第一部分学生有4个生字要学习，但是生字读音中涉及到后鼻音、三拼音，这对于我们特殊学生的朗读来说有一定的困难，在教学中根据学生的实际情况做相应的要求调整。这部分的学习，还要对非洲、南极不同的气候特点进行了解。

（三）教案设计意图

在《西湖名堤》的课堂教学中，我抓住"西湖是一幅优美的山水画"这个主题，运用多媒体图片直观欣赏的手段，选取了第二小节内容进行重点教学。根据学生的学习力能，我删减了本课学生的识字、理解词语数量，将"远处是层层叠叠、连绵起伏的山峦，一山绿，一山青，一山浓，一山淡，真像一幅优美的山水画"。作为本课学习的重点句子，从山的形态、色彩入手进行分析理解。同时，这一句又是比喻句,可以借助图片来帮助学生学习理解。这一句句子有节奏性,朗读时也能引发学生的学习兴趣,更适合我们的学生细细品读。第二句比喻句"平静的湖面,犹如一面硕大的银镜"的学习更适合能力强一些的B类学生来学习,帮助他们强化对比喻句的认识。本课时的学习形式,以课文朗读为主。

《寄冰》本课时的教学内容是第一部分"为什么寄冰"。首先,要让学生分清课文中的两个人物洪洪和非非,以及了解他们所生活的环境,观看视频是最有效的手段。教学中还需引入对"热"、"冷"两个概念的理解,可以通过热水和冷水这两样实物帮助学生进行字义的理解。根据B类学生的理解能力,可以适当帮他加入"反义词"的概念,让他认识到"热"、"冷"是一对意思相反的词语。对B类学生于"希望"一词的理解,可以联系学生的实际生活来进行。本课时的学习形式,以跟着老师学说话为主。冰块融合的过程,可以作为回家作业,让家长辅助演示,让学生进行观察,为下一节课的教学做好适当的铺垫。

二、教案编写

案例教案编写

课题	二年级语文第二册《西湖名堤》; 一年级语文第一册《寄冰》	授课班级	爱心班
学校	虹口区广中路小学	执教者	邓淑敏
教学内容	《西湖名堤》 站在柳丝轻拂的西湖边,只见远处是层层叠叠、连绵起伏的山峦,一山绿,一山青,一山浓,一山淡,真像一幅优美的山水画。平静的湖面,犹如一面硕大的银镜。一群群白鸥掠过湖面,在阳光下一闪一闪,好看极了。			
教学目标	情感: 感受西湖的秀丽山水,引导学生对真善美的向往。		
	认知: 1. 能正确认读生字"浓"、"淡"、"优"、"掠"及理解相关词语。 2. 能正确朗读课文。		A. 正确认读"浓"、"淡"、"优"三个生字,并指出表示"浓"、"淡"词义的图。 B. 正确认读四个生字,理解"浓"、"淡"是一组反义词。
	行为: 1. 能正确书写生字与词语。 2. 通过朗读,体会西湖的美,认识一句比喻句。		A. 正确描写生字词语。在老师的帮助下跟读句子。 B. 正确仿写生字词语。能够独立朗读本小节。
教学重点	正确认读四个生字,并能进行描写与仿写。		
教学难点	理解"浓"、"淡"是一组反义词。		
教学内容	《寄冰》 狮子洪洪住在火热的非洲,从来没有见过冰,他想:"冰是什么样子呢?"洪洪给南极的企鹅非非写了一封信,希望非非给他寄一块冰来。		

续表

教学目标	情感： 培养学生探索水的秘密，热爱科学的兴趣。	
	认知： 1. 能正确认读生字"热"、"块"、"希望"，理解相关词义。 2. 能正确朗读课文。	A. 能正确认读生字"热"、"块"。学习区分"热"与"冷"。 B. 能正确认读生字"热"、"块"、"希望"，学习区分"热"与"冷"，并初步了解"希望"的意思。
	行为： 1. 能正确朗读课文。 2. 联系生活了解水的特点。	A. 跟着老师模仿读课文中的句子。 B. 能在老师的引导下完成句子的朗读。
教学重点	正确会认读生字与词语。	
教学难点	联系生活，了解水的特点。	
教具准备	老师：多媒体课件、词语卡片、作业单。 学生：二年级语文第二册《西湖名堤》；一年级语文第一册《寄冰》。	
教学时间	第1课时	

教学过程

二年级语文第二册《西湖名堤》（一年级学生安静地自主活动）

	教学活动	学生活动
1—20分	一、引入： 西湖是镶嵌在"天堂"杭州的一颗明珠，那里的风景可美了。 出示画面。 老师示范读这小节。	
	二、学句子 出示第一句。 1. 认读生字"浓"、"淡"。 用调色盘演示"浓"、"淡"的绿色。 2. 读句子。 3. 为什么会"一山绿，一山青，一山浓，一山淡"？ 4. 认读生字"优"，看图理解"优美"。 5. 学习比喻句：风景像山水画。 5. 齐读第一句。	A. 指出哪个颜色是"浓"、哪个颜色是"淡"。 B. 知道"浓"、"淡"是一组反义词。 A. 跟着老师读。 B. 独立朗读。 看图理解：山的不同颜色，山的远近距离，从而认识什么叫"一山绿，一山青，一山浓，一山淡"。 B. 理解比喻句。
	出示第二句。 学习比喻句： （湖面）比作（明镜）。 齐读第二句。	A. 跟着老师读。 B. 独立朗读。 B. 图中找出"湖面"与"明镜"的共性，并读一读比喻句。

续 表

	教学活动	学生活动
	出示第三句。 认读生字"掠",老师动作演示"掠"。 齐读第三句。	A. 跟着老师读。 B：模仿"掠"的动作,并独立朗读。
	三、小结： 齐读。	
20—35分	一年级语文第一册《寄冰》(二年级学生进行书写练习)	
	引入： 洪洪为什么要非非给他寄冰？我们来读读课文就能知道了。	
	学习句子 出示第一句 学习生字"热" 看图理解"火热的非洲"、"南极" 跟读句子	A、B学生触碰"热水"、"冷水"。
	出示第二句 1. 学习生字"块"。 演示"一块块"数的有积木、糖。 出示"一块冰"。 2. 理解"希望"。 读句子"洪洪希望非非给他寄一块冰" 3. 跟读句子。	A、B学生数积木、糖,触摸巩固认识"热"、"冷"。 B. 说说在下周的实践活动中,"希望"得到什么小礼物。
	三、小结： 齐读。	
	四、作业练习 家长给孩子看一下冰块是怎么融化的。	

（此案例由上海市虹口区广中路小学特教班邓淑敏老师提供）

在这一案例中,由于班级学生年龄、水平差异大,教师把班级学生分成两个层次,分别学习普通学校一年级、二年级的课文。由于不同层次的学生分别学习不同的课程内容,教师采用了复式教学的组织形式。鉴于学习一年级课文的学生难以进行独立练习,教师在教二年级的课文时可以要求这些学生自主活动,可以玩玩具,但不能喧哗,不能影响其他同学学习。等到其他学生完成新授内容的学习、进入独立练习阶段,教师再对学习一年级课文的学生进行新授。鉴于学习一年级内容的学生不能进行独立练习,如果能给这几个学生再配备一名教师或助教指导他们学习,教学效果会更好。

(3) 特殊学生的教学过程设计与教学策略

特殊学生的学习存在很多困难,因此,这类学生的教学不可能使用某个单一、不变的教学过程模式。特殊学生的教学过程模式需要反映教师在教学中所使用的教学策略。教学策略是教师为了实现教学目标,根据教学情境的特点,对教学实施过程进行的系统决策活动。[1] 特殊学生的教学策略可以分为内容教学的策略和满足差异的策略两大类。所谓内容教学的策略,是指教师在教授新的教学内容时所使用的帮助学生从不会到会的策略。所谓满足差异的策略,是指在面对多个学生时,教师如何满足不同学生差异需求的策略。每种教学策略对于教学过程会有自己特殊的要求。可以说,内容教学策略决定了整个教学过程的主线。但是,教师在每个教学环节还要根据所选择的满足差异策略关注学生的个别需求。

4. 板书设计

板书是教师在课堂教学过程中在黑板上呈现的文字、符号、图表、图画等。板书是课堂教学的重要手段,是教师以黑板为载体向学生呈现的视觉信息。板书可以帮助学生有条理、有系统地理解教材的线索和结构,了解教师的教学意图,掌握教学的重点与关键信息,理解相应的教学内容。好的板书应该是经过精心设计的,集中了整个课时计划的精华和关键信息,可以起到画龙点睛、事半功倍的作用。

板书没有固定的格式,只要能体现板书应有的功能即是好板书。一般来说,板书有如下几种:

(1) 词语式板书。词语式板书是以呈现围绕一定中心的关键性词语及概念为主的板书。这种板书有利于加强对学生的概念教学、字词句基础知识教学和精当用词的基本训练。[2]

(2) 结构式板书。结构式板书是指以提纲或图表的形式揭示教材主要结构的板书。这种板书便于学生掌握教材的结构和脉络。特殊学生的课堂中有时还会出现提示性板书。有时,教师可以把某一技能的操作步骤逐一呈现在黑板上,提示学生进行相应的操作。技能的操作步骤可以用语言来表述,还可以用图片来呈现,也可以既有语言又有图片。有时,教师在进行句式教学时,可以把整个句子板书在黑板上,给语言表达能力弱的学生以提示。

讨论与探究

1. 制订课时计划时怎样满足学生的差异?
2. 请根据某个班级特殊学生的情况,制订一个课时计划。

---

[1] 周军.教学策略[M].北京:教育科学出版社,2003:14.
[2] 杨国全.课堂教学技能训练指导[M].北京:中国林业出版社,2001:169.

第六章

教学组织形式

教学的基本组织形式有集体教学、小组教学、个别教学3种。传统的集体教学虽然仍是特殊教育重要的教学组织形式,但当特殊儿童障碍程度较为严重、个体间差异较大时,需要改变教学组织形式,进行个别教学或小组教学。

通过本章学习，你能够：

1. 理解教学组织形式的涵义。
2. 了解教学组织形式的类型。
3. 了解集体教学、个别教学、小组教学的优势与局限。

第一节 教学组织形式概述

一、教学组织形式的涵义

教学是教师和学生为了达成教育目标而在一定的时间、空间里共同合作完成的活动。教学活动会涉及教师、学生、课程与教学内容、教学资源、教学策略与方法等多个因素。教学过程中的诸多因素如何组织，特别是教师与学生间如何在时间、空间的限制下相互作用，是事关教学成效的重要问题。教学组织形式回答的就是这一问题。

教学组织形式是指教学活动中师生相互作用的结构形式，或者说，是师生的共同活动在人员、程序、时间关系上的组合形式。[①]

二、教学组织形式的类型

教学组织形式的分类有两个维度，一个是根据学生的组织方式来分，一个是根据教师的组织方式来分。

根据教师的组织形式，可以把教学组织形式分为一位教师教学，两位或更多教师协同教学。

根据学生的组织方式，可以把教学组织形式分为集体教学，小组教学，个别教学。

人们在讨论以学生的组织方式而进行分类的这三种教学组织形式时，如果没有特别说明，一般都是指由一位教师承担教学任务。当然，当两位或更多教师进行协同教学时，所教的学生组织方式仍然可以分为集体教学、小组教学、个别教学。本书在第八章中会对协同教学另作介绍。

三、教学组织形式的影响因素

教学组织形式受到多种条件的制约。

国家的教育投入、相关教育政策影响着学生的班级规模和在一个班级的课堂教学中可能出现的教师人数。

学生的认知发展水平、年龄、其他方面的障碍情况以及教学内容的性质与难度决定了学生在学习过程中需要得到的教师关注程度。

[①] 李秉德.教学论[M].北京:人民教育出版社,1991:224.

教室的数量、大小以及教室内的黑板、教学具数量影响着学生组织与分配的可能性。

此外,科学技术的发展,特别是计算机技术、网络科技的发展也给教学组织带来了新的可能性。

第二节 集体教学

一、集体教学的含义

集体教学,又称为大组教学,是指教师同时对一个大组(几十名)学生进行教学。

班级集体教学,又称班级授课制,是指按照年龄、智力水平或者其他条件把大致相同的一群学生编成一个班级,教师以固定的班级为基础来进行教学。

集体教学的组织形式产生于中世纪末期。班级授课制则产生于近代资本主义兴起的时代。15世纪末的欧洲,随着科学技术的进步,社会生产力迅速发展,为了适应社会生产力的发展对受教育人数及质量的要求,班级授课制应运而生。17世纪,捷克教育家夸美纽斯在其著作《大教学论》中总结了当时的教育经验,提出了班级授课制的理论。我国最早采用班级授课制进行教学的学校是1862年清政府在北京开办的京师同文馆。

传统的班级授课制除了强调教师面对一个班级的学生进行集体教学,还强调按照固定的课程表、统一的进度、以课时为单位并主要以课堂讲授的形式分科对学生进行教育教学。一般认为,班级授课制的基本特点是:第一,以"班"为人员单位,学生在班集体中进行学习,班级人数固定且年龄和知识水平大致相同;第二,以"课时"为单位,教师同时面对全班学生上课,上课有统一的起止时间和固定的单位时间;第三,以"课"为活动单位,把教学内容以及传授这些内容的方法、手段综合在"课"上,把教学活动划分为相对完整且互相衔接的各个教学过程单元,从而保证了教学过程的完整性和系统性。[1]本书认为固定的课程表、统一的进度、以课时为单位、课堂讲授的形式、分科教学等只是班级集体教学的常见现象,并不是其本质属性。

与班级授课制相比,集体教学并不刻意强调固定班级的概念。那些不属于固定班级的学生,按照某种条件(譬如,数学学业水平、学习乐器等)仍然可以组织在一起接受集体教学。

集体教学不同于小组教学、个别教学的地方,在于其学生数量较多。当然,集体教学的学生数量标准并没有明确的规定。而且,在特殊学校中,由于学生人数相比于普通学校的人数较少,接受集体教学的学生数量也相应地比普通学校的要少。

二、集体教学的优势与局限

(一)集体教学的优势

集体教学的优势主要表现在以下几个方面:

---

[1] 李秉德.教学论[M].北京:人民教育出版社,1991:224.

1. 提高教学效能

一位教师可以同时教许多学生,这充分利用了单个教师的教育能量,在师资有限的情况下可以让更多的学生接受教育。

2. 便于学生交流

许多学生在一起学习,便于教师与学生间、学生与学生之间进行多向交流,互相激励,有利于学生集体主义精神的培养,能促进学生个性的健康发展和社会适应能力的提高。

(二) 集体教学的局限

集体教学的最大局限在于教师难以关注到每个学生的需要。由于教师要面对人数较多的学生进行教学,在教学目标和内容上往往难以考虑到每个学生的情况,在教学进程和教学方法上也难以适应每个学生的需求。当学生的障碍程度比较严重、学生个体间的差异比较大时,集体教学容易"忽略"一些学生,难以做到因材施教。

三、特殊教育中的集体教学

在师资资源比较紧张的情况下,在普通融合教育学校、特殊学校等教学安置情境中,一位教师在课堂中面对许多学生进行集体教学仍然是一种常见的教学组织形式。从集体教学的教学目标和教学内容来看,特殊教育的集体教学中鲜见有所有学生的教学目标、教学内容都相同的情况,更为常见的是教学目标不同但教学内容相同与教学目标和教学内容都不同的两种情况。

特殊教育集体教学的第一种常见情况是,特殊学生之间或者特殊学生与普通学生之间存在一定的个体间差异但差异并不是很大,在课堂教学中虽然无法达成同样的教学目标,但可以学习基本相同的教学内容,所谓"异目标同内容"。由于学生学习同样的教学内容可以达成不同的教学目标,所以在这样的条件下进行的集体教学有可能是不同目标学生的教学进程是基本同步的,或者说教师可以在一个教学进程中满足不同目标学生的需求。

特殊教育集体教学的第二种情况是学生之间的差异较大,教学目标和教学内容都不相同。这时,教师就不可能在同一教学进程中对不同的学生呈现不同的教学内容。

上述两种情况下如何进行集体教学、提高教学的质量已经在"课时计划"一章中进行介绍,这里就不赘述了。

当学生障碍程度比较严重、特别是缺乏一定的自我管理能力时,教师是难以通过集体教学来满足不同学生的需求的。这种情况下,教师往往难以顾及到一些特殊学生,致使这些被边缘化的学生在课堂中"随班混读"。因此,应该增加学校的师资资源,通过小组教学、个别教学的形式对特殊学生进行教育教学。

第三节 个别教学

一、个别教学的涵义

个别教学是指教师对一位学生进行教学。常见的个别教学形式是一对一的个别教学,即一位教师对一位学生进行教学。作为一种常见的教学组织形式,个别教学广泛地运用在普通教育和特殊教育中,被视为对与班级学生差异较大的学生进行补救教学的最有效的方式之一。

个别教学不同于个别化教学。个别化教学是一种教育教学理念,是指教育教学要适应每个学生的特征,满足每个学生的需要。而个别教学是一种教学组织形式,强调教师只对一位学生进行教学。个别化教学可以通过个别教学、小组教学等多种教学组织形式来落实。

个别教学是教学的组织形式之一,是综合教学的一部分。当某个学生的学习出现下列情况之一时,可以考虑对其进行个别教学:1. 难以适应集体教学、小组教学的学习速度;2. 不能学习集体教学、小组教学同样的内容;3. 难以适应集体教学、小组教学的信息呈现方式。

二、个别教学的优点与局限

(一) 个别教学的优点

1. 个别教学可以给学生提供更适合的教学

在教学目标、内容、方法的选择上,个别教学能够便于教师充分考虑学生的需要、现有水平和学习特征,选择恰当的教学目标和内容,选择适合的信息表现方式和教学方法。

2. 个别教学可以使学生学得更快、更好

个别教学可以使单位时间里学生学习机会最大化。个别教学中,教师只需要关注一个学生,教师与学生能够有更多的互动。教师可以给学生呈现更多的信息,学生有更多的机会回应问题。教师可以密切关注学生的反应,及时发现学习过程中存在的问题,迅速做出反馈和调整。当学习机会增加时,学生获得知识和技能的可能性也随之加大。

个别教学中,特别是当整个教学环境中只有一位教师、一位学生时,教学信息等刺激的呈现更容易控制,其他因素对教学进程的干扰会降低到最小程度。

个别教学作为集体教学的一种补充形式,可以在早期阅读、技能习得等诸多领域有效促进学生的学习。

(二) 个别教学的局限

1. 个别教学中,由于一位教师只为一位学生提供教学服务,学生缺少与其他学生进行沟通交往的机会,缺少观察学习的机会。学生在个别教学中不能得到来自同伴的社会强化物或者发展这些类型的强化物。个别教学不利于发展学生的社会行为,也减少了学生融入其他同学正常学习活动的机会。

2. 学生在个别教学中所习得的技能常常不能泛化到其他情境或他人。个别教学通常是在严格控制的环境下进行的,学生往往难以适应其他不同环境的需求。

3. 个别教学需要更多的资源。个别教学中,教师只对一位学生进行教学。因此,如果要为每位学生提供个别教学的话,需要更多的教师,需要教师花费更多的精力。另外,个别教学要求环境相对独立、安静。因此,进行个别教学还需要更多的教学空间。

三、个别教学的类型

根据个别教学进行的时间以及教室是否有其他学生存在,个别教学可以分为独立的个别教学与嵌入式个别教学。

(一) 独立的个别教学

独立的个别教学是指在整个教学过程中,教师只对一位学生进行教学。独立的个别教学可以在集体教学的教室之外的场所进行,也可以在集体教学教室的一角或在学生的课桌上进行。

(二) 嵌入式个别教学

嵌入式个别教学是指在集体教学、小组教学的过程中,教师在对所有学生进行教学的间隙对某个学生进行教学。

由于嵌入式个别教学是利用集体教学的间隙时间进行的,因此,与独立的个别教学相比,嵌入式个别教学往往持续时间短,不能给学生提供系统教学,教学内容主要是澄清信息、回答问题或检查学生的理解情况。

四、个别教学在特殊教育中的运用

(一) 历史

如同在普通教学一样,个别教学在特殊教育领域的运用也已有很长的历史。个别教学最初主要是在机构类学校占主导地位。19 世纪陆续建立的招收视觉障碍或听觉障碍儿童的机构学校通常为学生提供个别教学。到 20 世纪早期,一些障碍学生被按照年龄、智力水平或者其他的特征组成特殊班接受教育。这样做的原因之一是个别教学过于昂贵,而班级集体教学可以集中资源,便于教师的教学。20 世纪六七十年代,特殊教育领域出现了一些新动向,关注每个特殊儿童的语言发展、行为矫正等问题的补救教学开始逐渐得到重视。个别教学作为进行补救教学的方式之一又开始得到重视。20 世纪七八十年代,很多学校为学业困难学生提供个别教学,取得了很好的成效。由于教师在集体教学中难以为学生提供系统的个别教学,一些学校开始聘请专门的教师、助教或志愿者等为学生提供个别教学。另外,个别教学在严重障碍儿童的教学中也得到广泛运用。[1]

(二) 实证研究

1. 个别教学与其他教学策略的结合

严重智力障碍学生的沟通、自我帮助等适应行为有很大障碍。而训练有素的教师使用恰当的教学策略可以帮助这类儿童获得相关技能。在一对一的方式下,教师可以密切关注学生的情况,及时予以反馈。因此,当面对严重智力障碍学生时,教师往往会在个别教学的形式下,采用分解式操作教学(又称为回合式教学)等教学策略来进行教学。教师使用一对一的分解式操作教学,可以以高度结构化的形式为学生提供清晰、明确的教学,提供恰当的提示,适时进行强化。这种多回合的教学大多以一种集中的方式教某个行为,只在两个回合间有短暂的停留。通过接受系统的个别教学,障碍学生可以

---

[1] Frey, N. The Rule of 1:1 Individual Instruction in Reading [J]. *Theory into Practice*, 2006, 45(3): 207-214.

掌握独立的或链锁的技能,可以获得预期的目标信息或非目标信息。需要注意的是,个别教学的组织形式仅是教学成功的条件之一。如果一对一训练教学过程管理不当的话,教学成效可能并不理想,甚至会强化学生的错误行为。

2010 年,安妮玛丽·凡·冯德仁(Annemarie van Vonderen)等人进行了一项研究:在对 4 名重度到极重度智力障碍学生(其中有 1 名学生被诊断为天使综合征,2 名学生为自闭症;学生的生理年龄为 4—9 岁,社会适应年龄为 0.4—1.3 岁)进行一对一的个别教学时,使用由教学、录像反馈等组成的训练包记录教师的正确反应和恰当行为的提升以及对 4 名重度到极重度智力障碍学生恰当反应的影响。研究在一个发展障碍学生的日间照料中心进行,4 名教师作为训练者参与了研究。4 名教师直接照料发展障碍学生的平均时间为 12 年。在此之前,3 位教师在一对一的教学或者提示程序上没有任何经验,1 位教师已经接受过一些分解式操作教学的训练。训练者在学生的教室或教室附近对学生进行适应技能(如挂大衣)或者休闲技能(如串珠)的一对一教学。教师根据每个学生的个别化教育计划来选择教学内容。教学每周 3 次,每次 15 分钟。培训管理者对所有教学进行录像,课后组织教师一起观看,指出其中需要改进的地方。训练结果揭示,教学和录像反馈组成的训练包有效地提高了教师在对严重智力障碍学生进行一对一教学时的正确反应提示和行为,有效提高了被训练学生的反应正确率(平均提高了58%)。该研究说明在一对一的教学组织形式下对学生进行有效教学是可行的,而且教师的相关教学策略经过培训是可以提高的。[1]

2. 融合教育情境中的个别教学

随着融合教育的发展,大量特殊儿童在普通班级学习。由于在普通课堂中对学生进行嵌入式个别教学比学生抽离出来到特殊班级或资源教室里进行辅导更加自然,学生所承受的心理压力也相对较小,因此,一些研究开始关注在普通课堂对特殊学生进行嵌入式个别教学的有效性。

2002 年,麦克唐奈(McDonnell)等人研究了在普通班级使用嵌入式教学教 4 名中度智力障碍学生学习读或理解词语表中的单词。特殊教育助教在普通班级的课堂中根据自然进行的教学活动适时对特殊学生进行教学辅导。研究结果表明,嵌入式教学可以帮助学生获得和保持目标技能。研究还说明,助教可以在普通课堂的自然情境中为特殊儿童进行嵌入式教学。[2]

那么,在普通班级课堂为发展障碍学生提供分解的、多回合的嵌入式个别教学是否与在特殊班级中所进行的集中、密集的个别教学一样有效呢?

2007 年,詹姆森(J. M. Jameson)等人比较了在普通班级进行嵌入式个别教学与在特殊教育班级进行集中式个别教学的成效。被试是 4 名智力障碍中学生,其中 2 位学

---

[1] Annemarie van Vonderen, Charlotte de Swart, Robert Didden. Effectiveness of Instruction and Video Feedback on Staff's Use of Prompts and Children's Adaptive Responses during One-to-one Training in Children with Severe to Profound Intellectual Disability [J]. *Research in Developmental Disabilities*, 2010, 31: 829-838.

[2] McDonnel, J., Johnson, J. W., Polychronis, S., et al. The Effects of Embedded Instruction on Students with Moderate Disabilities Enrolled in General Education Classes [J]. *Education and Training in Mental Retardation and Developmental Disabilities*, 2002, 37: 363-377.

生还有唐氏综合症。这些学生每天至少有2个小时在与其年龄相当的普通班级学习,有部分时间在独立的特殊班接受教育训练。学生所在普通班级的教师同意在普通班级的课堂教学中由助教为特殊儿童进行嵌入式个别教学。1名特殊教育教师、1名特殊教育助教对学生进行一对一的个别教学。所有学生的教学目标都选自特殊学生所在普通班级的普通教育课程,并且都是学生各自IEP中的目标,与学生目前的功能水平相适应。每个学生的教学内容分成相等的两个部分,一部分内容接受普通课堂的嵌入式个别教学,另一部分内容接受特殊班的集中式个别教学。两种形式个别教学每天的时间量相等,教学程序一致。其中,普通课堂的嵌入式个别教学是在普通课堂教学环节的转衔、间歇以及其他自然出现的机会分散进行的。特殊班的个别教学集中进行,中间没有停顿或间歇。研究结果表明,两种个别教学形式对学生目标的学习都是有效的,但两者对不同学生的影响也有不同。2位学生在集中式个别教学中更快地达到标准,而嵌入式个别教学对1位学生更有效,另1位学生的两种教学的成效没有差异。研究表明,对融合班级中的发展性障碍学生进行嵌入式个别教学是一种有效策略,至少与在特殊班中进行集中式个别教学一样有效。特殊教育教师和经过少量培训的助教都能在普通班级的课堂对特殊学生进行嵌入式个别教学。[1]

3. 计算机辅助教学与个别教学

一对一的个别教学需要花费大量的教师资源。计算机软件能创设吸引自闭症儿童的有趣学习环境,声音、形象、动作等可以吸引学生的注意,激发学生的学习兴趣。因此人们尝试使用计算机辅助教学来教发展障碍学生学习多种学业技能。有些研究比较了计算机辅助教学(computer-assisted instruction,简称CAI)与教师的个别教学在特殊学生学习方面的成效。

1993年,陈申信等人比较了CAI与个别教学对于自闭症儿童的教学成效。被试学生是4名4—7岁的儿童,其中3名中国儿童,1名印度儿童。研究结果证明,CAI对不同儿童的教学成效是不一样的。但是一个明显的趋势是在使用CAI时被试学生对学习更感兴趣,学习动机更强,行为表现更好。这一结果与那些认为CAI会妨碍自闭症儿童社会技能发展的观点相矛盾。该研究的结果说明CAI对自闭症儿童是有效的。[2]

2000年,摩尔(M. Moore)等人比较了在年幼自闭症儿童学习词语时使用行为方案与教学软件方案的成效。教学软件方案与行为方案大致一样,但增加了有趣的声音、物体的移动等学生可以感知的特征。与单纯的行为方案相比,使用计算机软件学习词语时自闭症儿童更有兴趣、学得更多。[3]

尽管上述几项研究都发现自闭症儿童教学中使用计算机辅助教学更有效,但鉴于被试数量少、学生差异大等原因,这方面的研究还需再深入进行。

---

[1] Jameson, J. M., McDonnell, J., Johnson, J. W. A Comparison of One-to-one Embedded Instruction in the General Education Classroom and One-to-one Massed Practice Instruction in the Special Education Classroom [J]. *Education and Treatment of Children*, 2007,30(1):23-44.

[2] Chen, S. H. A., Bernard-Opitz V. Comparison of Personal and Computer-assisted Instruction for Children with Autism [J]. *Mental Retardation*, 1993,31:368-376.

[3] Moore, M., Calvert, S. Brief Report: Vocabulary Acquisition for Children with Autism: Teacher or Computer Instruction [J]. *Journal of Autism and Developmental Disorders*, 2000,30(4):359-362.

第四节　小组教学

一、小组教学的定义

小组教学是对学生进行差异教学的常用教学组织形式之一。

小组教学不同于小组学习。

对于小组教学的定义,不同学者的看法并不一致。概括而言,小组教学的定义主要有以下几种。

第一种定义认为,小组教学是教师对一个小组的学生进行教学。

小组教学是指教师面对一个小组的学生、在亲近的物理空间和氛围中进行教学。[1]

第二种定义认为,小组教学是一个小组的学生为完成共同的任务会进行合作学习。

小组教学是一种提高学生学习成果的有效教学策略。这种教学策略给学生提供了一个建设性的学习环境。小组被赋予一定的任务,每个学生必须与小组的其他成员一起合作,以确保任务的完成和所有小组成员的理解。[2]

小组教学有很多形式,但最常见的定义是一个小组的学生为完成共同的任务而在一起工作。[3]

显然,第一种定义强调教师所教学生的数量是一个小组,而第二种定义并不关注是否有教师教学,而是强调学生的合作学习。本书认同第一种定义。小组教学不同于小组合作学习或同伴指导。小组教学是一位教师面向一个小组的学生进行教学的教学组织形式。

二、小组教学的优势与局限[4]

小组教学作为一种教学组织形式,其优势与局限是相对于集体教学、个别教学而言的。

(一) 小组教学与集体教学的比较

1. 小组教学的优势

相对于集体教学,小组教学具有以下几个方面的优势。

首先,小组教学便于教师关注到每个学生。集体教学中,教师难以关注到每个学生。而小组教学中由于学生数量少,教师有条件及时评价每个学生的现有水平,了解每个学生的学习风格,关注到每个学生的需求。在此基础上,教师可以针对学生的特征与需求实施有针对性的教学,并能在教学过程中时刻监控每个学生的学习情况,及时提醒

---

[1] Rotholz, D. A. Current Considerations on the Use of One-to-one Instruction with Autistic Students: Review and Recommendations [J]. *Focus on Autistic Behavior*, 1990, 5(3): 1-6.
[2] Arndt, K. L. Small Group Instruction: High School Biology Students' Attitudes and Achievements [D]. Marshall: Southwest Minnesota State University, 2009: 13.
[3] Cohen, E. G. Restructing the Classroom: Conditions for Productive Small Groups [J]. *Review of Educational Research*, 1994, 64: 1-35.
[4] Cohen, E. G. Restructing the Classroom: Conditions for Productive Small Groups [J]. *Review of Educational Research*, 1994, 64: 1-35.

注意力分散的学生,根据学生的学习进程及时调整自己的教学。小组教学让教师在教学过程中更多地关注学生,而不是把重心放在按照预设的教学程序呈现教学材料上。每个学生都在教师的密切关注之下,从而有更多的时间关注学习任务,学习成效大为提高。普通儿童、特殊儿童在小组教学中的成效都优于集体教学。特别是那些注意力容易分散、在传统的集体教学方式下学习有困难的学生,在小组教学中能有更多的进步。

第二,小组教学有益于改善教学氛围。教学氛围会影响教师、学生的情绪和心理。相对于集体教学,小组教学由于学生人数较少,学生会更有安全感,教学氛围会比较轻松、愉快。在这样的氛围中,教师、学生的心理压力会减轻,从而能更加积极地参与教学的进程。有效的教学是热情的、自然的、友好的。由于小组教学的氛围轻松,教师的这些特征在小组教学中能够自然出现。情绪放松、心情愉悦的学生,会更敢于表达自己的见解。即使是在集体教学中安静、害羞的学生在小组教学中也会积极参与。由于学生的学习参与度高,所以小组教学中教师在教学管理与组织上所花时间较少,从而有更多的时间进行教学。

第三,小组教学有益于促进师生互动。在小组教学中,教师、学生处于一个相对密切的环境中,师生、生生间有更多的机会进行互动。学生有更多的机会回答教师的提问,教师能密切关注每个学生的状态与表现,及时做出回应。学生彼此间也有更多的交流,有更多的机会对其他同学进行"自然"的帮助。在一个小组学习过的同学会建立友谊,当他们出现在整个班级面前时彼此间会有一种亲密感。即使与其他同学有人际关系冲突的学生,在小组中往往也能与他人友好相处。

2. 小组教学的局限

相对于集体教学,小组教学需要更多的师资资源。而且,完全实施小组教学不利于学生班级集体主义意识的培养。

(二) 小组教学与个别教学的比较

1. 小组教学的优势

相对于个别教学,小组教学具有以下几个方面的优势。

第一,小组教学便于学生进行观察学习。观察学习是指通过观察他人的学习材料、学习过程与学习表现来进行学习。观察学习对提高学生的学习水平是很重要的。学生通过观察学习可以掌握大量的知识和技能。小组教学中,学生可以通过观察其他同学的学习表现而进行学习。如果小组中各学生的学习目标是有差异的,那么学生可以通过观察其他学生的学习情况而达成一些非预期的目标,获得非预期的信息。如果小组学生的目标是一致的,观察学习可以提高学习的速度和效率。轻度、中度、重度障碍者都可以从小组的观察学习中获益。当然,观察学习会受制于学生的能力和生理年龄。能力越差的儿童,观察学习的能力越弱。生理年龄与学生可以通过观察而学习的量有关。最年幼的儿童只能通过观察学习习得一些有限的特征。

第二,小组教学有益于提高学生的社会技能。小组教学中多个学生在一起学习,学生有机会学会关注他人,彼此间可以进行社会互动。这有助于提高学生的社会交往能力和沟通能力。小组教学中,学生逐渐学会如何与他人在同一环境中共处,学习轮流、等待等社会规则。小组教学还可以通过完成共同的任务或者协作解决问题来促进学生的自我尊重、团队合作意识和技能。这些都有助于学生更好地适应学校生活以及社会生活。

第三，小组教学有益于促进学生语言的发展。小组教学中，学生有更多的机会与教师、其他同学进行言语交流，倾听其他同学的发言。更多的言语沟通会促进学生的语言理解与表达能力的发展。在小组教学中，教师能听清每个学生的谈话，并提供及时、恰当的反馈。这种反馈及时回应学生方才所讲的话，对促进学生语言的发展是很重要的。通过反馈，教师可以鼓励、引导学生讲得更多、问得更多、学得更多。学生间的言语交流对于促进学生的语言发展也很重要。学生间的言语沟通更自然、流畅。如果小组中学生的言语水平有差异，那么低水平的学生通过与高水平学生的言语交流会提高自己的言语水平。

第四，小组教学有益于学生技能的泛化。在多元的自然情境中使用多种范例以及变化的刺激材料进行教学会提高泛化的水平。个别教学经常因其在技能泛化方面的局限而受到批评。过于单一的环境、严格结构化的教学程序往往使儿童在个别教学中所习得的技能难以泛化到其他情境。与个别教学相比，小组教学更加接近班级集体教学。它提供宽松的训练程序、社会强化的机会以及伙伴间社会互动的机会。相对于教师的强化，同伴间的鼓励更自然。因此，小组教学有益于学生技能的泛化。奥利弗（Oliver）等人（1981）发现，接受小组教学的儿童比接受个别教学的儿童多泛化45％。罗瑟兹（Rotholz）（1990）认为，在学生具备参与、关注的技能后，应该选择与自然情境更相似的小组教学法以促进泛化。

第五，小组教学的效率更高。效率要考虑学生习得行为的量、学习行为所需时间的量以及学习行为所需资源的量。与个别教学相比，小组教学中教师可以同时对两名及两名以上的学生进行教学，学生习得行为的量多而所需资源少，可以更有效地使用教师资源。小组教学中，学生不仅可以学习教师呈现的信息，而且可以通过观察同学、接受同学的辅导等途径获得信息，从而提高学习的效率。费弗尔（Favell）等人（1978）发现，小组教学在教师时间方面的效率是个别教学的3倍。芬克（Fink）等人（1980）发现，对年幼儿童进行小组教学在教师时间方面的效率是个别教学的2倍。虽然由于要关注多个学生的需求，小组教学的节奏比个别教学慢，课时时间比个别教学的长，但仍然少于所有学生个别教学的时间总量。因此，在学校师资资源紧张、教学时间与空间有限的情况下，小组教学是实施个别化教学的一个可能的选择。

2. 小组教学的局限

相对于个别教学，小组教学的局限主要有以下两个方面。

第一，小组教学要求学生具有参与小组学习的能力，而一些极重度的智力障碍儿童、严重的情绪与行为障碍儿童、自闭症儿童在接受教育的初期阶段可能缺乏在小组教学情境中参与学习、投入关注的能力。他们不仅自己在小组教学中无法获得成功，而且其行为问题可能还会妨碍小组的其他学生学习。

第二，小组教学对教师的要求更高。由于小组教学中教师需要关注不同学生的需求，因此，教师需要在教学准备时花更多时间了解每个学生的情况，在教学过程中需要做更多的努力保证每个学生的高效学习。

三、小组教学的组织与安排[①]

小组教学只是提供了一种提高教学质量的可能性,关键还在于教师在小组教学中如何进行恰当的组织和安排。

(一) 小组学生的数量

小组教学的最佳学生数量没有统一的规定。莫里斯(Morris)、斯莱文(Slavin)(2003)认为小组教学中 6—8 个学生可组成一个小组。芭芭拉(Barbara)建议小组学生的最大数量一般不超过 5 人。当学生人数为 5 个或者更少时,教师仍有可能关注到每个学生,确保每个学生都有参与小组学习的机会。坎普斯(Kamps)等人认为,在对自闭症和发展性障碍学生进行教学时,如果对由 2—6 名学生组成的小组进行教学的话,会更接近教师在一般班级课堂的教学选择。本书认为,小组学生的适当数量受学生水平、学习任务的性质与难度等多种因素的影响,两个及两个以上的学生便可以组成一个小组。严重认知障碍儿童的小组人数如果控制在 2—3 人,教学效果会更好。

(二) 小组学生的选择

教师要根据学生的现有水平、学习需求等因素精心选择小组成员。根据小组成员的特征,小组可以分成同质小组与异质小组。同质小组是指小组成员在某个方面有共同的特征,譬如,年龄相同,具有相同的学习特征,学习水平基本一致,或者在某个学习任务上有共同的困难。异质小组是指小组成员在年龄、学习特征、学习水平等方面是不同的。在异质小组中,低年龄或低水平的成员有更多机会向其他同学学习。当教师认为某个学生可以通过观察水平更高的学生的学习来提高自己的能力时,可以把他与其他水平更高的学生组成 1 个小组。有时,也可以根据一些其他因素选择小组成员。譬如,对于难以友好相处的学生,教师可以通过提供在同一小组学习的机会来增进他们的友谊。

(三) 小组教学课程内容的选择

坎普斯等人根据教师的实际经验和相关的研究结果总结了如何选择小组教学的内容,以确保小组教学能使学生高度参与、积极互动和有效学习。小组教学并不需要设计新的课程,而是要在已经存在的课程领域中选择那些适合小组形式的内容。已有研究证明,识字、基本概念学习、动作模仿、语言理解与表达、辨别任务、问候、游戏以及娱乐活动等社会技能适合进行小组教学。在选择小组教学的任务和内容时,还要考虑学生目前的表现水平。譬如,如果一个学生系鞋带时 80% 的时间需要身体提示,那么系鞋带这一任务就不是小组教学的一个好的选择。选择内容要考虑的另一个因素是该内容对学生而言是否具有功能性,特别是以小组形式完成时。职业的和语言的技能都是好的范例。职业市场很少有一对一的工作情境,因此,在职业教育课程中使用小组教学是个合适的选择,特别是对年龄较大的学生。小组教学不仅使学生能获得职业技能,而且也给学生机会学习那些职场必需的与工作相关的行为,如分享材料、在他人身旁工作等。此外,把语言技能的教学作为一个小组教学的内容也是很合理的。

柯林斯(Collins)认为,在选择教学内容时,教师需要考虑学生所学的技能以及需

[①] 于素红. 小组教学及其在特殊教育中的运用[J]. 中国特殊教育,2014(4):15—20.

要反应的刺激。教师有下列几种选择:(1)呈现同样的刺激(如,材料)教小组所有学生学习同样的技能;(2)呈现不同的刺激教小组所有学生学习同样的技能;(3)呈现相同的刺激教小组所有学生学习不同的技能;(4)呈现不同的刺激教不同学生学习不同的技能。

(四) 小组教学的类型

小组教学的类型安排能显著影响学生的学习机会和成效。教师需要根据学生的情况、学习任务的性质与难度等选择恰当的小组教学类型。常见的小组教学类型有小组轮流教学与小组同时教学两种。

小组轮流教学指教师轮流对小组的每个学生或部分学生进行直接教学。在教师对1名学生或部分学生进行教学时,其他学生进行观察学习。小组中的轮流教学有两种情况:一种情况是在整个教学过程中全体小组成员都在;另一种情况是已接受教学的学生逐渐退出小组。轮流教学中,小组学生的学习任务可以是相同的,也可以是有自己独立的任务。

小组同时教学又称为小组集体教学,是指教师同时对小组的所有学生进行教学。同时教学中,学生的学习目标可以是相同的,也可以是不同的。教师对所有学生的教学程序是基本一致的,向学生呈现的学习材料之类的刺激是基本相同或部分相同的,也可以根据学生的特征选择不同的材料呈现方式或者给予适当的提示。

四、小组教学在特殊教育中运用的实证研究

(一) 小组教学有效性的实证研究

罗斯等人(2003)研究了使用固定时间延迟策略(constant time delay,简称 CTD)教轻度障碍学生学习社会学中的词语拼写的成效。被试者是一所普通公立学校的3名轻度障碍小学生。其中,1名学生有注意缺陷和学习困难,1名学生有学习困难,1名学生有其他健康障碍。每位学生每天至少有1.5个小时在资源教室接受特殊教育服务,其他时间在普通班级学习社会学、科学、数学、计算机、音乐、艺术和体育等课程。3名学生的 IEP 中都有学习词语的目标。教学以小组的形式进行。每个学生需要学习12个词语。不同学生所学的词语是不一样的,以便让学生观察小组中其他学生的学习。研究结果说明,所有学生能100%准确拼写自己的12个词语并在随后的时间能够保持、泛化;所有学生都出现了观察学习和积极的反馈的情况。[1]

莱德福(Ledford)(2007)等人研究了在小组教学中使用 CTD 教6名自闭症儿童认识词语的情况。6名被试者都有语言障碍,在专门招收自闭症儿童的特殊班中就读,年龄范围为5岁9个月到8岁4个月,认知功能水平为32—48个月。所有学生先前并没有运用 CTD 程序的经验。教学由学生所熟悉的承担该班全日制助教工作的教师完成。研究结果表明,尽管这些学生被诊断为有社会意识和模仿问题,但在小组教学中他们能

---

[1] Ross, A. H., Stevens, K. B. Teaching Spelling of Social Studies Content Vocabulary Prior to Using the Vocabulary in Inclusive Learning Environments: An Examination of Constant Time Delay, Observational Learning, and Instructive Feedback [J]. *Journal of Behavioral Education*, 2003,12(4):287-309.

习得观察的和偶然的信息,而且所学信息在学习结束后能保持并泛化到自然情境中。[1]

卡纳汉(Carnahan)等人(2009)研究了如何在小组教学中创设促进自闭症儿童参与的学习环境。被试者是5名自闭症儿童,1名严重障碍儿童。学生年龄范围为6岁10个月—11岁5个月(平均年龄9岁1个月),功能水平低于同龄儿童2—5年,大部分时间都在普通学校的特殊班中学习。被试者除了学习低水平功能性学业课程外,正在学习促进表达交流愿望等功能性沟通技能。教学以小组的形式进行。教学内容是互动的阅读材料。教师使用视觉线索、音乐等互动阅读材料来代替单纯的口语信息。研究结果表明,与传统的朗读方式相比,在小组教学中使用互动的阅读材料能促进学生的参与。[2]

劳舍(Laushey)等人(2009)进行了一项多基线设计实验研究以探讨概念掌握程序(concept mastery routines,简称CMR)帮助4名高功能自闭症儿童掌握社会技能的成效。被试者为小学一到四年级学生,IQ值大于70或高于均值,每天至少有60%的时间在普通班级学习。4名被试的IEP目标都要求掌握与同伴交往的社会技能。干预以小组教学的方式进行。研究结果表明,在有正常学生参与的小组教学中使用CMR,能有效促进学生的反应,启动交往和识别情绪状态的能力。[3]

特其-伊夫塔(Tekin-Iftar)等人(2010)完成了一项对自闭症儿童进行小组教学的实证研究。被试者是3名在普通学校融合班级就读的自闭症儿童。1名被试者的年龄是8岁11个月(小学三年级)。另外2名被试者是双胞胎,年龄8岁7个月(小学二年级)。3名被试者都能阅读和书写,能做加、减、乘、除计算,具有大多数的生活自理技能。他们在与他人的社会互动并保持与他人的交流、完成食物和饮料准备、交通等日常生活技能方面有困难。研究中教师以小组教学(教师教1位学生时,鼓励另外2位学生观察)的形式综合运用渐进时间推迟(progressive time delay)、综合实例教学(general case training)和观察学习来帮助学生掌握准备3种食物和饮料的技能。每个教学阶段都包括直接教学和观察学习。研究结果表明,被试者能够获得并保持所学的目标技能,而且通过观察小组其他同学的学习能建立反应链,并能把所学技能运用到相似的反应链。[4]

米勒(Miller)等人(2011)的研究探讨了在小组教学中对社会技能障碍学生进行社会技能教学的成效。被试者是普通班级3名小学三年级学生,年龄在8—9岁。与同伴相比,被试者在学业和社会行为方面有障碍;在阅读教学时,表现出社会技能缺陷,与同伴相比有严重的脱离任务行为;对一般性的干预和大组(大规模)的社会技能干预缺乏

---

[1] Ledford, J. R., Gast, D. L., Luscre. D., et al. Observational and Incidental Learning by Children with Autism during Small Group Instruction [J]. *Journal of Autism and Developmental Disorders*, 2008, 38: 86 - 103.

[2] Carnahan, C., Musti-Rao, S., Bailey, J.. Promoting Active Engagement in Small Group Learning Experiences for Students with Autism and Significant Learning Needs [J]. *Education and Treatment of Children*, 2009, 32 (1): 37 - 61.

[3] Laushey, K. M., Heflin, L. J., Shippen, M., et al. Concept Mastery Routines to Teach Social Skills to Elementary Children with High Functioning Autism [J]. *Journal of Autism and Developmental Disorders*, 2009, 39: 1435 - 1448.

[4] Tekin-Iftar, E., Birkan, B.. Small Group Instruction for Students with Autism: General Case Training and Observational Learning [J]. *The Journal of Special Education*, 2010, 44(1): 50 - 63.

反应。由于单独的社会技能教学难以成功,实验中所使用的干预策略是把社会技能教学融入阅读教学中,教学方式是小组教学。实验设计是跨被试者多基线,实验分为基线期、干预期、保持期3个阶段。研究结果表明,干预后3名被试者的社会技能有显著提高,结合阅读教学的社会技能教学对学生社会技能的发展有积极影响。[①]

上述6项研究结果都证明在特殊儿童的教学中运用小组教学的组织形式并结合使用其他教学策略能有效促进儿童的学习。值得注意的是,小组教学并不是特殊儿童有效教学的充分条件。教学的成功还必须根据教学内容和学生的实际情况选择其他恰当的教学策略。在被试者方面,6项研究中有2项研究的被试者是轻度障碍儿童,4项研究的被试者是自闭症儿童。这说明即使是在社会交往方面处于弱势的自闭症儿童也可以参与小组教学。在教学内容方面,2项研究关注词语教学,2项研究进行阅读教学,1项研究的内容是社会技能,1项研究的内容是生活自理技能。这说明在特殊教育中小组教学可选择的教学内容还是比较广泛的。在小组学生的数量上,小组学生数量为3人的研究有3项,学生数量为4人、5人、6人的研究各有1项。6项研究的小组学生数量都没有超过6人,以3人居多。

(二) 小组教学与个别教学有效性比较的实证研究

6项研究比较了小组教学与个别教学在特殊儿童教学中的有效性。其中,有1项研究报告小组教学更有效,1项研究报告个别教学更有效,4项研究报告两种教学组织形式一样有效。下面按照研究结果的情况分别进行介绍。

1. 小组教学更有效的研究

伯奇(Bertsch)(2002)比较了个别教学和小组教学在自闭症儿童教学中的使用情况。被试者为3名自闭症幼儿(年龄为56—69个月),有严重的重复刻板行为。2名被试者能用单个词语或两个词语组成的短语表达需求。1名被试者语言表达能力有限,在实验开始时只会说"饼干"和用手势表达其他的需求。3名被试儿童都在专门招收发展障碍儿童的公立学校特殊教育班就读。被试者的选择标准是:(1)对听觉和视觉的信息能做出稳定的反应;(2)稳定的坐和参与行为;(3)动作或口头模仿;(4)有参与小组学习的能力,如对"每个人都这样做"之类的话有稳定的反应。所有被试者都接受小组教学、个别教学。教学内容是学习玩常见的玩具以及幼儿会遇到的其他物体,如喂娃娃吃饭、学青蛙跳等。每个被试者各有13项学习项目。两种教学都运用分散的任务呈现、对学生的参与进行强化以及经常轮流变化项目等策略。个别教学中,所有内容的教学都是教师以一对一的形式实施。小组教学中,57%的项目教师对1名学生进行教学,其他学生观察学习;43%的项目教师同时对小组成员进行教学。研究结果说明,小组教学比一对一教学更有效,学生掌握的速度更快。而且,小组教学在时间和资源方面更有效率。[②]

---

① Miller, M.A., Fenty, N., Scott, T.M., et al. An Examination of Social Skills Instruction in the Context of Small-group Reading [J]. *Remedial and Special Education*, 2011,32(5):371-381.
② Bertsch, K.M. A Comparison of One-to-one and Small Group Instruction for Young Children with Autism: Focus on Effective Teaching and Behavior Management. Dissertation for the Degree of Doctor [D]. Michigan: Western Michigan University, 2002.

2. 个别教学更有效的研究

贝克(Baker)等人(1990)比较了在教学习困难学生学习分数和拼写时小组教学与个别教学的成效。被试者是 6 名五年级的学习困难学生,智力水平正常。两种组织形式的教学内容和程序相同。研究结果发现,个别教学在技能的掌握上更有时间优势。在学习拼写时,接受小组教学的学生用时 570 分钟,而在个别教学中只需要 324.7 分钟。在学习分数时,接受小组教学的学生用时 253.3 分钟,而在个别教学中只需要 201.8 分钟。但两组学生从事任务学习的行为参与度都很高,没有显著差异。[1]

3. 小组教学与个别教学同样有效的研究

麦克唐奈(McDonnell)等人(2006)比较了在普通班级中进行嵌入式个别教学与在特殊班中进行小组教学的成效。被试者是 4 名有发展障碍的中学生。教学内容是词语的概念。每名被试者每天都接受嵌入式个别教学和小组教学。其中,2 名被试者上午在特殊班接受小组教学,下午在普通班接受嵌入式个别教学,另外 2 名被试者则是上午接受个别教学,下午接受小组教学。教学策略包括 CTD、区别强化、系统的错误改正程序等。小组教学与个别教学的教学内容和教学程序相同。研究结果表明,嵌入式个别教学与小组教学在促进学生目标技能的获得和泛化上具有同等效果。[2]

科洛齐(Colozzi)(2008)比较了使用同时提示策略教发展性障碍幼儿学习装扮游戏技能时小组教学与个别教学的成效。4 名被试者中,3 名被诊断为弥漫性发展失调,1 名为严重发展障碍。研究结果表明,在个别教学与小组教学两种教学方式中同时提示策略都能帮助幼儿获得、保持并在一定程度上泛化目标技能。[3]

西弗特兹(Ciftci)(2010)比较了使用同时提示策略对智力障碍学生进行颜色概念教学时小组教学与个别教学的成效。被试者是 10 名年龄在 4—12 岁,发展水平在 37—48 个月的儿童。被试者的选择标准是接受过学前教育,注意力至少能保持 5 分钟,能理解和遵照口头指导,能进行口语沟通,能在两种物体中选择一个。10 名被试者中,4 名被试者组成一个试点组,其他 6 名被试者组成一个实验组。试点组中,2 名被试者接受个别教学,2 名被试者组成一个小组接受小组教学。实验组中,3 名被试者接受个别教学,其余 3 名被试者组成一个小组接受小组教学。研究发现,所有学生都成功掌握了颜色的概念并达到了相似的水平。[4]

勒夫(Leaf)(2013)比较了使用分解式操作教学(Discrete trial teaching)策略教自闭

---

[1] Baker, J., Young, M., Martin, M. The Effectiveness of Small-group Versus One-to-one Remedial Instruction for Six Students with Learning Difficulties [J]. *The Elementary School Journal*, 1990,91(1):65-76.

[2] McDonnell, J., Johnson, J. W., Polychronis, S., et al. Comparison of One-to-one Embedded Instruction in General Education Classes with Small Group Instruction in Special Education Classes [J]. *Education and Training in Developmental Disabilities*, 2006,41(2):125-138.

[3] Colozzi, G. A., Ward, L. W., Crotty, K. E. Comparison of Simultaneous Prompting Procedure in 1:1 and Small Group Instruction to Teach Play Skills to Preschool Students with Pervasive Developmental Disorder and Developmental Disabilities [J]. *Education and Training in Developmental Disabilities*, 2008,43(2):226-248.

[4] Ciftci, H. D., Temel, Z. F. A Comparison of Individual and Small-group Instruction with Simultaneous Prompting for Teaching the Concept of Color to Children with a Mental Disability [J]. *Social Behavior and Personality*, 2010,38(4):479-494.

症儿童学习表达技能时小组教学与个别教学的成效,共有 6 名被试者参与了实验研究。被试者的选择标准是:被专业人员诊断为自闭症;IQ 值为 85 或以上;年龄在 3—8 岁;目前所接受的 ABA 干预中包括以个别教学和小组教学形式进行分解式操作教学。每名被试者要学习 12 种不同的技能。随机选择 6 种技能接受个别教学,6 种技能接受小组教学。研究结果表明,两种教学形式同样有效。[1]

上述 6 项研究只有 1 项研究结果是个别教学比小组教学更有效。更多的研究支持小组教学的有效性,小组教学至少是与个别教学同样有效。在小组教学更有效以及与个别教学同样有效的 5 项研究中,教学内容涉及简单游戏(2 项研究)、概念学习(2 项研究)、表达技能(1 项研究)多个方面,被试有自闭症儿童(2 项研究)、发展障碍儿童(2 项研究)、智力障碍(1 项研究)。值得注意的是,被试为自闭症儿童的两项研究中,一项研究的被试为高功能自闭症儿童,另一项研究的被试也具有参与小组学习的能力。被试为智力障碍儿童的研究也要求被试具有一定的学习和表达能力。

小组教学与集体教学、个别教学相比虽然有一些限制,但在满足学生差异、促进学生社会技能发展等方面也有明显的优势。相关实证研究也说明,小组教学在特殊儿童的教学中还是有效的。即使小组教学与个别教学同样有效,但由于小组教学在所需教师资源方面有明显优势,小组教学也应该成为优先的选择。因此,在教师资源有限的情况下,小组教学有广阔的运用空间。建议对那些不能适应集体教学,同时又具有小组参与能力的特殊儿童更多地开展小组教学。对那些暂时不具备小组参与能力的特殊儿童,可以先进行个别教学,然后逐步向小组教学过渡。当然,小组教学仅仅是提供了一种提高教学质量的可能性,教师还需要在教学中恰当运用其他教学策略。

讨论与探究

1. 调查某个特殊学校教学组织形式的安排情况,进行现状分析,并尝试提出优化教学组织形式的建议。

2. 观察不同障碍程度特殊学生在集体教学、个别教学、小组教学中的学习表现,讨论如何根据学生的实际情况选择恰当的教学组织形式。

---

[1] Leaf, J. B., Tsuji, K. H., Lentell, A. E., et al. A Comparison of Discrete Trial Teaching Implemented in a One-to-one Instructional Format and in a Group Instructional Format [J]. *Behavioral Interventions*, 2013, 28: 82-106.

第七章

教学策略（上）

教学策略是教师在教学过程中，为达到一定的教学目标而采取的相对系统的行为。[1] 教学策略对教学成效具有重要影响。

关于教学策略的涵义及其与教学方法的关系，不同学者的看法并不一致。

有的学者认为，教学策略等同于教学方法。有的学者认为二者有密切关系，但又有不同。李晓文（2000）等人认为，在教学实践中，教学策略往往表现为具体教学方法和技能的实施过程，但又不同于具体的方法和技能。不同之处在于：(1)策略性行为对于方法的施行是在明确的教学目标和教育理念支配和监控之下完成的，这就使方法带上了计谋的色彩。(2)教学策略性行为是在教学过程中的有效行动。要能够达到这样的境地，教学策略应该有其自身的抽象。(3)教学策略不是固定不变的，必须因地制宜，因人而异。[2]

本书认同李晓文等人的观点，教学策略不是固定不变的，而是要根据学生的需求、服从于一定的教学目标和理念。因此，本书不专门呈现各种教学方法，而是对特殊学生常用的一些教学策略进行介绍。

特殊儿童的有效教学需要解决两个方面的问题：一是如何采取恰当的策略让儿童在学习知识和技能时能从不会到会；二是如何采取恰当的策略满足学生个体间的差异。由此，特殊教育中常用的教学策略可以分为内容教学的策略和满足差异的策略。本章主要介绍直接教学、支架教学、交互式教学、精准教学四种内容教学策略。

---

[1] 邵瑞珍.教育心理学[M].上海：上海教育出版社，1997:80.
[2] 李晓文,王莹.教学策略[M].北京：高等教育出版社，2000:5—6.

通过本章学习，你能够：

1. 理解教学策略的涵义。
2. 了解直接教学的定义、理念与主要特征。
3. 了解支架教学的定义、理论基础与主要特征。
4. 了解支架教学的基本步骤。
5. 了解交互式教学的定义、理论基础与主要特征。
6. 了解实施交互式教学的基本程序。
7. 了解精准教学的定义、基本原理。
8. 了解实施精准教学的基本程序。

第一节 直接教学

直接教学（direct instruction），又译为显性教学、主动教学、指导性教学等。1966年，恩格尔曼（S. Engelmann）与其同事在伊利诺斯大学的一项助学金跟踪计划（Project Follow Through）中提出了"直接教学模式"（the Direct Instruction Model，简称 DI）。1976年，罗森斯海纳（Barak V. Rosenshine）提出了"直接教学"（direct instruction）这一术语。多年来，直接教学经过了大量实验的验证，在一些学校的课堂教学中得到了运用。特别是近些来年，随着以美国为代表的国家重视学生的基本知识与技能的获得，强调提高学生的学业成绩，直接教学又重新得到重视。直接教学作为一种既能让学生掌握基本知识与技能，又能满足学生个体间差异的教学模式得到了更为广泛的运用。[①]

一、直接教学的定义

尽管恩格尔曼及其同事发展的 DI 模式与罗森斯海纳所提出的直接教学在某些教学技术方面有所重叠（如，轻快的节奏，系统的程序等），但两者是有区别的。DI 模式是一个包括课程设计与教学实施的系统，而罗森斯海纳的直接教学只强调教学。

目前，人们对直接教学的定义有两种。

一种定义认为直接教学包括课程设计和有效的教学。该观点的倡导者认为教学的有效性始自恰当的教学目标。统一的目标难以适应每个学生的需求。他们希望设计一个教育体系，围绕每个学生的成绩调整课程和教学，从而使每个学生都在达成调整的标准时体验高度的成功。直接教学是为追求基本的教学目标而发展起来的一个教学技术系统，包括课程设计、教学策略、课堂管理、学生评价和教师教育的原则。

第二种定义只是把直接教学作为一种教学方法。直接教学法是一种小步骤呈现材

[①] 于素红.论直接教学[J].外国教育研究,2013(11):3—12.

料,停下来以检查学生的理解,引导所有学生积极、成功参与的系统的方法。罗森斯海纳认为,如果教师要求学生学会些什么,那么就应直接教给他们。直接教学是一种以教师为中心的策略,主要由教师来提供信息。教师的作用是以尽可能直接的方式把事实、规则和动作序列传达给学生。在直接教学中,学习的意思是参与、吸收教师直接呈现的观点、技能和信息。

鉴于选择恰当的教学目标和内容是提高教学有效性的重要因素,而且直接教学模式在长期的发展中已经积累了丰富的成果与经验,本书更认同第一种观点。本书认为,直接教学是教师根据学生的具体情况,精心选择教学目标和内容,分步骤明确呈现信息,提供强化和积极反馈,引导学生通过指导下的、独立的练习逐步掌握知识和技能的一种教学模式。

直接教学自产生以来不断地发展,在保持其核心原则的同时也在进化,以应对对学习者和学习的新理解。恩格尔曼及其同事发展的 DI 模式主要是依据行为主义心理学的原理,强调外显的反应、经常的明确的反馈、偶然事件的处理。在 20 世纪 70 年代到 80 年代中期,一些研究者吸收了当代认知心理学的观点,创造了直接教学的一些新模式。其中,罗森斯海纳(1979)的明确教学模式(explicit teaching model)、古德(Good)和格鲁斯(Grouws)(1979)的有效教学策略模式(strategies for effective teaching model)、亨特(Hunter)(1982)的设计有效课堂教学计划模式(design of effective lessons model)由于关注教学的前后联系,强调认知领域的学习,把学生可以观察的外显行为与内部的认知加工相结合而有很高的成功率,从而被广泛地运用在中小学的教学实践中。

二、直接教学的基本理念

直接教学的基本理念包括以下几个方面。

1. 所有学生都可以学习。直接教学认为,如果教师认真教学,每个孩子都能好好学习。教师应该对所有学生有高期望,特别要促进处境危险学生的进步。学生的种族、家庭背景、社会阶层或其他因素都不是低成绩的原因,学生不应因学习失败而受到责备。学生学习的失败被视为教师教学的失败,教师最终为学生的学习负责。虽然直接教学中教师把所要教的内容直接呈现给学生,但教师在课程设计和教学实施的过程中都要密切关注学生的需要才能使所有学生都学习成功。

2. 教学的核心是使学生掌握和运用基本的、基础的知识和技能,以发展其问题解决、批判性思维等更高水平的能力。

3. 教学信息的呈现应该是明确的、清晰的。如果教学呈现是清晰的、消除可能的误解、促进泛化的,那么将显著促进学习。

4. 学习困难学生的教学应该是高度结构化的,允许有大量的练习。如果想让学习困难的学生在学校取得成功,必须以更快的速度教他们(师生间的互动更多、教师教的比重更大)。直接教学可以促进低年级的处于危险状态的学生的学习,使他们能够赶上更有优势的同伴。

三、直接教学的主要特征

（一）精心设计的课程内容

直接教学的核心是高度精心设计的课程。除非和精心设计的课程建立联系，有效的教学实践是有限的。直接教学的主要目的是通过系统发展重要的背景知识、与新知识建立联系来提高学习的质量。因此需要对课程进行精心设计，选择恰当的课程内容以及内容的组织方式。

在选择课程内容时，直接教学强调选择那些在学科课程内部以及课程之间运用得最为广泛的、作用最为基础的概念和技能作为课程的核心内容。这些概念和技能对课程的学习是至关重要的，不同程度的学生都可以从中获益。直接教学还重视学习策略的教学。"关键是向学习者传授一种重要方法。""这种方法允许学生超越用于指导特定实例的方法，对他们从未在以前指导中遇到过的新实例或新情景做出正确反应。这类的重要方法包括教学技巧、知识概念、对内容的概括化以及其他知识结构。它使学生恰当地概括所学内容。"

在组织课程内容时，直接教学要求以明确、系统的方式呈现知识。课程内容的组织要遵循具体的程序，形成一定的系列，确保新知识建立在回顾、运用和掌握旧知识的基础上。在最开始发展课程时，教师会考虑到每个学生，特别是那些课堂中背景知识不足的学生。直接教学要求在进入新步骤的学习时，每个学生都应达到相应标准、具有相应的背景知识。为了适应那些学习较为困难学生的需要，直接教学依据以渐增模式分析和教学更小的技能可以使学生达到熟练程度的原理，运用任务分析法把课程内容进行分解。

（二）特别设计的教学程序

直接教学程序设计的基本设计思路是：在教学的初期阶段预先复习学生已具备的前提知识，然后教师向学生呈现信息，进行规则和策略的明确教学。

在进行规则和策略的明确教学时，教师精心选择指导规则或策略学习的系列范例，以提供多种类型的有不同的特征但都有一个共同的"同一性"的实例。为了保证高效率的教学效果，教育者必须清晰、简明、直接地将教学内容传达给学生。与教育者交流的细节取决于学习者的技巧和学科的特点，但是所有的师生交流最终都以实例的使用为基础。

当学生借助于范例对规则和策略有了基本的理解之后，接着呈现范例与非范例。当范例与匹配的非范例以背靠背的形式呈现、形成最小程度差异的配对时，学生通常能更快地学习概念。

上述直接教学程序的每一步都是公开的，以确保学生尽可能地成功学习。随着学生对信息的了解，教师逐步减少自己的指导和辅助，给学生更多练习的机会。教师要为学生提供进行独立练习的书面材料，鼓励学生练习指定的任务，直至学生能够快速、正确地完成练习。

实践中，直接教学的教学程序有许多具体运用的模型。2009年，休伊特（Huitt, W.）等人提出了一个重视课堂教学的每个步骤、重视教师与学生互动的直接教学程序模型。该模型把教学程序分为四个阶段：

1. 呈现阶段。在该阶段依照次序需要做五件重要的事：

（1）复习以前的材料和前提技能。教师引导学生复习以前学过的、与即将学习的新知识相关的或前提性的知识或技能。学生激活先前的知识是很重要的,这样他们更易与新知识建立联系。(2)说明将要学习的具体知识或技能。教师陈述教学目标,说明学生在学习活动中应承担的责任以及在学习活动结束时应该会做什么。清晰的目标是有效教学的重要条件,对教师的教和学生的学都很重要。(3)以陈述或体验的方式向学生提供为什么这些学习目标重要的理由或说明。教师说明为什么某项特定的目标对学生的掌握是重要的。当新内容或技能掌握后,教师可以要求学生更有效地从事某项活动,也可以引导学生讨论与新学习内容相关的其他班级或课程领域的任务完成情况。最终,重要的是让学生有参与学习进程的个人理由。(4)对所要学习的知识或技能进行清晰、积极的解释。教师向学生仔细介绍所要学习的内容或技能。这一步的重要指导原则是教师以有效的方式从一个分主题到另一个分主题,以小步子呈现新材料,建立新的分主题与先前的分主题的联系。教学信息的呈现应该是结构化的,对学生而言信息的组织是清晰而明显的。(5)给学生提供多个证明其对教师所教内容理解的机会。教师探究学生最初的理解情况。

2. 练习阶段。在练习阶段,主要有三个步骤:(1)学生在教师的指导和监控下进行练习。在该步骤中,学生在教师的直接监督下练习新学的知识或技能。学生可以自己、结对或以小组的形式从事练习活动。教师密切关注学生的活动,及时提供反馈。在这一步骤结束时,教师应该对每个学生对于教学目标的掌握情况有相当准确的了解。(2)学生独立进行练习,以证明自己对概念和技能的掌握情况。(3)阶段性的总结。阶段性总结也可与教师的提问、学生的独立练习结合。学生能运用最近和以前所学的知识和技能,完成任务或解决问题。

3. 测量与评价阶段。测量与评价阶段有两个步骤:(1)教师基于学生每日的基础搜集数据,进行形成性评价以决定学生是否进步。该阶段评估的主要功能是了解学生的掌握情况,及时决定是否需要进行补充教学。当学生在指导练习和独立练习中任务完成率低于90%时,应该进行补充教学。(2)每周、每双周、每月搜集学生长期效果的数据。在该阶段,教师搜集总结性评价信息以了解学生是否掌握概念和技能。常用的形式是单元测验或每周或双周的教学内容测验。其他的总结性评价的形式可能包括学期或年度测验。总结性评价应该与学生课堂学习的内容、形式、标准相称。

4. 监控与反馈。前三个阶段是以线性方式展开的,而监控和反馈则贯穿整个教学过程。教师密切监控学生的学习情况,根据学生的需要提供线索和提示,进行反馈和强化,以帮助学生理解重要信息,指示课堂教学的过渡、变化。在学生证明自己对知识的最初理解或者在指导性练习中,教师可以适当使用提示。在教学进程中,教师的提示应逐步减少,学生逐渐承担更多的责任。另外,提供有改正作用的反馈和强化是教师在课堂教学中评价学生的学习时随时都可以进行的。正确的和错误的回答都需要提供反馈。一个重要的原则是学生应该不仅仅听到或看到正确的答案,而且应该知道为什么某个答案是正确或不正确的。最常见的强化形式是教师的关注:点头、微笑或快速的评论。

(三) 有益于师生互动的教学安置与组织

第一,直接教学提倡使用小组教学的组织方式。

学生在前提知识诸备、学习新知识的能力等方面存在着明显的个体间差异。教学过程必须要适应学生的差异,必须为所有学生提供掌握教学目标所需要的充足学习时间。应对学生个体间差异的普遍做法是实施同质分组的小组教学。一方面,受教师资源等条件限制,学校难以做到为每个学生每天的即时需要提供个别的指导。另外,小组教学比一对一的教学更为有效,与大组教学相比又提供了更多的成人指导、关注、反馈和个别化教学的机会。小组教学可以增加学生的参与机会,增进教师与学生、学生与学生间的交流。

学生的需求是变化着的。学生的分组应该是灵活的、动态的。教师在教学过程中需要密切关注学生的进步情况。如果一个学生比小组的其他成员进步更快,那么他应该被安排到一个水平更高的小组。如果一个学生不能按照其他组员的速度发展,而且即使教师马上给予其帮助也无法使其赶上,那么他应该被调整到一个水平稍低的小组。课程的设计要使学生能根据自己的学习情况而转到其他不同成绩的小组。

第二,直接教学重视学生公开、积极的参与。

学生公开的反应是指学生在课堂学习过程中表现出的教师能够观察到的技能。公开的反应有助于教师及时了解学生是否参与了课堂学习以及学习的进展情况,便于教师及时对学生提供反馈,调整教学的进程。在教学中,教师要吸引学生积极参与,给予学生更多的公开反应的机会。激发学生公开反应的方式有很多,主要的方式是教师提问,学生回答。学生的回答可以是个别回答或者是集体回答。回答的方式可以是口头回答或者是书面回答。直接教学经常运用小组学生一致口述回答的方式,即在同一时间开始回答问题,而且回答问题时流畅、整齐。小组学生的一致回答,可以使教师能同时了解所有学生的学习情况,也可以使每个学生都更多地参与课堂教学,避免出现教师向个别学生提问、其他学生等待的现象。

第三,为了提高学生的参与效率,直接教学强调轻快的教学步伐。轻快步伐是指提问和回答的快速连续,强调有节奏的小组和个体反应。这对学业落后的学生尤其必要。教学的步子快,可以吸引学生的注意,保证学生在教学小组中保持兴趣、集中注意力,促进学生的思考,增加学生参与学习的机会,减少学生的行为问题。轻快步伐也允许教师在固定时间呈现更多的材料。如果为学习困难学生提供更多的有效运用技术和时间的教学,他们的学业成绩会有显著提高,甚至赶上同学。通过教师主导的快节奏教学,学生有更多时间进行有效学习,对学习有积极的情感,从而提高学业水平。

四、直接教学的适用范围

适用范围包括适用的课程内容和学生对象。关于直接教学的适用范围有两种不同的观点。

(一) 直接教学适用于所有课程内容、所有学生

直接教学适用于所有课程内容。直接教学是可以运用在不同课程领域以促进学生学习的一般方法。这样的教学不针对具体的内容,而可以运用到任何课程与任何教学策略。在美国1967—1995年实施的跟踪计划中,DI与其他12种教学模式结合使用。在该计划实施的早期,每年有120个团体的75 000名学生参与。该计划多项

测验的成绩说明,从促进学生参与学习到提高学生的基本阅读和数学技能、高级认知—概念技能、甚至自尊方面,DI都优于其他模式。直接教学产生的40多年来,已用于教学语言、阅读、数学、历史、高级思维(推理)、写作、科学、社会研究和法律概念等学科。

直接教学适用于所有学生。直接教学的倡导者恩格尔曼及其同事认为,直接教学能够提高所有学习者的学业成绩和积极的情感行为。尽管直接教学是从对处境不利学生的教学中发展而来的,但后来大量研究证明直接教学适合于各种类型的学生。斯坦因(Stein)等人(1989)对直接教学研究所做的回顾发现,不管学生的背景或年级水平如何,不管是在普通教育还是在特殊教育中,直接教学都是有效的。它减少了破坏性的课堂行为,提高了学生的成绩。直接教学是适合所有儿童的最有效的课程之一。

(二) 直接教学只适用于某些课程内容、某些学生

持该观点的人认为直接教学的使用应该是明智的、区别对待的、自我控制的。在过去的40多年中,直接教学被一些人过度使用,被另一些人恶意诽谤。直接教学并不适合所有的使用者、目标或学习者。直接教学不是治百病的药也不是祸根,它不应该统治课程和教学,也不应该不加区别地使用。

1. 直接教学只适合某些课程内容的教学

鲍里奇把学习结果分为两类:类型1为事实、规则和动作序列,类型2为概念、模式和抽象概念。类型1的结果经常代表在认知、情感和动作技能领域中复杂水平较低的行为。这些行为包括认知领域中的知识、理解和应用水平,情感领域中的注意、反应和价值化水平以及动作技能领域中的模仿、控制和精确水平……要最有效地实现事实、规则和动作序列的教学,可以使用被称为直接教学模式的程序。直接教学适合介绍概念,呈现系列知识,证明某个程序,教学不相关联的知识点或技能。它不适合概念的深刻理解,开放的、复杂的学习和更多的基于体验的、个人化的理解和问题解决。

2. 直接教学只适合某些学生的教学

直接教学并不适合在所有环境下的所有学生、所有教师或学校。该计划的长处在于帮助低年级学生掌握作为高水平技能基础的基本知识和技能。直接教学对低成就学生、特别是经济处境不利背景的学生更为有效。霍德等人认为,适合直接教学的学生包括:(1)独立学习的动机水平低;(2)在阅读、拼写或计算上没有达到功能水平;(3)在学习更复杂的技能所需要的基本技能时,能从结构化的练习中获益;(4)对可预见的(预先安排好的)教学方式反应好;(5)能在几个短时间阶段集中注意力;(6)对重复学习反应好;(7)当教室或小组很好地组织、安静、有序时,能反应好;(8)当信息以听觉和视觉同时呈现时,反应好;(9)对立刻的反馈和成功反应好。

也有人认为不能简单地根据学生的类型来判断直接教学是否适用。一所学校并不是一直使用直接教学的。在课堂教学的开始阶段,教师可能对要学习的新知识和技能进行明确的描述和示范。直接教学的使用还要根据学生在学习某项新知识时的已有知识水平。对于那些进入教学环境时对教师将要教的技能知道很少或一无所知的学生而言,直接教学的效果更好。

尽管人们在直接教学的适用范围上有着不同的观点,但大多数人都认同直接教学

适合特殊儿童的教学。虽然直接教学最初是为学习困难学生而设计的,但经实验发现其对特殊学生是有效的。直接教学由于在课程内容的选择与组织、知识的呈现方式、教学程序的设计与教学实施的组织上都充分考虑到每个学生的需要,因此特别适合那些学习有困难的特殊儿童。自直接教学产生以来,该教学模式在学习困难学生的阅读理解与写作、语言障碍儿童的阅读、智力障碍学生的阅读、自闭症儿童的基本学业技能学习与阅读理解、书写困难儿童的书写、行为不良学生的社会技能学习等方面得到了广泛运用。直接教学在普通班级、特殊班级的教学中都可以运用。直接教学运用在普通班级,可以提高严重障碍儿童的能力,使更多的学生能有效参与普通班级的活动。没有其他任何一种教学研究能取得直接教学研究这样的成效。

五、直接教学对教师的要求及应对措施

直接教学的基本理念是教学应使所有学生都获得成功。而在以集体教学为主要组织形式的教学实践中要达到这一点是有较大难度的。直接教学对教师的能力和教师资源都提出了更高的要求。

(一)教师应该具有较高的能力水平

在直接教学中,教师作为教学的领导者,需要设计课程和教学计划,进行结构化的教学实践,在教学过程中密切监控学生的反应,及时进行反馈,加快学习步伐,确保每个学生都能掌握所学的知识和技能。要达到这些要求,教师需要具有较高的教学能力和水平,特别是需要具备设计恰当的教学程序和进行完美交流的能力。

恩格尔曼等人(1982)以实验控制的方式看待教学,认为环境变量必须进行控制以便于只保留学习者一个变量。环境变量必须通过"完美的交流"加以控制。直接教学的目标是发展"完美的教学",即教学程序只有一个逻辑演绎。教学程序经过仔细设计以吸引学生对新知识的注意。每个单元的知识转化成为教师呈现知识的精准用词和具体范例。教学以一种清晰、明确、易处理可做到的方式进行。教学交流应该有助于学生恰当地进行概括、分析,正确地使用概念、判断和策略。

由于担心一些教师在教学设计方面的训练不足,不能有效地选择范例并按一定程序进行明确教学,一些商业设计的 DI 课程根据课程的内容给教师提供课堂教学计划的精确的脚本。这些脚本是写好后经课堂实验、再修改再实验的,直至初次呈现课堂教学内容的信息时 90% 的学生能够掌握。实践证明,由于精心设计的脚本提供了教学的基本程序以及重要内容必需的范例,使用这些脚本的教师课堂教学信息的呈现简明、连贯、清楚、符合逻辑,教师有更多精力监控学生的学习、及时提供反馈。当然,脚本仅仅是一个促进教师与学生间明确沟通的工具。教师根据学生的情况对脚本进行修改,或者使用自己精心设计的教学计划也可以在课堂上进行直接教学。

(二)直接教学要求更多的教师资源

直接教学要求教师在进入新步骤的学习时保证每个学生都具有相应的背景知识,在教学的每个环节要关注到每个学生的反应情况并及时给予反馈,为了提高教学效率、适应差异而更多地采取小组教学的组织形式。这些都对一位教师负责整个班级教学的传统模式提出了挑战。

为了满足直接教学对教师资源的需求,实践中一般有两种应对措施。一种措施是增加教师资源,两位或多位教师在一个班级里进行小组教学或协同教学。另外,可以考虑把计算机辅助技术运用到课堂教学中来。通过设计一定的计算机程序,依靠计算机为不同的学生呈现难度不等的信息,及时了解班级每个学生的练习情况,提供反馈,进行补救教学。借助于计算机的教学可以有效落实直接教学所有教学阶段中个别化和自定步调的要求。未来,直接教学将进一步与计算机技术结合,运用的范围会更加广泛,教学效率也会更高。

第二节 支架教学

有些时候,当教师采用直接教学法教学生掌握知识或技能时,有的学生还是不能理解和掌握。这时,教师需要给学生提供一些学习的支持。等学生在教师的支持下有了一定进步后,教师的支持也就逐步撤除了。这样学生就可以完成单凭个人努力所不能完成的任务。

一、支架教学的定义

支架,俗称脚手架,是指在建筑领域使用的、在结构或机械设施的建造、修理或清洁过程中举起和支持工人和材料的临时平台。

虽然"支架"(Scaffolding)一词最早是由伍德(Wood),布鲁纳(Bruner)和罗斯(Ross)创造性地运用于教学的,但这一概念的产生却早于他们。在俄罗斯,教和学的概念中有个单词"obuchenie"。直到20世纪70年代,英语中没有同等的词。这也许是因为在当时的英语国家中人们还把教和学作为两个独立的过程。在20世纪70年代中期,关于家长和孩子互动的研究开始丰富起来,西方学者开始熟悉维果茨基的学习理论以及其最近发展区的观点。在这些家长—孩子的研究中,研究者观察到一种不同的过程,其中一种的教和学是缠绕的。伍德、布鲁纳和罗斯(1976)极好地把家长和孩子间的互相帮助描述为支架(Scaffolding)。[1]

伍德等人把支架(scaffolding)一词作为一个隐喻来描述家长在幼儿语言发展中的指导作用,抓住了在学习过程中支持和指导的本质。

布鲁纳把支架描述为减少完成一些任务的自由程度的步骤,从而使儿童在获得的过程中能关注难的技能。

教学中往往包含着一种支架过程,能使儿童或新手解决没有帮助就无法解决的问题、达成没有帮助就无法达成的目标。这种支架由教师在学习开始时控制超出学习者能力的任务要素,从而让学习者集中精力解决在其能力范围内的那些任务要素。这样,学生就能成功地完成任务。然而,我们假设,相比于让学生在没有帮助的条件下完成任务,这样的过程会使学生学得更多。最终,接受支架教学的学生完成任务能力的发展速

---

[1] Rodgers, E. M., Rodgers, A. The Role of Scaffolding in Teaching [M]//Rodgers, A., Rodgers, E. M. (Ed.), *Scaffolding Literacy Instruction: Strategies for K-4 Classrooms*. 2004 by Heinemann.

度要超过其在没有帮助下的努力。

——Wood, D., Bruner, J.S., Ross, G. (1976)[1]

布鲁纳(1983)提出了支架教学(scaffolded instruction)这一概念,伍德(1988)等人将其进一步发展。

支架教学法简言之就是运用支架进行教学的方法,是指在教学过程中教师向学生提供支持以帮助学生完成一些独自无法完成的任务,并在学生能够完成任务后根据情况逐步减少支持,最终争取使学生能够独立完成任务。

格林菲尔德(Greenfield)(1999)认为,之所以使用支架这一隐喻,是因为建筑中的支架具有以下几个与教学中的支持共同的特征:支架提供支持;具有工具的作用;可以扩展工作者工作的范围;能让工作者完成没有支架不能完成的任务;都是工作者需要时可以选择的帮助。[2]

与建筑支架类似的是,认知支架使得学习者能够达到他们(没有支架)不能达到的目标。通过使用正确的词语或问题或其他设备,教师放置了一个支架,可以使学习者建构新知识,完成或改正不能完成的或错误的任务,或者回忆起忘记的知识。当建筑完工或修建完成时,支架要去除。在最终的产品中是见不到支架的。认知支架也是如此。当一种知识被学习和理解时,支架将不再出现。当然,支架的记忆可能还存在。学生最终成为自己的支架。自我支架(self-scaffolding)与元认知同样重要。[3]

什么是教学情境中的支架?

尽管支架这一术语用于教学情境已经有近40年的历史,但目前人们对教学情境中的支架还是有着不同的解释。

(一)视角一:支架是否需要教师与学生间的社会互动

关于教学情境中的支架是否需要教师与学生间的社会互动,人们有着不同的看法。

观点1:支架是为学生提供的各种类型的学习支持

一些研究者认为,支架为学生提供他们所需要的帮助,使他们在支持下能够完成不能独立完成的一项任务。他们把支架视为一个较为广泛的概念,涉及为学生提供的各种类型的学习支持,不管这些支持是通过社会互动还是通过使用软件工具。

施塔克(Stahr)(2008)把支架定义为:教师或指导者经由社会互动或者使用技术来给学生提供的外在支持。这种外在支持或支架能帮助学生完成没有帮助所不能完成的任务,促进学生的学习。[4]

在教育中"脚手架"是指一种辅助物,学生凭借这种辅助物可能完成其独立无法完成的任务。

---

[1] Wood, D., Bruner, J.S., Ross, G. The Role Tutoring in Problem Solving [J]. *Journal of Child Psychology and Psychiatry*, 1976, 17:90.
[2] Greenfield, P.M. Historical Change and Cognitive Change: A Two-decade Followup Study in Zinacantan, a Maya Community in Chiapas, Mexico [J]. *Mind, Culture, and Activity*, 1999, 6:92-98.
[3] Holton, D., Clarke, D. Scaffolding and Metacognition [J]. *International Journal of Mathematical Education in Science and Technology*, 2006, 32(2):127-143.
[4] Stahr, M.A. Differential Effectiveness of Two Scaffolding Methods for Web Evaluation Achievement and Retention in High School Students [D]. Kent: Kent State University, 2008:19.

脚手架可以有不同的种类：(1)教师模拟：教师可通过演示如何解题，为学生提供一个专家工作的具体实例；(2)出声地思维：有能力的教师在模拟解题过程时，还可以出声地思维。这一技术有助于学生在自己搅尽脑汁思考问题的同时，直接读取教师的思维方法；(3)问题：当学生解决任务时，教师可以运用问题向学生提供援助，帮助学生集中注意并提供新的思路。

以上是互动型的脚手架。除此以外，教师还可以通过改编教材向学生提供脚手架，改变任务的要求就是其中的一种形式。例如，在教学生根据所阅读的教材提问时，教师可以先要求学生根据一个个句子提问，然后根据段落提问，最后根据完整的一节提问。此外，教师还可以通过书面或口头的提示与暗示来提供脚手架。[1] 随着科技的发展特别是计算机技术的发展，上述多种类型的支架都可以使用计算机软件来呈现。

观点2：支架是教师（专家）对学生（新手）的支持

持该观点的研究者认为支架必须通过社会互动来完成，需要由教师（专家）与学生（新手）直接互动、提供支持。

普塔曼贝卡(Puntambekar)等人(2005)把支架教学定义为在教室的情境中，教师与学生的直接交流使得教师能持续评估学生的理解情况，并据此提供支持。当学生准备好时，教师最终要撤除支持，从而使学生自己完成任务。[2]

贝克尔(L. E. Berk)等人(1995)认为，支架式教学是"在共同的问题解决活动中，教师和儿童之间温暖的、愉快的合作，在这种合作过程中，教师通过提供敏感的、适当的帮助，促进儿童发展，当儿童技能提高时，让他们承担更多的责任，从而支持儿童的自立、自治、自主、自发性"。[3]

持第二种观点的研究者把支架教学视为一个动态、双向的过程。提供支架的目的是支持学生直到他们能独立运用新的技能和策略。这意味着随着学习的责任从教师转向学生，需要逐渐减少支持、逐渐增加学生的责任。换言之，支架教学意味着教师肯定他们的学生需要支持以成功地完成任务。当学习新的或难的东西时，学生需要更多的帮助。一旦他们开始能完成任务，则要逐渐去除支持。通过恰当的支架教学，学生对自己的学习承担了更多的责任，成为更独立的学习者。教师减少支持、滴定帮助、随时改变指导，从而逐渐把任务责任转移给学习者。[4]

普塔曼贝卡和胡布舍尔(Hubscher)(2005)特别提醒，反对依靠单一的工具来作为支架，因为不是所有的软件工具在学生内化任务程序时都能退出。他们强调，进行性的诊断、逐渐减少支持以激励学习者自我管理是支架教学法的重要特征。[5]

---

[1] 高文.维果茨基心理发展理论对教育教学实践的影响—维果茨基思想研究之三[J].外国教育资料，1999，5：46-50.
[2] Puntambekar, S., Hübscher, R. Tools for Scaffolding Students in a Complex Learning Environment: What have We Gained and What have We Missed? [J]. Educational Psychologist, 2005,40(1): 1-12
[3] 王海珊.教与学的有效互动——简析支架式教学[J].福建师范大学学报(哲学社会科学版)，2005，130(1)：140-142.
[4] Larkin, M. J. Providing Support for Student Independence through Scaffolded Instruction [J]. Teaching Exceptional Children, 2001, Sept./Oct., 30-34.
[5] Puntambekar, S., Hübscher, R. Tools for Scaffolding Students in a Complex Learning Environment: What have We Gained and What have We Missed? [J]. Educational Psychologist, 2005,40(1): 1-12.

(二) 视角二：支架所支持的内容

狭义的支架教学：在外语阅读教学中使用，帮助建构图式。

斯特赖克(Stryker)和利维(Leaver)(1976)把支架定义为提供背景知识以帮助学生建构图式，特别是帮助学生处理真正的信息并且促进对新信息的学习。这是对支架的狭义定义。图式活动主要在外语阅读教学中使用。[1]

广义的支架教学：教师对学生的支持不局限于语言的学习，而是可以运用在所有领域的学习。譬如，任德等人(1976)就把支架定义为帮助儿童或新手解决没有帮助就不能解决的问题，达成没有帮助就不能达成的目标。

M·O·道格拉斯(M. O. Douglas)和H. 片冈(H. Kataoka)(2008)认为，上述定义不管是狭义或是广义的，都缺少设计支架活动必需的实用性和专一性：前者没有提供活动的全面的清单，或者分类不清楚；后者没有提供一个在语言教学中发展教学活动的基础。他们需要建构一个切实可行的定义和概念框架以在设计和实施课程的支架活动时进行参考。基于先前文献的综合定义，他们把支架定义为一个包括以下要素的过程：

1. 教师或有能力的同伴提供暂时的支持，直到学习者可以独立完成一个相似的任务；
2. 证明一个学习的过程和参与合作的过程；
3. 使用互动的方式以鼓励学生与教师之间、学生与学生之间进行真正的对话；
4. 实施发展高级认知能力的活动而不是回忆事实。

道格拉斯和片冈的支架概念是以维果茨基的观点为基础的，那就是，所有的支架活动包括合作的学习体验，而且它们的设计需要使学习者在支架活动的引领下逐渐融入学习过程。[2]

二、支架教学的理论基础

支架隐喻的最初目的是很现实主义的，非理论的。戈登(Cazden)(1979)最早把它与维果茨基的社会文化理论中的最近发展区建立联系。虽然维果茨基本人从未使用"scaffolding"这个词，但后人认为支架教学很大程度上是建立在维氏理论的框架基础上。维氏的著作经常被那些在教育领域从事支架教学研究的人所引用。

维果茨基(1896—1934)是苏联早期杰出的心理学家，社会文化历史学派的创始人。产生于20世纪二三十年代的维果茨基的相关理论在苏联多次教育改革中都起到了十分重要的作用。60年代以后，维果茨基的学说在心理学的基本理论、发展心理学和教育心理学、社会心理学等许多领域都起了很大的作用，在全世界都受到重视。他的文集已被世界许多国家翻译出版。

支架式教学的理论基础主要是维果茨基社会建构主义理论中的高级心理机能理论和最近发展区理论。

---

[1] Douglas, M.O., Kataoka, H. Scaffolding in Content Based Instruction of Japanese [J]. *Japanese Language and Literature*, 2008, 42:337-359.
[2] Douglas, M.O., Kataoka, H. Scaffolding in Content Based Instruction of Japanese [J]. *Japanese Language and Literature*, 2008, 42:337-359.

(一) 高级心理机能的社会起源理论

维果茨基认为,心理机能有两类:一类是低级心理机能,如感觉、知觉、不随意注意、形象记忆、情绪、冲动性意志、直观的动作思维;一类是高级心理机能,指观察力、随意注意、词的逻辑记忆、抽象思维、高价情感、预见性意志等。两种心理机能是两条完全不同的发展路线(种系发展与历史发展)。高级心理机能起源于社会,是通过人与人的交往而形成起来的。人的高级心理机能是受社会制约的。[1]

学习是发展儿童高级心理机能的重要途径。维果茨基认为,学习和认知发展是以文化和社会为基础的。换言之,学习是一个社会过程而不是个人过程,是发生在个体间的互动中的。他认为学习是在交流的过程中进行的,在交流过程中分享知识,在文化背景中建构理解。儿童的基础心理机能通过与更有学问的成人和同伴的互动才能转化为更高级的认知机能。儿童在学习过程中并不是孤立地探索环境,而是通过和成年人或者老师以及更有能力的同伴进行有组织的社会互动活动来逐步提高认知水平、掌握交际技能并进而承担更大的责任。[2]

维果茨基特别强调家长、教师等成人在引导儿童学习文化、适应环境等方面的任务。成人引导儿童语言的发展,提高对外部世界的认识水平。当成人与儿童的关系安全、可靠时,儿童接受、吸收成人的知识。这种成人与儿童间的信任、积极的社会互动使得成人的知识和逻辑思维能帮助儿童提高学习水平。

学习相互作用的实质是经由更有能力的人的引导使学习者能够进入一个文化。学习是一个社会和文化的过程的主张是支架教学理论基础的核心。在教学中,教师和学生进行社会交往和互动,教师根据学生的实际需要提供恰当的支持。这些支持就是帮助学生完成任务的支架。正是教师与学生间的社会互动,才能使教师知道学生完成任务的困难所在,知道提供怎样的支持是恰当的,知道何时撤除支架是适合的。

(二) 最近发展区理论

与皮亚杰发展导致学习的观点不同,维果茨基认为学习导致发展。维果茨基注意到儿童的学习水平更多反应的是他们在帮助下可以做什么,而不是独自可以做什么。这促使他提出了最近发展区的概念。

维果茨基认为,最近发展区是学习过程的一个关键因素。他把最近发展区定义为:由学习者独立解决问题所决定的真正的发展水平和由在成人指导或与更有能力的同伴合作者所决定潜在发展水平间的距离。根据自己的研究结果,维果茨基认为成人或有能力的伙伴与儿童在最近发展区的相互作用能帮助儿童达到更高水平的心理机能。当教学发生在学习者的最近发展区时,学习者会学得最多。

对教育而言,最为重要的是最近发展区建议了新的学习将出现的上限和下限,或者区域。如果教学过难,或者程度太高,学习者可能失败或者拒绝学习。如果教学太容易,学习者没有接受任何挑战,只是简单地不学习任何东西。当学生在最近发展区里工作时,学习才能发生,而且教师通过扮演支持者的角色,能帮助学生扩展他们目前的理

---

[1] 龚浩然.维果茨基关于高级心理机能的理论[J].心理学报,1985(1):15—22.
[2] 王涛.维果茨基的社会建构主义及文化观[J].广西社会科学,2006(12):159—162.

解和知识。① 因此，教学绝不应消极地适应儿童智力发展的已有水平，而应当走在发展的前面，不停顿地把儿童的智力从一个水平引导到另一个新的更高的水平。②

那么，最近发展区是由什么决定的呢？

最近发展区的概念虽然在教育领域被广泛接受，但往往有不同的解释。

一些人把最近发展区解释为一种个人的特征，是每个学习者都拥有的东西，可以从一种情境带到另一种。

维果茨基把在最近发展区的学习看作是唤醒儿童的各种内在的发展程序。最近发展区出现在儿童与他的环境中人们的社会互动中。维果茨基把学生的现有水平称为"芽"或"花朵"。教师识别"芽"，监控其表现，培育其成为"果实"，从而使学生穿越他们的最近发展区。

本书认同维果茨基的观点。最近发展区不是学习者的一种固有的特征，而是学习者在共同参与一项具体的活动时通过互动所产生的一种学习的潜能。最近发展区是在学习者与教师共同参与的活动中形成和发展的。随着问题得到解决、解决办法的形成，进一步的学习潜能得到扩展，最初没有预料的新的可能性出现了。因此，最近发展区是通过教师和学生共同参与完成一个具体的任务时发生的谈话而共同建构的。这是那些任务或事件的特征，而不是学习者的特征。这也意味着随着任务的展开，最近发展区的上限可以变化。换言之，有效的支架可以扩展最近发展区的上限，使学习者超越他们认为自己能够达到的水平。③

M·施塔克(Stahr, M.)(2008)认为在一个建构主义的课堂情境中，最近发展区是由学生的发展水平和教学结构所决定的。随着教学的推进(在教师指导下的学习)，学生可以完成那些他们独自无法完成的任务。每个学生的表现潜能的范围是取决于社会环境的。④ 当然，如果教学内容太难，超出了学生的最近发展区，那么即使在教师的指导下学生还是难以完成任务。

支架就是在最近发展区为促进学生的学习而设计的帮助。当学生学习在其最近发展区内的概念或策略时，师生之间、生生之间进行互动，教师或能力较强的同伴向学习者提供支架。这样的支架提供了支持或帮助，从而使学习者掌握那些他们独自所不能掌握的知识或策略。

教师作为典型的更有能力者，不仅要通过自己的帮助给儿童造就最近发展区，更要通过自己的支持使儿童跨过这个最近发展区，从而使这种发展的潜能变为现实。当儿童已获得相应的能力、能够独立解决某一学习任务时，教师就会撤走支持，让儿童承担起全部责任，此时也就标志着儿童已跨过这一最近发展区，达到了新的发展起点，同时

---

① Jennifer, H. Scaffolding: Teaching and Learning in Language and Literacy Education [EB/OL]. Http: //eric. ed. gov/PDFs/ ED456447. pdf.
② 何克抗. 建构主义——革新传统教学的理论基础(二)[J]. 学科教育, 1998, 4: 17—20.
③ Jennifer, H. Scaffolding: Teaching and Learning in Language and Literacy Education [EB/OL]. Http: //eric. ed. gov/PDFs/ ED456447. pdf.
④ Stahr, M. A. Differential Effectiveness of Two Scaffolding Methods for Web Evaluation Achievement and Retention in High School Students [D]. Kent: Kent State University, 2008.

也就有了新的最近发展区。①

三、支架式教学的特征

对支架教学持不同观点的人,对支架教学的特征也有不同看法。下面分别介绍伍德等人、高伟玲(Hwee Ling Koh)(2008)和麦肯齐(McKenzie)(2000)的观点。

伍德等人认为支架有6个主要的功能。它们是:②

1. 征募新兵(recruitment):吸引学生参与一个感兴趣、有意义的活动。
2. 减轻负担(reduction):以易处理的方式发展活动。
3. 保持:保证儿童关注任务而且在寻找解决问题的方式。
4. 标记:强调活动的主要部分。
5. 控制:减轻活动的受挫水平。
6. 示范:为儿童提供一个解决方法的模式。

高伟玲(2008)强调支架教学中教师与学生间的社会互动。他认为,与社会—文化理论的联系使得支架的发展超越了一个教学的隐喻。教学情境的支架具有以下四个特征:③

1. 共同参与

支架的特征是教师和学生在学习过程中的积极参与。这是通过社会协商的共同建构,并不是由教师单独主宰的。在学习中有主体间性(intersubjectivity),或者分享对所学习的任务的理解。学习者认识到任务的关键,而不是简单地遵从教师的命令。

2. 社会互动

社会—文化理论的一个核心理念是学习及随后的发展是通过社会互动才出现的。早期的支架教学研究关注的是成人(或教师)与儿童(或学生)之间一对一的互动,帕琳萨(Palincsar)(1998)建议在学习背景中诸如同伴等其他因素也会支持学习。

3. 责任的转移

支架的目的是使学生独立完成任务。教师在教学的起始阶段可能通过明确的示范和反馈来在指导学习方面扮演着核心角色。然后,他们有意地逐渐减少支持,从而使学习的责任和任务最终转移给学生。如同建筑不依靠支架能够站立时需要撤去支架一样,支架教学过程的特征是一旦学生能内化任务时就要逐渐去掉支持。

4. 帮助的滴定

为了有效地把责任转移给学生,教师需要通过对学生理解任务要求的情况进行诊断来提供滴定(Titration)的帮助。他们还使用不同的支架或支持来促进任务的完成。

麦肯齐(2000)提出网络教育的支架至少有以下八个特征:④

---

① 赵南.幼儿教师应如何理解和实施支架教学[J].学前教育研究,2003(12):8—10.
② Wood, D., Bruner, J. S., Ross, G. The Role Tutoring in Problem Solving [J]. *Journal of Child Psychology and Psychiatry*, 1976, 17:89-100.
③ Hwee Ling Koh. *The Use of Scaffolding in Introductory Technology Skills Instruction for Pre-service Teachers*. Lawvence: Indiana University, 2008:6-7.
④ McKenzie, J. Scaffolding for Success [M]// McKenzie, J. (Ed.), *Beyond Technology: Questioning, Research, and the Information Literate School Community*. Bellingham: WA: FNO Press, 2000.

1. 支架提供明确的指引

网络基于研究提供一步步的指引,说明学生必须做什么以达成学习活动的期望(目标)。教学的设计者努力预先思考任何可能存在的问题或不确定性,写出容易操作的指引以将困惑减少到最小,从而使学生更清楚、更快地进行有益的学习。

学习的经验应该是先前证实的,预先思考了任何可能导致错误的因素并尽可能排除这样的因素。

2. 支架阐明目的

"我们为什么要做这个?"

支架在前面提出目的和动机。支架教学不是呈现给学生类似政府报告的较为空洞的学校规则,而是追求意义和价值。通过提出重要的问题,支架帮助学生关注"正片"(big picture)最重要的、核心的。

"我们关注的这个问题是因为它对人类重要。"

这里没有"没意义的追求"。

学生早就被告知这个秘密。他们被告知为什么这个问题、议题或决定是重要的,为什么他们要关注这个问题。他们不是简单地集合,不能陷入无知活动的陷阱。他们的工作是目的明确的、有计划的。他们的每次行动都是思考的过程,为了意义的发现和洞察力的发展。

传统的学校研究过于关注聚集(collection),而支架教学要求持续的分类和过滤,如同猜谜过程的一部分——把新的信息与先前的理解进行结合以建构新的知识。学生增加、伸展、改善、精心思考。这就好像是他们在修建一座从先前的知识通往正在关注的问题或议题的更深入、更明智、更精明的认识的桥。

3. 支架使学生关注任务

通过为学习者提供一条路径,支架教学某种程度上就像一条山路的安全栏杆。在这一界限内学生可以练习大量的自行决定,而没有偏离路线的危险。每次当一位学生或一组学生被要求沿着一条小路前进时,(前行)步骤都有个大的轮廓(提纲)。学生可以沿着路线前进,不需要徘徊、迷路或出错,不必担心超出边界。

这比简单印在纸上的说明更加重要。基于网络的课程提供了与整个教学的每一步骤一致的结构和指导。同时,活动的进展也在掌握中,学生如同经过一个花园,每个网页就像是板石。可以漫步经过花园的路不止一条,但没有一条路会把他们引到丛林、沼泽或虎穴。

4. 支架提供了澄清目标的评价

支架教学最初提供他人优质作品的范例,也即是从一开始就向学生呈现了优秀的规则和标准。如果不清楚说明标准,学生很难知道优质作品的构成。

5. 支架向学生提供有价值的资源

很多教师抱怨网络充斥着大量莫名其妙的、无说服力的、不可靠的信息,这些信息使人们不能关注到那些最有价值的信息。教师担心学生花大量的时间关注无用的信息,因此会预先浏览网站,向学生提供有价值的网络资源清单。在这里,教师提供的资源清单就是支架,帮助学生更好地关注有价值的信息。

6. 支架减少不确定性、意外和失望

支架教学的操作设计概念是"特氟隆课"(teflon lesson)——没有卡住、没有烧伤、没有麻烦。教学的设计者需要测验教学的每一步骤以发现可能出现的错误。这样做的理念是消除失败的困扰，目的是使学习和效率最优化。一旦准备对学生实施教学计划，那么一定要基于观察学生在真实活动中的表现所获取的新领悟对原计划至少进行一次修改。

7. 支架助产效率

如果做得好的话，支架教学会产生教师和学生难以相信的效率。

"我们好像在两小时完成了十小时的工作！"

"我们怎么做得这么多？"

与传统教学相比，支架教学的价值更为明显。传统教学的无关信息放慢了经过的时间。而支架教学一直关注任务的完成。

支架教学仍然需要努力工作，但工作很好地集中在需要上，没有浪费或摇摆。支架使工作努力、聚焦明确，所有时间都在完成任务。

8. 支架创造了动力

传统的教学中，很多能量会在徘徊阶段分散和消失。与此相比，通过支架的聚集和指引，能量可以真正地产生动力。这就好像是思维的雪崩，聚积了领悟和理解。

四、支架教学的基本步骤

支架教学是要在学生的最近发展区内，通过教师或他人的适当支持，使学生进行又快又好的学习。为达成这一目的，支架教学可以分成以下几个基本的步骤：

1. 制订恰当的教学目标

教师综合考虑所学课程的目标、学生的现有发展水平、学生的学习能力和需要等多种因素，制订处于学生最近发展区内且是学生目前需要学习的目标。

2. 搭建支架

在教学设计阶段，根据学生需要达成的目标以及学生的发展水平、学习能力与兴趣等多种因素，预先设想学生在学习过程中可能存在的困难，在教学进程的什么阶段提供怎样的支持，据此搭建支架。

3. 明确学习目标和步骤

在教学的起始阶段，教师向学生明确说明教学要达成的具体目标，提供优秀的范例，并具体说明达成目标的正确步骤、方法或路径。

4. 学习者在教师或他人的指导下进行练习

练习过程中，需要控制学习者失败的风险。每次出现的练习应是学生独立或在教师、他人帮助下能成功完成的。学习任务中，凡是学生能独立完成的部分，教师都要鼓励学生独立完成；凡是学生不能独立完成的部分，教师都要予以控制，给予积极主动的帮助……教师究竟应提供何种类型、何种程度的支持，取决于学生的最近发展区。既不能过多，以至有包办代替的危险，也不能过少，以至有旁观放任的嫌疑。[①]

[①] 赵南.幼儿教师应如何理解和实施支架教学[J].学前教育研究,2003(12):8—10.

在保证学生学习能够顺利进行的情况下,他人指导下的练习需要注意两个方面的问题:(1)练习的难度由小到大:开始时呈现简单的任务,然后逐步提高任务的复杂性;(2)教师或他人的支持由多到少,逐步提高学习者的责任:开始时的指导、支持多一些,然后逐步减少。在正常的课堂教学情况下,还可以由教师指导的练习逐步过渡到同伴支持或小组学习的练习。

5. 学生的独立练习

撤除支架,学生在没有任何外来支持的情况下进行独立练习。通过大量的独立练习,内化所学的知识和技能。根据知识和技能的具体情况,可以安排学生在其他情境中进行运用所学知识和技能的独立练习,以实现知识的泛化。

在整个教学过程中,教师或其他的指导者都要对学生的学习情况进行效果评价,并向学生提供及时反馈。

第三节 交互式教学

交互式教学(reciprocal teaching),又译为互惠教学、互动式教学。交互式教学是由研究者提出并发展起来的教学策略。1982年,Palincsar在其博士论文中首次提出了交互式教学,以提高英语为第一语言的学生的阅读理解能力。1984,帕琳萨(Palincsar)和布朗(Brown)对此进行了更为全面的描述。作为交互式教学的创始人,布朗和帕琳萨还为在不同情境中运用交互式教学作出了主要贡献。

自从帕琳萨和布朗在80年代早期开始在英语学习中使用该方法以来,交互式教学得到了很多关注,作为一种可以帮助阅读困难者提高阅读理解能力、成为独立阅读者的一套系统的训练策略,被许多研究者、阅读教师和教育工作者视为有效的教学方法。作为80年代发展的最著名的教学策略之一,交互式教学经过人们30多年广泛而深入的研究已经日趋成熟,备受认知学习理论和建构主义推崇,在实践中得到了广泛运用。

一、交互式教学的定义

1984年,帕琳萨和布朗提出交互式教学的定义:交互式教学是教师发挥专家作用使学生参与调解的(mediated)学习的系列程序。教师示范4种具体的促进理解和监控的活动——总结、质疑、澄清和预测——从而使潜在的过程公开、明确、具体。[1] 帕琳萨和布朗把交互式教学描述为:

一种程序……其中在阅读文本时,教师和学生轮流引领对话。开始时,教师完成总结、质疑、澄清和预测的主要活动。在教师示范这些活动时,学生被鼓励在任何他们能够的水平上进行参与。然后,教师在恰当的水平对每个学生进行指导和反馈。

1984年以来,随着交互式教学的发展与推广,人们对交互式教学的认识也不尽一

---

[1] Palincsar, A. S., Brown, A. L. Reciprocal Teaching of Comprehension-fostering and Monitoring Activities [J]. *Cognition and Instruction*, 1984, 1(2): 117-172.

致。迄今为止,交互式教学的定义可以分为以下几种。

(一) 一种阅读理解策略

1. 具体的阅读理解策略

塔卡拉(Takala)(2006)认为,交互式教学是指旨在使学生能够提高其阅读理解能力的认知策略的教学方法。[1]

加德仁(Garderen)(2004)认为,交互式教学是一种许多阅读专家倡导的发展阅读技能的结构化策略。交互式教学要求学生在阅读时预测所读的内容,质疑文章的观点,澄清遇到的困惑,总结主要观点。[2]

2. 元认知策略

罗森希内(Rosenshine)和密斯特(Meister)(1994)认为,交互式教学是一种直接教学生在理解文本意义时运用元认知思维的教学策略。[3]

阿尔韦曼(Alvermann)和菲尔普斯(Phelps)(1998)认为,交互式教学是一种强有力的理解监控策略,已经广泛地运用于提高英语学习困难者的阅读理解。该教学技术通过合作小组的讨论来帮助学生理解课文。使用交互式教学这一元认知的练习,鼓励学生反思他们自己的思考过程。[4]

3. 具体的阅读理解策略和元认知策略二者兼而有之

格拉泽(Glaser)(1990)认为,交互式教学是为能解码但理解文本困难的儿童设计的教学策略。在这样的教学方案中,学生不仅可以掌握具体的知识而且可以获得学习所必需的系列监控策略。[5]

(二) 一种互动的意义建构

嘉德(Carter)(1997)这样定义交互式教学:在新的阅读定义中把阅读的过程看作是互动的过程,是阅读者激活先前的知识与文本互动的过程。交互式教学就是与阅读的新定义平行的。使用先前的知识作为引导,读者学习新信息、主要观点和论点。更为重要的是,读者依靠先前的知识来构建意义,对照或证实作者的意思。所有优秀的读者都进行这样的建构,否则,内容将是无意义的,只是乱写在纸上的字母而已。没有意义的建构,学习不会发生。交互式教学是一种建构主义的学习模式。[6]

(三) 一种支架教学

支架教学的创始人帕琳萨和布朗认为,交互式教学是小组学生通过理解监控策略的支架教学来提高他们的阅读理解能力。在交互式教学中,学生首先体验专家所呈现的系列认知活动,然后自己逐步表现出这些功能。交互式教学被认为是支持学生的能

---

[1] Takala, M. The Effects of Reciprocal Teaching on Reading Comprehension in Mainstream and Special (SLI) Education [J]. *Scandinavian Journal of Education Research*, 2006,50:559-576.
[2] Delinda van Garderen. Reciprocal Teaching as a Comprehension Strategy for Understanding Mathematical Word Problems [J]. *Reading and Writing Quarterly*, 2005,20:225-229.
[3] Rosenshine, B., Meister, C. Reciprocal Teaching: a Review of the Research [J]. *Review of Educational Research*, 1994,64(4):479-530.
[4] Alvermann, D., Phelps, S. *Content Reading and Literacy* [M]. Boston: Allyn & Bacon, 1998:16.
[5] Glaser, R. The Reemergence of Learning Theory within Instructional Research [J]. *American Psychologist*, 1990,45:29-39.
[6] Carter, C. Why Reciprocal Teaching? [J]. *Educational Leadership*, 1997,54(6):64-71.

力的变化以扩展他们的最近发展区。①

(四) 几个维度综合

1. 策略＋对话

陈黄玲秋(Tan Ooi Leng Choo)等人(2011)认为,交互式教学是指教师和学生在阅读文本时以对话的形式使用预测、质疑、总结和澄清四种理解策略的教学活动。②

2. 元认知＋互动社会学习

安德伯格(A. Anderberg)(1996)认为交互式教学是一种强调文本理解的元认知方面并努力促进作为教学背景的互动社会学习教学模式。交互式教学是建立在社会背景和学习理论原理基础上的。社会背景提供学习者机会去获得和分享知识、展示能力、学习和练习新技能。通过专家、教师、同伴对4个促进理解和监控策略的直接教学,他们为学生提供了练习和使用的认知过程的示范。选择这4种策略是因为它们是有经验的阅读者使用的。交互式教学提供社会背景,在其中通常隐蔽的思维活动得以外化,并通过练习逐渐成为学习者个人的学习策略。③

本书认为交互式教学是按照一定的策略结构,经由教师与学生、学生与学生间的对话互动以及角色互换而最终使学生掌握策略、理解文本的教学方法。

二、交互式教学产生的背景与理论基础

(一) 交互式教学产生的背景

交互式教学是在认知主义、行为主义的影响下,在阅读策略的实验研究过程中产生,在社会建构主义的影响下发展起来的。作为一种策略教学的方法,交互式教学得到了认知研究者和阅读教学者的双重关注。

20世纪70年代后期,随着认知心理学的兴起,人们逐渐认识到认知策略在认知加工过程中的重要性。阅读理解开始被视为一种认知加工的问题解决过程。阅读不仅受学生解码能力的影响,而且还需要学生具有一定的认知策略和元认知策略。研究者开始对专家阅读者的言语进行分析,探索优秀阅读者所具有的策略。认知策略教学还被运用在数学问题解决、物理问题解决和写作。交互式教学的产生顺应了这一认知策略教学的潮流。④

但当时的阅读策略教学存在以下三个方面的问题:

第一,教师往往让学生在阅读时使用一种特定的认知策略。

研究结果表明,在较强的教学控制之下,学生能够使用这些提高理解与学习的策略。然而,在进行了大量熟练阅读的分析之后,人们越来越清楚地意识到,熟练的阅读

---

① Meyer, K. 'Diviing into Reading' Revisiting Reciprocal Teaching in the Middle Years [J]. *Literacy Learning: the Middle Years*, 2010,18(1):41-52.
② Tan Ooi Leng Choo, Tan Kok Eng, Norlida Ahmad. Effects of Reciprocal Teaching Strategies on Reading Comprehension [J]. *The Reading Matrix*, 2011,11(2):140-149.
③ Anderberg, A. *The Effects of Reciprocal Teaching Techniques on Reading Comprehension for Limited English Proficient Students* [M]. Storrs: University of Connecticut, 1996:59.
④ Rosenshine, B., Meister, C. Reciprocal Teaching: a Review of the Research [J]. *Review of Educational Research*, 1994,64(4):479-530.

并非使用单个有力策略的结果,优秀阅读者也并非只在有力的教学控制下才使用策略,而是协调整个认知过程,综合使用大量策略。这一认识促使研究者致力于多种理解策略的教学干预工作,使学生通过自我调节将多个策略综合起来运用。[1]

第二,策略教学还没有得到足够的重视。

德金(Durkin)(1979)对四年级阅读教学进行了4469分钟的观察,发现教师花费大量的教学时间问学生问题,但只有20分钟在教学生回答问题所需要的理解策略。[2] 直到70年代晚期,教师很少教学生学习能帮助他们阅读的认知策略。因此,需要设计一种有效的、在课堂教学中易于实施的阅读理解教学策略。

第三,策略教学的方法还有待改进。

教师主要采用"直接教学"的方式来进行策略教学,但学生很难全面地理解和掌握阅读策略并内化为自己的、在不同情境中能自动运用的策略。策略的获得、保持与泛化都存在一定问题。

交互式教学的创始人A·S·帕琳萨认识到专家阅读者在使用多元策略,把质疑(question generating)、总结(summarizing)、澄清(clarifying)和预测(predicting)这4个专家阅读者使用的策略放在一起是"舒适的",而且这种在当时的美国课堂中还没有使用的组合是便于学生在课堂中学习的。于是,帕琳萨尝试探索在课堂中通过互动、讨论等方式帮助学生掌握这些策略。交互式教学由此产生了。

(二) 交互式教学的理论基础

2006年交互式教学的创始人帕琳萨在一篇回顾交互式教学发展的文章中提出,交互式教学产生于特别丰富的理论土壤,它是行为主义、认知主义和社会文化主义的混合物。[3]

1. 行为主义

70年代是行为主义的鼎盛时期。1977年梅琴朋(D. Meichenbaum)和行为矫正领域的其他研究者开始实验口头自我教学(verbalized self-instruction)。这种方法要求对一些活动进行任务分析,把任务转化为能有效地指导学生自己完成任务的系列指令,然后示范这些步骤的运用。口头自我教学最初主要用于干预个体的冲动行为,加强个体的自我管理。帕琳萨认为这一观点有很大的吸引力,开始思考其在学业学习方面的潜力。

2. 认知主义

认知心理学将心理过程视为信息加工过程。影响学生信息加工过程的因素主要有学习者的已有知识、具体的认知策略、元认知策略等。

教师只有促进学生的认知加工过程,才能真正促进学生的学习。因此,教学时不能只关注学习的结果而忽视过程。教学的主要目的应该是使学习者意识到他们相关的背

---

[1] 袁薇薇,吴庆麟.互惠教学:情境教学与认知教学结合的典范[J].心理科学,2005,28(2):438—441.

[2] Durkin, D. What Classroom Observations Reveal about Reading Comprehension [J]. *Reading Research Quarterly*, 1979,14:518 - 544.

[3] Palincsar, A.S. Reciprocal Teaching 1982 to 2006: the Role of Research, Theory, and Representation in the Transformation of Instructional Research [G]. National Reading Conference Yearbook, 56:41 - 52.

景和知识,提高他们完成任务、解决问题的能力,获得能恰当运用到学习任务的所有认知策略。

认知主义者认为,阅读理解是一种基本的认知技能,是为了各种目的,使用文字符号来思考、推理并进行问题解决的过程。[①]

20世纪七八十年代,一些心理学家、阅读教学研究者致力于学习策略的研究,结果发现优秀阅读者的显著特征是在阅读过程中使用好的理解策略和元认知技能。理解水平高的儿童能使用自我提问和监控活动,而理解水平低的阅读者缺乏阅读目的的知识,不能自动地运用有效策略去促进阅读理解。当阅读者掌握了完整的理解策略后,他们就能在不同的情境中灵活运用。

研究还证明,可以教会学生理解策略。1982年,柯林斯(A. Collins)和史密斯(E. Smith)发表了一篇重要的文章。他们致力于教会学生两种过程的技能:理解的监控,使用线索去产生、评价和修正关于文本的目前和未来事件的假设。他们认为,从认知科学的角度来说,如果我们能够详述引起各种思考技能的过程的细节,那么我们就能教学生掌握这些技能的方法。在阅读时,监控不仅应该出现在单词和句子水平,而且在所有水平都应关注句子间的关系以及把文本作为一个整体。他们甚至预想到监控时需要的思维会占有有限的认知加工处理资源,但这样的监控可以成为无意识的、自动的。Palincsar认为这与她所构想的阅读的口头自我教学模式非常吻合。

3. 社会建构主义

帕琳萨在其博士论文(1982)的文献综述中并没有提到维果茨基,罗森希内等学者认为可能帕琳萨和布朗在发展交互式教学的过程中并没有社会建构主义这个理论基础,而是在研究完成后,发现维果茨基的理论可以用来描述他们成功的实践。其实,早在1984年帕琳萨就发表了一篇名为Reciprocal Teaching: Working within the Zone of Proximal Development的文章。到80年代中期,社会文化视角的运用在帕琳萨、布朗的概念和交互式教学的表述方面愈加明显。

维果茨基的社会建构主义对交互式教学的影响表现在两个方面:

(1) 学习应该在合作的社会组织中互动地进行。维果茨基认为语言和文化在个体的智力发展和对世界的理解上都扮演着重要的角色。知识不是个体单独建构的,而是在与他人的互动中共同建构的。所有高级认知加工的起点都首先是社会的,然后才是个人的。社会互动对于认知发展至关重要。因此,学习应该首先发生在社会组织中。交互式教学就强调在班级中进行合作学习,通过教师与学生间、学生小组内部的合作来学习。

(2) 学习应该在学生的最近发展区内进行,学生经教师或他人的帮助以获得更好的发展。维果茨基提出的最近发展区是个体自己解决问题的真正水平与在成人或同伴支持下的潜在解决问题水平间的区域。好的教学是帮助学生尽可能地达到其潜在的能力水平,应该走在学生发展水平的前面,并引领学生发展。个体只有在成人的支持、同伴的互动下才有可能达到更高的潜在水平。交互式教学注重教师、同学的指导、帮助。

---

① 李伟健,赵晶.阅读教学中的交互教学研究述评[J].中国特殊教育,2005(9):60—63.

更为重要的是,支持或帮助的提供应该是短暂的、调整的,以适应学生的个体差异。随着学生的进步,教师或他人要逐步减少对学生的支持、指导,直到学生能独立地完成任务。

(三) 阅读理论与交互式教学

阅读是建构文本意义的过程。理解是阅读的主要目的。学生需要理解他们在读什么或者什么在读给他们。学生面对文本时不以理解为目的的话,阅读将不能发生。

那么,阅读理解是怎样实现的呢?

甘恩(Gane'e)将阅读的历程分为三个阶段:[1]

1. 解码。解码(decoding)包含配对(matching)及译码(recoding)两个主要历程。配对是指不须经由发音的过程,一见到字即能直接且立刻了解单字的意义,所以具有自动化的特性,而译码则是看到单字时,通过声音的媒介,在朗读或默读后从长期记忆中检索出字义。

2. 字义理解。字义理解(literal comprehension)是指由书面呈现的单字获得文字意义的过程,包含词汇接触(lexical access)与文法解析(parsing)两个历程。词汇接触是指认出字音、字形后确认字义的过程。文法解析是指分析句子构成规则,并将字义以适当关系排列,形成命题的过程。阅读时可以通过这两个历程了解文义,但此仅属于句子表面的了解。

3. 推论理解。推理理解(inferential comprehension)是指读者对有关的阅读概念及文章作加深加广的理解,包含统整、摘要与精致化(elaboration)3 个历程。统整是将文中各概念的心理表征或命题整合成较为复杂的概念。摘要是读者在阅读后能找出文章重点并加以组织。精致化则是指阅读者以本身原有知识加上从文章所获得的讯息加以连接,建构文章的意义,并在意义上予以添补或润饰的过程。

4. 理解监控。理解监控(comprehension monitoring)是指读者能够检视自己对文章的理解程度,包含目标安排、策略选择、目标检核与修正。理解监控是个人对于自己本身认知历程的察觉性,属于阅读理解最高阶段,也是成功的阅读关键。

从本质上讲,阅读是读者与所读文本相互作用的过程。

文本是阅读者当前所阅读的文字材料。文本所使用的词语、语法、写作风格等直接影响着阅读者的理解。不同的阅读者可能对同一文本有不同的理解。这些差异主要来自阅读者的背景知识、阅读策略、态度、个人兴趣、推理能力、工作记忆等。其中,背景知识和阅读策略是两个颇为重要的因素。

背景知识是指阅读者在阅读时所使用的过去的经验。在阅读文本时,阅读者会唤起与所读文本相关的背景知识,建构新的经验,获得新的知识。不同阅读者的已有经验以及运用已有经验的方式会有差异。这些差异使得一些阅读者能比他人更好、更快地理解文本。

阅读理解策略是读者在面对阅读遇到的问题时能根据文本的情况有意识地灵活运

---

[1] 简忆茹.相互教学法对初中听觉障碍学生阅读理解与语句书写表达成效之研究[D].花莲:台湾慈济大学硕士论文,2006:11.

用的计划。读者的认知与元认知阅读理解策略可以帮助其更好地理解所读文本,学会独立阅读。在阅读过程中,认知策略直接指向目标语言,包括总结、推理、预测、找出主要观点等。元认知策略的任务是使阅读者控制自己的阅读。

阅读理解不会自动产生。阅读者需要在具有一定语言知识的背景上,通过运用恰当的认知策略、元认知策略来建立先前知识与现有文本间的互动关系。优秀的阅读者在阅读时能通过整合先前知识和新的知识来建构所读文本的意义,使用多种策略控制、管理和监控自己的阅读理解。

交互式教学作为阅读教学的方法之一,目的就是通过使学生掌握阅读的认知策略和元认知策略从而提高学生的阅读理解能力,使他们成为独立的阅读者。

三、交互式教学的主要特征

人们尽管对交互式教学的定义有些不同认识,但对交互式教学的主要特征还是有一定的共识。交互式教学的主要目的是通过教会学生学习的策略而提高学生的学习水平。而策略的教学主要是通过支架的、明确的教学以及师生、生生间的社会互动来进行的。

1. 交互式教学是一种策略教学

交互式教学是一种策略的系统训练,试图通过教会学生掌握解决问题的策略来提高学生解决问题的能力。在阅读理解的教学中,交互式教学的重点是教授学生在阅读新文本时可以使用的具体的、明确的、促进理解的策略,从而提高学生的阅读理解能力、使学生能独立地理解文本的意义。

阅读是阅读者利用已有知识和阅读策略来理解文本意义的过程。优秀的阅读者在阅读过程中会使用一些能使他们更好、更快地阅读的策略,而这些策略是能力差的阅读者难以在自己的阅读过程中自发掌握的。因此,教师有必要通过专门的教学使学生掌握这些策略。

20世纪80年代初期,已有大量研究致力于教授学生掌握阅读理解的具体策略。帕琳萨和布朗(1984)总结了传统的阅读教学文献和近期的相关理论,发现所有的阅读者在阅读时都需要完成六项活动:(1)理解阅读的目的(明确的和含蓄的);(2)激活相关的背景知识;(3)分配注意力,集中关注主要的内容;(4)严格评价所读内容的内在一致性与先前知识的相容性;(5)通过进行周期性的总结、自我质疑等活动监控正在进行的活动,从而判断是否理解;(6)得出、检验、解释、预测、结论等多种推论。[①] 出于教学的目的,帕琳萨和布朗(1984)选择了4项具体的活动:总结、提问、澄清和预测。这四项活动涵盖了前面所提到的阅读者在阅读时需要完成的六项活动,同时又是学习新手所能够参与的。这四项具体活动的每一项都是成功的阅读者在解决文本阅读问题时会使用的,而且具有理解——促进(comprehension-fostering)和理解——监控(comprehension-monitoring)的双重功能。理解——促进策略使学生理解他们正在读的文本。理解——

---

① 简忆茹.相互教学法对初中听觉障碍学生阅读理解与语句书写表达成效之研究[D].花莲:台湾慈济大学硕士论文,2006:11.

监控策略使学生在阅读过程中能监控理解是否在顺利进行,能及时发现阅读中出现的问题。通过学习,学生还可以学会在什么时间选择哪种策略以及怎样使用该策略来监控他们自己的认知加工。每个策略对学生理解阅读文本都是有用的,可以根据阅读者所面对的情境、问题以及阅读目的等情况,分开或者结合使用。

下面来具体介绍一下帕琳萨和布朗(1984)所选择的四项具体的策略:总结、提问、澄清和预测。①

总结是指阅读者归纳所读文本每个段落以及整个文本的主要观点。当要求学生总结文本的一个段落时,是要求学生关注重要的内容,并检查自己是否理解。总结时,阅读者需要关注重要的信息而不是无关紧要的细节,通过发现段落的标题、主题句等方式概括段落的主要观点,进而总结出整个文本的核心思想。作为一种自我回顾活动,总结发生在阅读者向教师或小组说明文本描述了什么以及文本内容理解的自我测验中。如果学生不能总结出恰当的概要,这并不说明学生不具有一定的脱离上下文思考的能力,但提供了一个重要的信息:阅读理解并没有如愿进行,需要采取补救措施(如再读或澄清)。好的总结不仅有助于阅读者理解目前所读文本的主要意思,而且可以引导他进行进一步的阅读。

提问是指阅读者在阅读过程中提出有关阅读材料的问题。提问主要针对文本的主要观点、重要内容来进行。当要求学生就文本的主要观点提出问题时,其实是在提醒学生关注文本的主要内容,也是给学生机会检查自己是否理解了文本。提问是一种批判性思维,可以使学生在更高水平上思考文本的相关信息,可以使学生更好地监控自己的阅读过程。提问并不是一个孤立的活动,而是作为整项阅读理解工作的一个持续性目标——教师或测验中就文本的这一段落将会提出关于核心观点的怎样的问题?

鼓励学生提问对他们阅读能力的发展有积极作用。在阅读过程中,当学生学会关注谁(who)、什么(what)、何时(when)、何地(where)、为何(why)、怎样(how)等核心信息,学会从这些方面提出问题时,这些问题本身就为学生理解文本提供了一个思维框架,引导着学生的理解过程。此外,提问还可以激发学生的阅读兴趣。当阅读者提问时,他们会更加关注文本内容。这使得阅读成为一个积极的过程,使阅读者的注意力集中在文本上。当阅读者提出问题时,他们一般也会思考该问题的正确答案。如果同伴回答的是不一样的答案,阅读者会再进行思考以找出正确的答案。②

澄清是指阅读者在阅读过程中出现理解困难或中断时,为了重新理解文本而找出那些文本中难以理解的词、短语或概念并对之进行解释的活动。澄清并不是必须存在的,它只出现在理解发生困难时。澄清的方式通常有慢读、重读、在上下文的背景中思考、讨论求助等。当阅读者努力澄清所读文本时,他们也是在监控自己的阅读理解。

预测是指阅读者根据相关线索,对整个文本或文本下一个段落的内容做出推断。阅读者在预测时需要激活自己的背景知识和个人经验,使用文本的标题、提纲、插图以

---

① Palincsar, A.S., Brown, A.L. Reciprocal Teaching of Comprehension-fostering and Monitoring Activities [J]. *Cognition and Instruction*, 1984,1(2):117-172.
② Rosenshine, B., Meister, C. Reciprocal Teaching: a Review of the Research [J]. *Review of Educational Research*, 1994,64(4):479-530.

及前面文本的意义等线索。预测可以使阅读者在阅读时积极思考文本。预测要求阅读者提出并检验关于文本的假设。如果最初的预测不正确,那么可以做出新的预测并通过阅读来验证。预测这一策略通过使阅读者建立其在阅读文本时将要获得的新知识与已有相关知识间的联系来帮助阅读者建立阅读文本的目标,监控理解过程。预测是一种帮助学生在阅读前建立目标的重要策略。阅读者对文本的预测越多,越有可能理解文本。

上述四种策略都要求阅读者在阅读过程中激活相关的背景知识。每种策略在阅读理解过程中都有着重要作用。相对而言,总结是四项策略的重心。阅读者在阅读时要以总结文本的核心观点为目的,在阅读过程中关注主要信息。提问、澄清和预测可以帮助学生更好地归纳、理解文本的意义。通过对核心问题提问的方式,阅读者引导自己找出有助于总结核心观点的关键信息。当理解有困难的时候,可以采取措施澄清困难、解决难点。阅读过程中,合理的预测也会帮助阅读者更好地理解。在实际阅读时,4种策略的使用顺序不是固定的,而是取决于文本和阅读者。

这4种策略不仅可以帮助阅读者更好地理解文本,而且可以使他们更好地监控自己的学习和思维过程,成为独立的阅读者。交互式教学旨在通过教授积极的文本加工过程和执行控制策略来促进阅读者认知的自我管理。通过掌握这4种策略,阅读者逐渐学会为自己的阅读和学习负责,能自我管理自己的阅读和学习。这些阅读策略可以保持和泛化,学生在阅读新的文本时也能运用。

当然并不是所有的交互式教学都教授这4种策略。1994年,罗森希内和密斯特在所做的一项交互式教学总结研究中发现,在16项研究中有12项研究提供了这4种策略的教学,其余的4项研究教授了2项、3项或10项认知策略。研究发现教学策略的数量与学生成绩没有关系,不管是教授帕琳萨和布朗所提出的4种策略还是教授两三项或10项策略,学生的学习都取得了显著成效。[①]

2. 交互式教学是一种支架的、明确的教学

交互式教学是一种明确、直接的教学。认知加工过程是学习者的内部心理活动。学习者或许容易记忆一些学习策略,但往往难以真正理解策略并在不同情境中独立、自觉地使用。交互式教学开始时,首先由教师以出声思维的方式直接向学生教授阅读的策略,提供策略使用的榜样供学生学习和模仿。这种方式把内部的认知活动公开化、具体化、操作化,使学生能够理解并进而掌握阅读策略。

交互式教学是一种支架教学。在交互式教学的起始阶段,教师选择一个文本,承担教学的主要责任,以公开教学的方式向全班学生具体、明确地示范4种阅读策略及使用过程,帮助学生理解策略。在初步理解这些策略后,学生在教师的指导下尝试使用这些策略进行阅读理解。教师要通过提供具体的反馈、提示、解释、再示范等方式支持每个学生的参与,还要根据每个学生的水平调整任务的难度。随着学生能力的提高,教师指导下的阅读逐步转变为学生同伴指导、提示下的阅读,学生同伴向其他学生示范阅读策

---

① Rosenshine, B., Meister, C. Reciprocal Teaching: a Review of the Research [J]. *Review of Educational Research*, 1994,64(4):479-530.

略,教师在旁观察,只在需要时提供帮助。最后,学生个人在安静的阅读实践中独立使用这些策略。在这一过程中,教师最初通过明确、具体的教学提供了支架的帮助,使学生能理解那些自己不能独立理解的策略和文本。随着学生的进步,教师逐步减少自己的支持让学生承担更多的责任,先是把自己的直接支持转变为学生间的示范,直到最终学生在没有任何支持的情况下能够独立地运用策略完成阅读理解。

此外,总结、提问、澄清和预测这4种阅读策略为学生的阅读思维提供了思维的支架,为师生、生生间的对话以及课堂教学的过程提供了一个基本的结构框架。

3. 交互式教学是一种合作学习

传统教学普遍存在的问题是教学成效不佳。通过教师的教学,学习者可以单独提高某项技能,但这种提高通常是微小的、短暂的、难以迁移和泛化的。造成这一状况的原因可能是学习者没有完全理解所学习的内容,特别是在学习时比较消极。交互式教学主要是通过师生、生生合作学习的方式保证学生在任何他们所能达到的水平的前提下能够积极参与,帮助学生真正理解相关策略。合作的主要方式是结构性的对话、角色扮演与角色交换。

在交互式教学中,学生的学习是在与教师以及小组同伴的互动下进行的,互动的主要方式是对话。对话是交互进行的,其实质是社会交互作用。对话双方必须听清彼此的提问和回答,并基于彼此的反应进行反应。因此,对话可以集中学生的注意力,激发学生的学习兴趣。对话的目的主要是引导学生理解、掌握阅读策略,进而理解文本。对话使用4种策略进行结构化,具有明确的目的性。所有对话都围绕着策略的使用来进行,阅读策略规范着整个对话过程。通过对话,教师可以帮助学生建立文本中的新知识与先前相关知识间的联系,要求学生精心思考他们的观点,当学生的认知过程出现问题时,引领学生及时回到正确的方向。更为重要的是对话可以使学生真正参与到学习的过程中,对教学的顺利进行有所贡献。

随着交互式教学进程的开展,对话的组织形式以及教师、学生在对话中承担的角色也在发生变化。最初,教师在对话中扮演"教学领导者"角色,承担教的任务,学生是"学习者"。在这一阶段,教师先清晰地描述每一个策略并做出示范,然后让学生对每一个策略进行练习并接受正确与否的反馈。当学生在教师的引导下初步理解了总结、提问、澄清和预测4种策略后,教师和学生互换角色,学生成为"教学领导者"引领对话。当学生具备一定的引领能力后,教师把学生分成若干小组进行小组合作学习。小组学习主要是以对话的形式进行:一个学生提问,另一个回答问题,第三个学生对答案进行评论;一个学生总结,另一个学生对这一总结进行评论或者帮助改进这一总结;一个学生找出一个困难的词,另一个学生帮助解释可能的意思,并给出所做解释的原因。[1] 在小组中,学生轮流承担教的任务。教师的任务是巡视各小组的情况,必要时给予指导、反馈。当学生能完全掌握4种阅读策略、独立承担阅读任务时,教师就不再提供支持和帮助。

---

[1] Rosenshine, B., Meister, C. Reciprocal Teaching: a Review of the Research [J]. *Review of Educational Research*, 1994, 64(4): 479-530.

交互式教学中的师生角色互换和小组合作学习是其在阅读理解教学领域取得成功的重要原因。对话可以帮助学生理解阅读策略，但在课堂中有一些因素是真正的、有效的对话的障碍：教师和学生间权力和知识的不对称、教师和学生间社会文化的差异，以及课堂组织的限制。出于以上原因，帕琳萨认为课堂中成功使用会话的一个关键因素是决定学生可以承担一种声音以及教师给予学生声音的方式。使用4种策略以及轮流承担的对话结构可以达到这样的目的。交互式教学促使学生在引领小组对话中承担更积极的角色，帮助他们更好地理解文本。当每个学生都有机会引领对话时，学生会对学习投入更大的热情、更积极的思考。交互式教学将显著提高课堂讨论的质量。

只有通过以新的、自然的方式使用语言，学生才能真正地掌握一门语言。一旦学生有机会使用他们自己的语言来理解内容和学术语言的意义时，他们就获得机会来内化新获得的语言。小组合作学习为学生提供了产生、使用自己的语言的机会。

另外，小组合作学习为学生提供了认知和情感的支持。小组成员彼此就一定的内容进行解释与自我解释的活动，是一个知识精制的过程，知识表征处在不断的印证修改的建构状态。在小组试图达成意义一致的过程中，理解的责任为小组成员所分担，减轻了认知能力差距带来的压力，为小组成员提供了情感支持。[1] 同伴的存在和示范可以激发学生的学习意愿，促进理解。学生彼此互为听众，所有人都有机会实践策略。帕琳萨等人建议根据学生年龄或阅读能力进行异质分组，因为在教师教学之外由更有效的同伴为水平较差的同学提供示范会使该过程的价值最大化。水平较差的学生有机会观察、模仿、学习水平较高同学的语言、学习方式。水平较高的学生在与其他学生的对话中逐渐学会考虑不同能力学生的需要。交互式教学更加强调和鼓励学生互相提供教学支持。[2]

结构化的对话其实是把阅读策略的思维过程公开化，从而引导着学生的阅读理解过程。教师引领的对话向学生引领的对话的转变是为了最终学生阅读时能自我引领阅读的进程。通过教师和学生个人引领的对话，学生学会了怎样思考以及怎样监控自己的学习，学会了在没有成人监督的情况下把所学的迁移到其他内容的学习。交互式教学的优势是学生不仅学会了阅读策略，而且更为重要的是学会了学习。

以下记录揭示了一位学生从不能独立提问到逐渐能胜任主持课文提问的过程。此时，教师"教"的角色便开始转移到学生身上了。

提问策略发展的个案记录

T：教师
S_1：学生
第一次：看菊展(第四段)
T：请你负责当老师，组织提问好吗？

---

[1] 李伟健,赵晶.阅读教学中的交互教学研究述评[J].中国特殊教育,2005(9):60—63.
[2] Rosenshine, B., Meister, C. Reciprocal Teaching: a Review of the Research [J]. *Review of Educational Research*, 1994,64(4):479-530.

S₁：（沉默）
T：这段描写的是白珍珠似的菊花,用"为什么"提问好吗?
S₁：呃……
T：这样,模仿上面的"为什么把这种菊花称为铁甲将军"?
S₁：呃……为什么,呃……为什么把菊花比做白珍珠?
T：很好。为什么把菊花称为白珍珠?
第四次：天石(第一段)
T：请大家预测第一自然段主要写了什么?
S₁：天石的由来。
T：你可以用"怎么"提问吗?
S₁：在阿拉伯的传说中,铁是怎么来的?
第六次：美丽的达莱诺尔(第四段)
S₁：达莱诺尔湖为什么是贡格尔草原上的珍珠?
T：很好。下面请你当教师,主持课文的学习和讨论。

(资料来源：陆菊花. 初中生学习困难学生的交互教学实验研究. 浙江师范大学学位论文,1999。转引自：李伟健. 论交互教学的基本特征和心理机制. 课程·教材·教法,2004(8):43—47)

四、交互式教学的实施
(一) 交互式教学实施的基本程序

为了帮助学生更好地掌握策略,教师在使用交互式教学时需要精心设计一个教学过程。在1982年进行的一项试验性研究中,布朗和帕琳萨提出了一个交互式教学程序。1984年,帕琳萨和布朗在一项交互式教学研究中使用了1982年试验研究的干预程序。后来的交互式教学大都采用了帕琳萨和布朗所提出的教学程序,但也根据各自的需要而有适当的调整。下面首先分别介绍布朗和帕琳萨1982年的研究、帕琳萨和布朗1984年的研究中的程序,再对交互式教学的基本程序进行总结。[①]

1. 布朗和帕琳萨1982年研究中交互式教学的程序

在1982年进行的一项试验性研究中,布朗和帕琳萨提出了一个交互式教学程序,教师和学生在文本的学习中轮流引领对话。交互式提问之外,教师和学生轮流总结、预测、澄清文本中容易误解或复杂的部分。开始时,教师示范总结(自我回顾)、质疑(对中心思想的问题提出疑问)、澄清和预测的主要活动。教师示范恰当的活动,鼓励学生在任何他们能够参与的过程中进行参与,并为每个学生提供指导和反馈。

基本的程序是1位成人教师单独面对1位七年级阅读较差的学生,教师指定阅读段落的一部分,并说明该部分由教师来教或指定学生来教。接着,教师和学生安静地阅读指定的段落部分;在读完文本后,就所读文本部分提问,总结文本的内容,讨论并澄清任何困难,最后预测即将阅读的内容。所有这些活动都尽可能在自然对话中进行,教师和学生彼此给予反馈。

开始时,成人教师示范这些活动,但当轮到学生来承担对话引领者的角色时,学生

---

① Palincsar, A. S., Brown, A. L. Reciprocal Teaching of Comprehension-fostering and Monitoring Activities [J]. *Cognition and Instruction*, 1984,1(2):117-172.

会有很大的困难。教师必要时需要总结文本的意义、提出问题,以让学生进行模仿。在起始阶段,成人教师示范有效的阅读理解策略,但学生是相对被动的观察者。

逐渐地,学生更多地承担对话引领者的角色,在最后的几节课中总结文本的意义、对疑难问题提出质疑。譬如,在开始阶段,学生所提问题的一半是不清楚的问题或者需要澄清的;然而,在课程的最后阶段,不清晰的问题不见了,取而代之的是一些关注文本核心观点的问题。在总结方面也发现了类似的进步。在开始阶段,仅有很少的陈述抓住了核心观点,然而在课程的最后阶段,大多数陈述都抓住了核心观点。

2. 帕琳萨和布朗1984年研究中交互式教学的程序

1984年,帕琳萨和布朗在一项交互式教学研究中使用了1982年试验研究的干预程序。简单来说,1位教师教6位学生,学生每两人一组被分成3组。每天,教师以简短讨论的方式向学生介绍一个文本段落,以唤起学生先前的知识。如果在教学开始时文本是新的,那么教师要求学生关注标题,并要求学生基于标题进行预测。如果文本是已部分完成的(部分内容已在前些天学习过了),那么教师要求学生陈述文本的主题以及已经揭示的文本的几个主要观点。

教师可以通过以下多种方式向学生提供必要的指导以帮助其完成上述活动:(1)提示:"你认为一个教师可能会问什么问题?"(2)教学:"记住,总结是简短的陈述,不包括细节。"(3)调整活动:"如果你提问很困难,为什么不先总结呢?"

教师还要对学生的具体参与提供表扬和反馈:"你提的问题很好;它很清楚地说明你想阅读的信息是什么。""很好的预测;让我们看看你是否是正确的。""那是有趣的信息。那是段落中我称之为细节的信息。你能发现最重要的信息吗?"在这种类型的反馈后,成人教师示范一些需要继续提高的部分:"如果我来提问的话,我会问……""我会这样总结……""你发现这样的陈述不清楚了吗?"互动时间约持续30分钟左右。所有对话都进行录音以备评价。在整个干预的过程中,教师明确地告知学生这些活动是帮助他们更好地阅读理解的一般策略,当他们安静地阅读时,他们应该努力这样做。教师还向学生指出,检查自己是否理解阅读内容的好的方式是能用自己的话说出刚才阅读的内容并且能够猜想测验的相关问题。

对所有交互式教学的对话进行录音、分析发现,在训练的早期,学生的提问大多不清楚,总结时关注细节,在训练的后期,关注主要观点的提问和总结就很普遍了。随着成人教师在与学生的互动中不断地向学生示范恰当的提问与总结,学生逐渐能以自己的方式来完成这些任务,在提问和总结要点时更像教师,能用自己的话来提问和总结,而不是选择文本中已出现的词语。

在对话过程中,教师根据学生目前的需要和水平来提供示范、反馈和练习。当学生能完成任务的某些方面时,教师相应地提高要求,直到学生的行为表现与教师的示范相似。此时,教师减少自己的参与,只在必要时提供辅助。

3. 交互式教学的基本程序

总体而言,交互式教学的基本程序可以分为理解策略和运用策略。每个阶段根据具体的情况又可以分为不同的步骤。下面分别进行介绍。

(1)理解策略

在交互式教学的起始阶段,学生在教师的帮助下理解所使用的策略是什么以及在什么时间、怎样运用。

罗森希内和密斯特(1994)对理解策略阶段交互式教学的形式进行了总结。[1] 他们认为,在帕琳萨和布朗的工作中包括两种形式的交互式教学:单纯的交互式教学(reciprocal teaching only,简称RTO)、先明确教学再交互式教学(explicit teaching before reciprocal teaching 简称ET－RT)。交互式教学的对话是所有研究都有的。两种交互式教学的区别在于最初的认知策略的教学怎样进行以及何时进行。下面根据罗森希内和密斯特的研究,对两种类型的交互式教学如何帮助学生理解策略分别进行介绍。

单纯的交互式教学是指所有策略的示范和教学都在对话的过程中进行。帕琳萨和布朗最初在1982年、1984年的研究中描述了这种交互式教学形式:在对话中,给予学生程序上的提示,使用"怎样"或"什么时间"之类的词来帮助他们提问。在对话中,给学生提供程序以帮助他们总结或澄清词语的意思。帕德龙(Padron)(1985)等人进行过该类型交互式教学的研究。

先明确教学再交互式教学是指在开始对话之前,教师先用3—6节课的时间向学生介绍4种阅读策略。在这些课时的教学中,教师面向全班学生,采取直接教学的方式逐一介绍每个策略。通常是有专门的课时分别来教授提问、总结、澄清和预测。帕琳萨、布朗与其同事和其他研究者都进行过该类型的交互式教学。

帕琳萨和布朗并没有解释为什么要在提出单纯的交互式教学之后再对其进行改变,在交互式教学之前先进行策略的明确教学。罗森希内和密斯特对两种不同类型交互式教学的研究进行比较分析发现,两种类型交互式教学的成效并没有显著差异。

为了使交互式教学更加有效,教师应该在每个策略上花充分的时间,保证学生在开始学习新策略之前知道每个策略。

(2) 运用策略

在教师的帮助下理解了阅读的有效策略之后,学生可以开始尝试运用这些策略。运用策略又可以分为3个阶段:在教师的引领下运用;在与同学的合作中运用;独立运用。下面分别对这两个步骤进行介绍。

① 教师引领下的运用

教师与学生共同阅读。起初,教师就阅读的文本提出问题,学生回答。逐渐,学生尝试提出问题,教师或者其他同学来回答。当学生的提问不甚恰当时,教师给予必要的引导、示范。

② 同学合作中的运用

班级学生分为若干小组进行小组合作的阅读。小组同学共同阅读文本,轮流承担提问者。尤瓦迪·育萨拜(Yuwadee Yoosabai)建议每个合作小组可以采用下列步骤进行合作阅读:[2]

---

[1] Rosenshine, B., Meister, C. Reciprocal Teaching: a Review of the Research [J]. *Review of Educational Research*, 1994,64(4):479-530.

[2] Yuwadee Yoosabai. The Effects of Reciprocal Teaching on English Reading Comprehension in a Thai Highschool Classroom [D]. Bangkok: Srinakharinwirot University, 2009.

a. 一个学生作为引领者,要求小组学生根据整篇文本的标题、副标题或图画预测内容。

　　b. 引领者要求小组安静地读一段文本。

　　c. 引领者就该段文本的重要信息进行提问。

　　d. 引领者可能需要澄清或者要求小组同学澄清该段文本中困难的词语、关系以及困惑的句子或短语。

　　e. 引领者要求小组同学找出第一段文本的主要观点或者说出主要观点是什么,并进行总结。

　　f. 引领者要求小组同学预测下一段文本可能的内容。

　　g. 引领者请另一位同学担任下一段文本阅读的引领者。

　　h. 新的引领者完成第 2 步到第 7 步同样的程序。

　　i. 在阅读完最后一段文本后,最后一位引领者要求小组同学总结整篇文本并做练习。

　　在学生引领的整个过程中,教师作为一个促进者在旁巡视,及时发现学生提问、回答过程中的问题,必要时进行提示、纠正。

　　一般而言,每个小组最少 4 人、最多 6 人。交互式教学小组要集合 20 次,每次 30 分钟。

　　③ 独立运用

　　学生掌握了所有的策略,在阅读新的文本时,在没有他人引领的条件下,独立使用这些策略完成阅读理解任务。

　　在交互式教学的过程中,教师可以鼓励有能力的学生记录学习日志。学习日志是反思课堂的重要工具。学生通过记录学习日志,可以帮助自己处理阅读所获得的信息,对其进行记录、总结,反思这些信息的主要观点和主题,把这些观点和主题建立与其他学科领域或者个人生活的联系,从而提高其质疑、评论、建议的能力。

(二) 交互式教学的适用领域与对象

1. 交互式教学的适用领域

　　布朗和帕琳萨最初在提出交互式教学时主要是用于促进学生的阅读理解。他们认为交互式教学就是在阅读教学中进行一些示范和支持的活动。这种策略适合于低结构化材料和独立练习。文章的类型可以包括说明文、记叙文和议论文等。文本的呈现有视觉形式也有听觉方式。由于所有的学科知识都是以文本呈现的,所以交互式教学是提高所有课程领域阅读理解的一种有用、有效的策略。实践中,交互式教学在阅读、数学、写作、科学等学习领域都取得了成功。

2. 交互式教学的适用对象

（1）适用于所有年龄段的学生,在小学运用得最为广泛

　　自从布朗和帕琳萨最初证明该教学策略在学生阅读理解的作用以来,一系列的研究证明交互式教学最初的形式及其变式的效率,研究对象涉及幼儿园、小学、初中、高中、大学学生。交互式教学主要用于小学和初中学校,高中用得较少。相对而言,小学运用得最为广泛。这可能是因为小学教育的最为广泛的目标是阅读理解。

(2) 适用于所有水平的学生,但更多地运用于阅读有困难的学生

交互式教学最初是为提高英语为母语的阅读困难学生的阅读理解策略而设计的。后来,交互式教学的运用范畴逐渐扩大,包括学习第二语言有困难的、需要补救教学的、处境危险的、理解水平优秀的、一般的及差的学生。

但不同的研究者对交互式教学的适用对象还是有些不同看法。

一些研究者认为,交互式教学用于那些解码和理解能力间有差异的学生,用于提高那些可以解码但理解文本有困难学生的阅读理解,不适合那些解码和理解都低于平均水平的学生。在实证研究以及教学实践中,大多数成功的学生是训练一般成绩的阅读者,或者儿童有足够的解码、识字能力但有理解问题。比较而言,较少有训练严重阅读障碍儿童的教学实践。

但由于交互式教学可以帮助学生有效掌握阅读策略、提高阅读能力,也有研究者认为,交互式教学适用于不同水平、不同年龄的学生。交互式教学可以运用在不同水平、不同学科,不管学生的能力如何。[①]

尽管相对于普通儿童,交互式教学用于特殊需要儿童的研究要少得多,但已有研究证明,交互式教学可以运用在学习困难、行为障碍、智力障碍等特殊儿童的阅读理解教学。

(3) 适用于集体教学、小组教学、个别教学等所有的教学组织形式

交互式教学中,学生与教师、学生与学生可以交互引领阅读,作为一种合作教学策略,交互式教学运用的条件是学生可以与他人"交换"角色。因此,交互式教学可以运用到集体教学、小组教学、个别教学等所有的教学组织形式。另外,交互式教学在各种教学风格中都容易使用。

大量研究和实践证明,交互式可以有效帮助学生提高阅读能力,适用于所有年龄、所有水平的学生,适用于各种教学组织形式、教学风格。因此,交互式教学在课堂教学中得到了广泛运用。

另外,交互式教学还可以为学校、教师提供一种模式,用来帮助家长(和志愿者)提高孩子的阅读能力。

第四节 精准教学

自 20 世纪 90 年代以来,美国、英国、中国等国家的新课程改革都重视提高教育质量,强调学生要达到一定的课程标准,特别关注学生基础知识和基本技能的掌握。然而,很多时候人们在定义技能或知识的掌握时仅仅依据正确的标准。由于缺乏恰当的掌握标准、缺少监控学生学习进展情况的恰当方式,教师往往不知何时应该改变教学内容、调整教学方法。实践中,教师可能在学生未能掌握知识或技能时就中止了教学,或者在学生已经掌握时却还继续让学生做大量无谓的练习。而精准教学的出现在很大程度上解决了上述问题。

---

① Myers, P. The Princess Storyteller, Clara Clarifier, Quincy Questioner, and the Wizard: Reciprocal Teaching Adapted for Kindergarten Students [J]. The Reading Teacher, 2006,59(4):48-57.

一、精准教学的定义

精准教学(precision teaching),又译为精确教学,是由林斯利(O. R. Lindsley)于1964年在美国首次提出,至今已有50多年的历史。精准教学很难有一个简短、统一的定义。不同的专家对精准教学的理解并不一致。现有的精准教学定义主要分为两种。

第一种定义认为精准教学就是"精准测量"。持该观点者认为精准教学不是一种教学方法,只是一种测量学生学习表现的工具。怀特(White,1986)认为,精准教学并不规定教什么或者怎样教。相反,它提供了一种教师可以采用的对任何教学方法和课程进行系统评价的方法。[1]

第二种定义认为精准教学是一种基于测量的教学策略。精准教学的创始人林斯利认为精准教学是指根据学生个体的学习记录表来调整课程以最大限度地促进每个学生的学习。[2] 宾得(Binder,1996)认为精准教学是指教师和学生使用行为频率测量和标准行为图表监控个别的课堂教学计划并做出教育决定。[3] 道逖(Doughty)等人(2004)认为,精准教学是旨在达成流畅(流畅是准确加上快速)的学习结果的教学程序。[4]

本书认同第二种定义。精准教学是以达成流畅的学习结果为目的、以测量并分析学生的行为表现为手段、根据学生的表现准确做出教育决定的精心设计的教学策略。评估与测量只是整个教学程序的一个关键成分,测量的目的是及时调整课程计划与教学方法,促进学生的学习。与传统的教学方法相比,精准教学更重视根据学生的发展情况来决定教学的程序与成效。

二、精准教学的基本原则

精准教学的基本指导原则是"学生总是正确的"(the learner knows best)(林斯利,1971)。林斯利的这一宣言是从斯金纳(Skinner)的名言"老鼠总是正确的"(the rat knew best)而来的。斯金纳这句话的意思是研究者并不知道每件事,被测试者会告诉我们。学生总是正确的,意味着学生的表现能告诉我们教学是否恰当有效。当一个学生取得学业进步时,那么教学和练习对该学生而言是正确的。如果学生没有取得进步,那么教学的某些事情对该学生是不恰当的,教师需要改变教学策略。因此,不管教师对学生期待什么,在精准教学中只有当图表证明学习发生了时,教学才是成功的。只有学生真正的进步才是可以完全相信的。

三、精准教学的基本原理

精准教学是由行为主义科学发展而来的最成功的教学策略之一。自从20世纪30

---

[1] White, O. R. Precision Teaching — Precision Learning [J]. *Exceptional Children*, Special Issue: In Search of Excellence: Instruction that Works in Special Education Classrooms, 1986,52(6):522-534.
[2] Lindsley, O. R. Precision Teaching's Unique Legacy from B. F. Skinner [J]. *Journal of Behavioral Education*, 1991,2(1):253-266.
[3] Binder, C. Behavioral Fluency: Evolution of a New Paradigm [J]. *The Behavior Analyst*, 1996,19:163-197.
[4] Doughty, S. S., Chase, P. N., O'Shields, E. M. Effects of Rate Building on Fluent Performance: a Review and Commentary [J]. *The Behavior Analyst*, 2004,27:7-23.

年代行为主义出现以来,行为主义心理学家和实践者就致力于把他们的原理运用到许多人类和社会相关的行为中去。20世纪中期以来,斯金纳等人把教育作为主要关注的领域。行为主义对教育实践的贡献在于它提供了一个描述、解释和评价学生行为的方式。精准教学是基于斯金纳的学习原理而建立的。这些原理包括选择可以观察的行为,使用速度(rate)来记录表现,把结果有意义地制图等。其中,最为重要的是精准教学从斯金纳那里继承了"反应速度"(rate of response)和"累积的反应记录"(cumulative response recording),这份遗产是独特的。斯金纳认为反应速度和累积反应记录是他的主要贡献,而精准教学是专门运用这些监管方法的唯一的教学系统。[1]

精准教学的基本原理包括以下几个方面。

(一) 掌握复杂技能的前提是掌握这些技能的组成部分或基础

精准教学假设组合技能(component skills)、综合技能(composite skills)等复杂技能可以分为几个组成部分,在进入下一水平前必须掌握每个部分。[2] 其中,组合技能是指由若干部分所组合而成的更复杂的技能。譬如,阅读是一个合成技能,识字是这一行为的组成部分。综合技能是指由两个或更多的更简单的技能综合而成的技能。譬如,长除法是一种需要乘法、减法的综合技能。[3] 而那些在理论上最简单、不能进一步分解的技能则称为工具性技能(又称基本技能)。工具性技能是组合技能的最小的组成部分,是综合技能的基础。精准教学认为,组合技能、综合技能等复杂技能的学习需要以掌握这些技能的工具性技能为基础。当关键的更小的组成成分的行为被流畅地表现出来,我们可以容易地教授更复杂的组合行为。[4] 换言之,如果在学习某项复杂技能时,没有流畅掌握这些技能的工具性技能,那么任务的完成就变得更加困难。因此,如果一个学生完成某项复杂技能有困难,那么可以进行测量以观察该复杂行为的组成成分是否处于流畅的水平。如果不是,我们需要把精力转移到教授这些组成成分上。或者,教师在教授复杂技能之前就分析所教的复杂技能包括哪些工具性技能,测量学生的掌握情况,然后为需要学习的工具性技能提供精心设计的、若干短时间段的练习。当学生能掌握作为组成部分的技能时,教师帮助学生把这些若干部分的技能组合成更复杂的活动。遵循这样的理念,精准教学在教学程序上有着严格的要求。根据所学技能的特征以及学生的现有水平,教师把教学目标分成若干组成部分或者若干水平,然后逐步实施。

(二) 掌握某项技能或知识的标准是流畅

人们通常认为某人学会某项技能的最重要的标准是能够准确地完成该技能。精准教学认为任务完成的准确仅仅是衡量完成任务的一个方面,除此之外还要考虑任务完成的流畅性,流畅在精准教学中扮演着核心角色。流畅原意为流利顺畅,在精准教学中,流畅意味着正确、快速而容易地完成任务,意味着学生可以流利、自信、准确、毫不犹

---

[1] Lindsley, O. R. Precision Teaching's Unique Legacy from B. F. Skinner [J]. *Journal of Behavioral Education*, 1991, 2(1): 253-266.
[2] Binder, C. Precision Teaching: Measuring and Attaining Exemplary Academic Achievement [J]. *Youth Policy*, 1988, 10(7): 12-15.
[3] Johnson, K. R., Layng, T. V. J. Breaking the Structuralist Barrier: Literacy and Numeracy with Fluency. *American Psychologist*, 1992, 47: 1475-1490.
[4] 莫兰,马洛特.实证教育方法[M].肖艳,邵冉,译.北京:中国轻工业出版社,2006:53.

豫地运用所学的知识。

宾得等人(2002)将技能掌握的表现水平分为由低到高的四个阶段：(1)无能力：没有可以测量的表现；(2)起始水平：不准确而且慢；(3)100%的准确：传统的"掌握"；(4)流畅：真正的掌握：准确+速度。①

学生可能在完成某项任务时达到百分之百的准确，但却并不流畅，而是吃力的、需要做出努力的、缓慢的或者低持久性的。流畅是学生在百分之百准确完成某项技能的基础上，经过适当练习才可以达到的水平。流畅是真正的掌握，是接近自动地完成任务。如果学生某项技能的表现达到了流畅的水平，那么教师则可以停止教授该技能。

为什么流畅对技能掌握如此重要？或者说技能达到流畅水平会带来怎样的益处？宾得等人(2002)认为日常经验和科学研究都已证明，流畅直接产生三种重要的学习结果：(1)记忆和保持：在正式的学习计划结束很长时间后依然还具有呈现技能或回忆知识的能力，不需要年复一年的重复教学；(2)忍耐：在有持久干扰的情况下，保持表现水平、关注任务的能力；(3)运用：综合和运用所学的去完成更复杂的技能、创新地以及在新的情境中完成技能的能力。这些重要的结果是教育期望达成的表现，但很多教育计划没有达成这样的长期结果。② 道逊等人(2004)把流畅的学习结果总结为记忆、持久、稳定、运用和诱导。其中，记忆指在一个时期没有练习后，能以同样的频率进行反应的能力；持久是指高频率的反应能保持更长时间的能力(如，从一分钟到五分钟)；稳定指在面对干扰时保持高频率反应的能力；运用是指泛化和在其他领域运用精准教学所学技能的能力；诱导是指在精准教学中学习了复杂技能的作为组成部分的技能时，学生能自己完成未学习的复杂技能的能力。③ 达到流畅水平的技能是可靠的、有用的。基本的书写、阅读、计算等关键技能没有达到流畅水平是一些教育失败的原因之一。绝大多数教育评价只测量准确性，无法发现准确但挣扎的表现与流畅的表现的区别。掌握不流畅的技能不仅难以快速地、在易分散人注意的环境或新颖的环境中完成，而且如果该技能是复杂技能的组成部分，那么会使得复杂技能的完成变得更加困难。更为严重的是，某个学科或领域的若干技能掌握不流畅，会导致该学科或领域的学习困难。精准教学是提高流畅性的教学方法之一，精准教学最为重要的是根据学生的能力水平和所学任务流畅的标准制订恰当的教学程序并使学生逐步达到流畅。

(三) 持续时间短、出现次数多的练习更有利于技能的掌握

精准教学认为，流畅的达成主要是通过练习。练习的基本要求主要有以下几个方面。

1. 练习的量要大，要进行过度练习

过度练习，又称为过度训练，是指学生在百分之百正确完成某项技能后继续进行练

---

① Binder, C., Haughton, E., Bateman B. Fluency: Achieving True Mastery in the Learning Process [OL]. http://www.docin.com/p-424584514.html.
② Binder, C., Haughton, E., Bateman, B. Fluency: Achieving True Mastery in the Learning Process [OL]. http://www.docin.com/p-424584514.html.
③ Doughty, S. S., Chase, P. N., O'Shields, E. M. Effects of Rate Building on Fluent Performance: A Review and Commentary [J]. *The Behavior Analyst*, 2004,27:7-23.

习。过度练习可以延长学生的保持时间,降低刺激出现后发生反应的等待时间,直到达到流畅的目标。一些作为复杂技能组成部分或基础的关键技能甚至需要达到自动化的水平。学生完成达到自动化的技能时不需要有意的关注,从而可以在完成其他需要关注的任务时同时完成达到自动化水平的任务。

2. 练习的次数多、每次练习的时间短

在精准教学中,大量的练习不是一次呈现的。练习应该经常出现,最好是每日练习。每次进行练习的时间要短,最好控制在五分钟之内。短时间的练习可以促使人们在练习重要技能时保持高度专注。

(四) 在技能学习过程中,需要测量学生的掌握情况

精准教学要求在学生学习技能的过程中,测量学生的相关行为表现,以及时了解学生的技能学习进展情况,特别是是否达到了流畅水平,从而作出精确的教育决定。

1. 测量的维度

1938年,斯金纳首次提出反应速度对行为强度的测量是很重要的。反应速度可以定义为每个时间单位发生的行为事件或结果。与仅仅测量准确性相比,这是个更有用的学习测量。林斯利在精准教学中使用频率(frequency)这一术语代替速度。林斯利认为频率是行为的一个方面,如果你不说明一个行为的频率,你就不能准确地描述该行为;当你改变频率时,你就改变了行为。[1] 通常,行为的频率最终决定其有效性,流畅是正确、快速地完成任务。因此,技能流畅性的测量应该关注学生正确地完成任务的速度。对于那些在某个时间段会重复出现的技能或行为而言,测量其流畅性的最容易的方式是测量行为表现的频率,计数在一个固定时间内该行为的出现次数。为了更好地了解在学习过程中技能掌握的情况,精准教学要求测量学生的正确反应次数和错误反应次数。正确反应频率提高、错误反应频率下降,意味着学生的技能水平在增长。

豪厄尔(Howell)等人提出了测量流畅程度的两种维度,可以更好地反映某个技能的完成情况。第一个维度是等待时间(latency),是指从任务布置到开始完成任务的时间间隔。一般而言,等待时间越短,行为表现越流畅。第二个维度是持续时间(duration),是指真正完成任务所需要的时间。当完成任务的时间减少时,行为表现越流畅。[2]

2. 测量的时间

斯金纳要求在整个实验时间记录动作的每个反应。为了及时了解学生在整个学习过程中的表现情况,精准教学要求技能的测量贯穿始终,经常测量,以发现行为表现频率在不同时间阶段的变化。但与斯金纳记录每个反应不同,精准教学中对于那些持续时间较长的行为,并不在每个行为发生时都记录。测量者可以在每日选择几个时间段进行测量,然后记录每日均值。测量者还可以以记录每分钟行为出现的次数的方式对行为进行取样,获得每日的一分钟技能表现。当然,每日测量技能的方式应该是相

---

[1] Lindsley, O. R. Precision Teaching's Unique Legacy from B. F. Skinner [J]. *Journal of Behavioral Education*, 1991,2(1):253-266.
[2] Howell, K. W., Lorson-Howell, K. A. What's the Hurry?: Fluency in the Classroom [J]. *Teaching Exceptional Children*, 1990,22(3):20-23.

同的。

3. 测量的是学生自由操作反应

精准教学根植于斯金纳的自由操作反应。林斯利把斯金纳的自由操作反应原理从其哈佛大学的自由操作实验室运用到人类行为上。[1] 学生的自由操作反应出现在被允许以自己的速度进行反应、不受教学步骤或材料的阻碍时。精准教学强调教师不应以任何方式限制学生的行为反应速度,学生在学习中以自己的速度进行反应,以尽可能快的速度完成任务。

(五) 使用标准化表格累积记录学生的行为表现

斯金纳对行为领域的最大贡献之一是累积反应记录。累积反应记录在图表上绘制累积反应的数量,把整个时间段内的每个反应都进行标准化的记录。图表的纵轴是反应数量,横轴是时间的变化,每个反应都视为向图表右侧线慢慢延伸的一小步。图表曲线的斜度反应了随着真实时间的变化行为的反应频率的变化。1965年,林斯利通过发明标准行为图表(The Standard Behavior Chart)把累积记录这一手段带入了精准教学,并进行了进一步的发展。标准行为图表是一种半对数表,或者更准确地说叫做乘—除图表。林斯利运用其工程学的背景,把对数图表的原理运用到教育。标准行为图表后来改称为标准加速图表(The Standard Celeration Chart)。林斯利最初设计的、后来在精准教学中应用广泛的是一种蓝色的140天日图表。后来,人们又陆续设计了分钟、日、周、月、年等多种类型的标准加速图表。标准加速图表呈现了随着时间发展,学生技能掌握的情况。通过恰当的图表分析,教师和学生可以对学习的有效性作出及时的判断。

四、实施精准教学的基本程序

(一) 精准定位,制订恰当的教学目标

在行为主义者看来,教学目标就是学生所要达成的行为目标。在制订行为目标时,需要明确学习什么具体的行为(技能)以及该行为(技能)完成的标准。

1. 明确学习的具体行为(技能)

行为质量的两个尤为重要的方面是动作与可重复性。任何可直接观察的行为都将包括一定程度的物理动作,如走、谈话、写、抓、指和笑。[2] 为了清楚地知道学生的进步,重要的是要关注学生具体的、可以直接观察的行为。早期精准教学强调行为是活跃的、外显的,任何时间都可以测量其结果。后来,行为主义也承认内部心理活动的重要性。行为变量包括所有的行为,包括那些内部行为。学习者自己可以"观察"的行为也可以作为精准教学的行为目标。譬如,默读只能被读者自己所"观察"。如果教师要敏锐察觉学生变化的需要,这样的"私密的行为"必须以某种方式公开。学生可能被要求大声阅读以便他人检查其阅读的正确性,或者要求学生描述问题的答案以检查其理解。[3]

---

[1] Calkin, A.B. Some Comments on Precision Teaching [J]. *European Journal of Behavior Analysis*, 2003,4:1-4.
[2] White, O.R. Precision Teaching — Precision Learning [J]. *Exceptional Children*, Special Issue: In Search of Excellence: Instruction that Works in Special Education Classrooms, 1986,52(6):522-534.
[3] White, O.R. Precision Teaching — Precision Learning [J]. *Exceptional Children*, Special Issue: In Search of Excellence: Instruction that Works in Special Education Classrooms, 1986,52(6):522-534.

可重复性是指所选择的行为是可以重复出现的。行为每出现一次,学生就有机会学习些什么。如果在每个教学或训练阶段使目标行为可以重复出现多次,那么会更易于学生学习。

2. 明确行为(技能)完成的标准

精准教学认为掌握某项技能或知识的标准是流畅,所以在明确所要学习的行为之后,需要具体规定该行为的流畅标准。虽然已有相关研究尝试建立数学等多个领域具体技能的流畅标准,但这些标准往往是对一般学生而言的。因此,教师需要充分考虑到学生的差异,根据环境和每个学生的具体状况来制订流畅标准。

(二) 教师向学生呈现学习内容,学生进行练习

精准教学对教师如何向学生呈现学习内容并没有明确的要求。由于精准教学强调掌握复杂技能的前提是掌握这些技能的组成部分或基础,因此教师需要根据所学技能的特征以及学生的现有水平,把教学目标和教学内容分成若干组成部分或者若干水平,然后按照从先到后、由易到难的顺序逐步实施。学生需要通过总量大、次数多、分为若干短时间段的练习来掌握每个技能。由于不同学生流畅的目标可能不同,教师需要根据每个学生的情况选择恰当的练习难度、练习量、练习方式和练习时间。

(三) 测量学生的技能掌握情况,在标准加速图表中进行记录

1. 确定行为取样的周期

教师首先需要根据学生所学技能的特征、学生的具体情况等因素确定行为取样的周期。学生成绩表现的评价应该按照真实生活所需要的持续时间进行。自然的环境通常可以提供出现某些行为的合理的次数。对一些技能来说,如如厕,教师应该设计一个整日监控行为的系统。对另一些技能而言,如认识物体名称,则可以安排以 1 分钟为时间跨度进行练习和评价。[①]另外,教师需要根据个体注意力保持时间长度的差异来灵活安排测量学生成绩的不同的时间间隔。为避免疲劳等因素的干扰,每日评价的时间以及时间的长度最好相同。当确定行为取样的时间后,教师可以明确告知学生。

2. 计数行为出现的次数,计算行为频率

教师、学生在确定的行为取样周期内计数行为出现的次数。每次测量时要记录正确的反应次数和错误的反应次数。根据每个取样周期所计数的行为出现次数,分别计算正确反应的出现频率、错误反应的出现频率。

3. 在图表中记录行为出现频率

每次的评价结果应尽快地绘图。记录学生的行为频率时,应该注意以下几点:(1)正确的或者希望增加的频率通常用圆点表示,错误的或者希望减少的频率用"×"表示。(2)记录时间取样的单位时间。(3)资料记录之后,可将连续之点加以联结。(4)改变教学方式时,则在两种方式改变之日画一粗直线,以示改变治疗方式。[②] (5)在图表中用"A"表示希望学生达成的目标。

---

① White, O. R. Precision Teaching — Precision Learning [J]. *Exceptional Children*, Special Issue: In Search of Excellence: Instruction that Works in Special Education Classrooms, 1986,52(6):522-534.
② 毛连塭著. 特殊儿童教学法[M]. 台北: 心理出版社,1999:113—114.

4. 画出反映学生学习变化情况的最适线

在记录学生的行为出现频率之后,需要画出反映学生学习变化情况的最适线,也称增长线或发展线。最适线的求法有两种:第一种称为观察法,即根据视觉观察画出一条最能包括各点及最能代表行为趋势的线,此种方法的优点是简单方便,但其缺点是太过于主观。第二种比较客观的方法称为折半法,即将全部的数据分成前后两半,各半求出中点行为比率,各半再分成两半,自中点行为比率点向四分之一的折半线引一横线,然后将两交叉点相连即为最适线。将最适线延长至与预期目标行为之横线相交,由此可以预测尚需多少时间可以达到预期目标。[1]

(四) 分析学生的学习情况,及时做出教育决定

根据图表记录的情况、特别是最适线所揭示的学生学习发展情况,教师分析学生学习发生了什么真正的变化以及未来可能的发展趋势,以判断目前的教育计划与教学方法是否有效,从而及时做出正确的教育决定。如果学生在正确的方向发展,那么就不要修改原来的教学方案。如果学生达到技能标准3天以上了,教师可以考虑改变教学内容。如果学生的增长小于预期,数据平坦甚至正确的数据开始下降,那么教师根据学生的学习阶段作出选择。如果学生正处于知识获得阶段,那么需要针对该技能进行更多的直接教学以进行补救,甚至加强与该技能相关的没有达到流畅水平的工具性技能的学习。如果当学生处于练习水平,应该对其错误之处进行更多的教学,提供短期的、多次数的练习。有时,学生的学习处于停滞状态,频率既不增加也不减少,如果这样的话,该学生可能需要在一天内安排若干时间段的练习。[2]

五、成效

经过50年的发展,虽然关于精准教学的研究文献并不多,人们一度还对精准教学有些误解,但实践中,精准教学已经成功地运用在普通儿童与特殊儿童的课堂教学、脑受伤青年的治疗、自闭症儿童的教育与治疗、成年人的行为改变、社会工作和看护养育以及医疗康复中。当然,精准教学运用得最为广泛的是教育领域。虽然精准教学最初主要是为特殊教育学生或高端学习者设计的,但这种方法在许多传统的环境中也是有效的。精准教学可以用于不同类型学生的教学,学生范围从严重障碍儿童到大学研究生,从很年幼的到很年长的,精准教学已经成功促进了许多学习者的进步。精准教学在各种教学和教育的手段和方法中是独一无二的。它没有固定的课程、学科—问题领域、学生类型或者年级水平。它不可思议地被成功用于各种各样的学生、模式以及学习情景中。[3] 许多使用精准教学的报告表明精准教学的结果是更快地学习、更好地记忆学习的材料、更多地泛化和运用。这样的结果是任何教育都想要的。在教育领域,精准教学的主要成效是促进学生技能的掌握和情感的发展,提高学生的自我管理能力。

---

[1] 毛连塭著.特殊儿童教学法[M].台北:心理出版社,1999:113—114.
[2] Weed, L.D. An Investigation of the Effects of Precision Teaching on Building Math Fact Fluency in 3rd - 6th Grade Christian Home Schools [D]. Tulsa: Oral Roberts University, 2005:44 - 45.
[3] 莫兰,马洛特.实证教育方法[M].肖艳,邵冉,译.北京:中国轻工业出版社,2006:48.

（一）精准教学可以提高学生的学业技能

精准教学既可以帮助学生学习掌握更复杂的知识所需要的基本技能，也可以用于工程预科、病理生理学、心理学等复杂课程的学习。具体而言，精准教学可以用于陈述性知识、程序性知识的教学。个体一般是通过言语行为来证明他们对某个学科陈述性知识的掌握。譬如，个体通过正确地回答数学问题证明其数学基本知识。而程序性知识的掌握是由个体完成动作、行为来证明的，如书写、游泳等。程序性知识和陈述性知识都是由个体完成可测量的行为来证明的。由于通过测量学生的学习可以准确地作出教育决定，精准教学可以在短时间内利用有限的资源提高学生的学业技能。

（二）精准教学可以促进学生的情感发展

尽管情感的教育成效较难以量化，但一些研究者进行了研究。在使用短时间段的干预训练时，障碍学生的消极行为减少了，有了更多的微笑。在训练时定期对学生进行测量的做法使得接受训练者的测验焦虑消失了。当看到积极的结果时，他们表现激动，并有提高以前成绩的愿望。精准教学中，学生更愿意积极、主动地参与学习。学生在传统的教育训练中往往会对大量的材料、信息感到厌倦，因觉得学习负担太重而不愿学习。而使用标准图表记录学生的成绩可以减轻学生的学习压力，因为学生可以看到他们的表现流畅了，流畅使学生自信。

（三）精准教学可以提高学生的自我管理能力

由于精准教学简单易懂，不仅教师、家长、志愿者、不同年龄的助教都可以很容易地使用。最重要的资源是学习者。即使年幼的严重障碍儿童也可以在选择精确定位、计数行为、绘图表现他们的发展、决定什么时间方案应该变化以及怎样变化方面承担积极的角色。当然，这需要经过教师的训练。学生参与教学计划的制订、实施与调整，在整个学习过程中监控自己的学习进展情况，这些大大提高了学生的自我管理能力。

鉴于精准教学在课堂教学实践所取得的显著成效，精准教学已经是一种相对成熟、效力强大的教学方法。不管是作为一种独立的技术还是与其他教学方法结合使用，精准教学都提供了解决目前教育实践所存在的一些问题的办法。

第一，精准教学可以使基于课程标准的教学和评价更有意义。使用精准教学，对课程标准制订具体技能流畅水平的规定，无疑将使课程目标和要求更加明确，更便于教师进行有针对性的教学和评价。有了流畅的标准，使得每日追踪个体的发展、及时调整教学计划成为可能。

第二，精准教学可以减少学生的学习困难。每日定期的分阶段练习可以大大提高学习的成效。每日测量可以使教师、学生、家长更好地知道他们在教学和学习过程中做得怎样，在因累积的不足导致主要技能的缺陷和学习困难之前能调整教学方法以满足个体的特征和需要。

第三，精准教学可以节约时间，减轻学习负担。精准教学虽然需要学生进行练习以达到熟练的程度，但由于它时刻对学生的学习发展情况进行检测，所以能精确地作出教育决定：在学生已经达到流畅的水平时终止不必要的练习，进入下一项目的学习；在学生学习没有出现应有的进步时，及时调整教学方法和策略。这些实际上是节约了时间和资源，减轻了学生的学习负担，使得学生在有限的条件下可以达成目标。因此，在重视教育质量特别是重视学生基础知识和基本技能的今天,精准教学作为一种强有力的、适应性强的有效教学策略将得到更为广泛的接纳和运用。

讨论与探究

1. 尝试设计一个运用直接教学策略的课时计划。
2. 尝试设计一个运用支架教学策略的课时计划。
3. 思考在教学时如何综合运用直接教学、支架教学、精准教学策略。

第八章

教学策略（下）

特殊儿童之间、特殊儿童与正常儿童之间存在着比较大的个体间差异。采取有效策略满足学生差异是特殊教育教学设计必须解决的问题。满足差异的策略通常又称为差异教学策略。

差异教学策略有很多，其中充分利用学生的资源、利用学生的差异满足差异是一个非常重要的视角。所谓学生的差异是资源。利用学生的资源满足差异的策略有学生的小组合作学习、同伴辅导等。本章重点介绍合作学习。此外，我们也应该看到，当学生的障碍程度严重、学生间差异较大时，单纯利用学生的资源来满足差异是难以解决问题的。因此，增加教师资源便成为必然的选择。两个或更多的教师在一个课堂中合作教学已经成为特殊教育课堂的常态。因此，本章所要介绍的第二个差异教学策略便是协同教学。

通过本章学习，你能够：

1. 了解合作教学的定义、特征、理论基础与基本要素。
2. 了解合作学习教学设计的基本要求。
3. 了解协同教学的定义与基本特征。
4. 了解协同教学的优势与不足。
5. 了解协同教学的基本原则与必要条件。
6. 了解协同教学的主要类型与常见模式。
7. 了解实施协同教学需要注意的问题。
8. 了解协同教学的发展阶段。

第一节 合作学习

现代社会是一个多元、合作的社会。学生要在社会上生存，必须要学会与他人沟通、合作。合作是一种社会准则，可以促进社会和个体自身的发展。合作学习是学习沟通、合作的重要途径。在课堂中，合作学习又是充分利用学生资源进行学习的一种教学策略。特殊学生通过与其他同学进行合作学习，可以习得合作的技能，同时也可以提高学习其他知识和技能的成效。

一、合作学习的定义与特征

(一) 合作学习的定义

尽管人们已经认同合作学习是提高学生成绩的有效教学策略之一，但对于合作学习的涵义还是有不同的理解。概括而言，现有的合作学习定义可以分为以下几种：

定义一：只强调合作，不强调小组的形式

雅各布斯(G. M. Jacobs)等人认为，合作学习是促进学生更有效地合作的思想和技术。[1] 他们希望突出合作学习在小组之外的价值。

斯莱文(Slavin)认为，合作学习是指学生为了完成学业任务而互相鼓励或共同努力的一系列教学方法。

定义二：强调小组的形式，但不强调分组的类型

奥尔森(Olsen)和卡甘(Kagan)把合作学习定义为组织化的小组学习活动，以使学习依赖于小组成员间社交结构化的信息交流，其中每个学生对自己的学习负责，同时被鼓励提高其他组员的学习水准。[2]

---

[1] George M. Jacobs, Michael A. Power, Loh Wan Inn. 合作学习的教师指南[M]. 杨宁,卢杨,译. 北京：中国轻工业出版社, 2005：2.
[2] Olsen, R. E., Kagan, S. About Cooperative Learning. In Kessler, C. (Ed.), *Cooperative Language Learning: A Teacher's Resource Book* [M]. Englewood Cliffs, NJ: Prentice Hall, 1992：8.

约翰逊兄弟(Johnsons Brothers)和霍勒别克(Holubec)把合作学习定义为使用小组的教学,学生通过小组工作从而使他们自己和别人的学习最优化。[1]

克林纳(Klingner),沃恩(Vaughn)以及舒姆(Schumm)(1998)把合作学习定义:学生为了完成要求所有小组成员都参与的明确规定的任务而在小组中一起学习。[2]

定义三:强调小组的形式,而且强调异质分组

黄政杰、林佩璇认为,合作学习是一种合作形态的教学,旨在采取异质性分组的方式将班级学生分为几个小组,每组一般是三至六人,每个小组均有成绩好的也有成绩差的学生。各组学生在教师实施全班教学之后进行分组学习,在分组学习中互相指导、互相帮助,使每个小组的平均分数进步。[3]

本书认同第二种观点:合作学习是指小组学生通过互相合作而进行的学习。

(二) 合作学习的基本特征

合作学习具有以下三个基本特征。

首先,合作是指两个或两个以上的个体通过个体间的协调来更好地完成任务。合作学习是指两个或两个以上学生组织一个小组进行合作。合作学习的本质特征是学生以小组的形式互相协调、支持以更好地完成学习任务。两个或两个以上的学生即可组成一个小组,所以第一种定义过于宽泛。第三种定义强调学生的异质分组则过于狭窄,尽管异质分组在合作学习中更为常见,但同质分组的学生也可以进行合作学习。

第二,合作学习应当有促使学生需要合作的学习任务。合作的任务可以是基于需要共同的问题解决的小组活动,也可以是对于具体内容的个别学习;可以是把一个小组整体要完成的任务分成若干部分,每个小组成员完成自己特别的任务,也可以是所有小组成员共同完成一个任务。这些学习任务的共同点是需要学生的合作才能完成。合作学习成功的原因在于通过小组学生之间的互动,每个学生都能参与到学习过程中来。在合作学习中,学生彼此呈现材料、解释与倾听,共同完成学习任务。

第三,合作学习应当有鼓励学生进行合作的奖励。合作学习的评价不仅有对组员个人学习情况的评价,更重要的是还要有对小组任务完成情况的评价,或者说对小组的评价重于对个人的评价。为了刺激合作小组成员为了小组的成功而互相鼓励和帮助,像对自己的学习负责一样为他人的学习负责,教师还要对小组任务的完成情况进行奖励。所有成员的成绩都对最终小组总体的奖励有贡献。在大多数情况下,合作学习也包括结构化的教学,通常在合作学习活动之前是教师引领的教学,之后是评价和反馈。

二、合作学习的发展背景与理论基础

(一) 合作学习的发展背景

虽然近些年来合作学习作为一种能促进学生学业成绩和合作精神的方法而备受关

---

[1] Jenkins, J. R., Antil, L. R., et al. How Cooperative Learning Works for Special Education and Remedial Students [J]. *Council for Exceptional Children*, 2003,69(3):279-292.

[2] Klingner, J. K., Vaughn, S., Schumm, J. S. Collaborative Strategic Reading during Social Studies in Heterogonous Fourth-grade Classroom [J]. *The Elementary School Journal*, 1998,99(1):3-22.

[3] 黄政杰,林佩璇.合作学习[M].台北:五南图书出版有限公司,1996:1.

注,实际上合作学习并不是一个新事物。自从人类开始学校教育以来,合作学习就开始了。在早期的只有一个教室的学校中,一个教师需要面对不同年龄、不同能力水平的学生,合作学习便因此存在了。合作教育的思想也是源远流长。我国最早的教育文献《学记》中就已提出"独学而无友,则孤陋而寡闻"。在西方,早在公元1世纪,昆体良就主张学生可以从相互教学中获益。罗马哲学家塞内卡(Seneca)、捷克教育家夸美纽斯(J. A. Comenius)都提出过学生可以教其他学生,互相都得益。18世纪末叶,兰开斯特(J. Lancaster)和贝尔(A. Bell)两人在英国倡导采用合作学习团体施教的教学方法,此一观念于1806年传至美国,纽约设置了美国第一所兰开斯特学校。其后美国的学者派克(C. F. Parker)和杜威等人,均甚为重视合作学习团体在教学上的运用。[1]

合作学习作为一种现代意义上的教学策略,20世纪70年代兴起于美国,在德国、以色列等国家也有试验和推广,并于20世纪70年代中期至80年代取得了实质性进展。[2]

合作学习在美国兴起的主要原因是为了提高教育质量,使学生走出过度竞争所带来的不良影响,从而在温暖互助的环境中更好地学习。其中,关注处境不利儿童的教育是推动合作学习发展的动因之一。20世纪60年代末期,随着大规模反种族隔离运动的开展,教育者们开始关注如何提高处境不利儿童的教育水平。合作学派的倡导者认为:课程本身不能代替班级内的社会交往过程,在学校中要根除种族歧视现象,必须通过不同种族、文化背景、社会经济地位、能力水平的学生的合作性接触才有可能,让学生在交往中进行合作,在合作中学会交往,以此改善种族关系。[3] 随着一体化、回归主流和融合教育的开展,大量特殊儿童回到普通班级学习,合作学习随之成为满足学生差异并充分利用学生差异的一种重要教学策略,在融合课堂中得到广泛运用。

(二) 合作学习的理论基础

合作学习之所以会成为风靡世界的教学策略,是由于其有着坚实的理论基础。概括而言,合作学习的理论基础主要有以下几个方面。

1. 社会互赖论

社会互赖论,又称为团体动力理论,起源于20世纪初格式塔学派的创始人考夫卡(Kurt Kafka)。他认为团体是一个动态整体,成员间的互赖性可以变化。对合作学习理论发展影响最大的是勒温(K. Lewin)的观点。19世纪二三十年代,勒温提出,小组因其组员间的互相依赖而形成一个动态的组织。任何组员状态的改变都会影响所有成员。小组的积极状态激励所有成员共同努力来完成一个共同的目标。40年代晚期,勒温的学生道奇(Deutsch)从学习者完成预定目标时的互助形态建构了合作和竞争的理论。道奇把课堂学习模式分为竞争、个别和合作3种类型。竞争是指任何一个学生的成绩会挫败其他学生目标的达成;个别是指个人的成绩对其他学生目标的达成没有任何影响;合作是指每个学生的努力都对其他学生目标的达成做出贡献。

---

[1] 黄政杰,林佩璇.合作学习[M].台北:五南图书出版有限公司,1996:3.
[2] 盛群力,郑淑贞.合作学习设计[M].杭州:浙江教育出版社,2006:2.
[3] 盛群力,郑淑贞.合作学习设计[M].杭州:浙江教育出版社,2006:4.

20世纪70年代约翰逊(D. Johnson)把道奇的理论扩展为社会互赖理论。该理论假设一个组织中成员间相互依赖的方式决定了人际间互动的方式以及最终的学习结果。合作作为积极的相互依赖，会产生有助发展的互动，个体会鼓励彼此的努力。竞争是消极的相互依赖，会产生对抗性的互动，个体会阻碍彼此的努力。而个别学习没有互相依赖，也就没有互动。

2. 社会接触论

社会接触理论着眼于研究促进群体动力的社会互动关系。艾尔伯特(G. Alport)在研究如何帮助不同种族的人更和谐地一起生活的过程中发现，如果小组成员间地位平等、有共同的目标，合作能够得到官方或他人正式认可的话，小组成员间的人际互动会产生更有效、更积极的关系。20世纪70年代，艾尔伯特和他的同事把上述研究成果运用到课堂教学，从而产生了著名的合作教学技术切块拼接法。在切块拼接法中，为了确保小组学生地位平等，小组的不同学生拥有独特的信息，小组成员必须互相分享信息才能达成共同的小组目标。教师要对小组目标的达成情况进行评价。

3. 认知发展理论

20世纪著名的认知发展心理学家皮亚杰和维果茨基的认知发展理论也影响了合作学习。

虽然皮亚杰把儿童知识的建构视为生理和认知的成熟，但他也认识到社会经验的重要性。皮亚杰理论认为，个体通过寻找关于世界的现有背景知识与以及体验间的平衡来建构其对周围世界的个人理解。当个体在环境中与他人合作时会产生更多的认知冲突，进而产生认知不平衡现象，从而激发个体的认知发展。语言、价值、规则、道德等知识只能通过与他人的互动习得。皮亚杰认为，专家、成人的正式教学作为一种促进认知发展的刺激不如同伴指导的教学那样有效。相比于儿童与成人间的互动，儿童间的互动更有利于其学习，高水平的同伴互动经验更能促进认知发展。

维果茨基强调社会互动在认知发展中的作用。人的高级心理机能的发展是通过人们的交往而实现由外而内的内化的。儿童间的合作促进了成长。小组学习过程对认知发展是很重要的。维果茨基提出的最近发展区理论也是基于个体间的社会互动。设计好的教学如果能略微领先学生现在知道的、能做的，就好像是一个磁石，能带领学生前进，帮助学生掌握他们自己不能学习的东西。儿童能从与领先于自己的智力水平者的教学互动中学得更多。虽然这一观点似乎支持专家教师提供高水平的直接教学，但维果茨基的理论还是从多个方面支持合作学习。合作学习的学生年龄相近，他们的最近发展区也基本相似，或者更了解其他组员的最近发展区，更容易提供适合的帮助和引领。如果小组成员的能力是有差异的，学生也会从与不同能力组员的互动中学到更多。特别是当学生要完成一些单独不能完成的具有挑战性的任务时，合作学习时优秀学生的引领和示范、组员间的积极支持和反馈都会发挥重要作用。

如果说维果茨基的最近发展区理论更强调专家或水平更高的同伴在学习中的作用，也有一些研究者关注到水平相似的学生通过互动、分享信息和观点也可以互相帮助。譬如，学者间的相互作用可以产生这一领域的新知识。这说明人们的观点汇聚可以建构知识。

4. 信息加工理论

独立学习与同伴一起学习的区别主要在于信息的认知加工过程。

信息加工理论模型假设信息加工始于一个信息经由一个或多个感官进入我们的大脑,适当的感受器(sensory register)接受所输入的信息并赋予其意义。感受器的容量很大,但持续时间很短。事实上,我们接收很多刺激,但我们不能关注这些刺激的全部。通常情况下,我们只能关注其中的一些。因此,只有少量的信息转入到我们的工作记忆。工作记忆的空间是有限的。因此,同伴学习可以补偿有限的关注所导致的信息不足。合作学习时,学生可以通过互相帮助,使用很少的工作记忆完成基本的认知任务,而他们的大多数工作记忆能力可以用来完成理解任务。

温内(Winne)(1995)认为,在独立学习中,学习者能得到的信息范围局限在两个来源:学习者的认知资源和学生在学习中通过书本、数据库、物理设备等来源而聚集的信息。在社会的背景下,信息得到了扩展,因为同伴或指导者通过精心思考和组织可以提供超出自己的信息。[1] 譬如,在阅读理解的过程中,对于任务的主题有充足背景知识的学生可以向其他组员解释如何思考,使不清楚的观点更加清楚,还可以向同学提供范例。这样的合作学习有助于激活长时记忆。当学生共同学习完成一个任务时,如果一个学生提到了某个概念或规则,那么该概念或规则便可能会与其他学生认知网络中的其他概念或规则建立联系,激活学生长时记忆中与所学新信息相关的背景知识,从而有助于学习新知识。

合作学习有助于学生对信息进行精细加工。斯莱文(1995)等人的研究发现,如果要记忆相关信息并与记忆库中已经存在的信息建立联系,学习者必须对信息进行某种认知加工或精心思考,而最有效的加工方式就是把信息材料向他人做解释。当学生被要求向他人进行解释、详细阐述或辩护自己的观点时,理解更容易发生。解释的责任通常会推动学生以新的方式评价、综合和阐述知识。合作活动要求学习者反思他们的知识,做出概括和详细阐述以向同伴传达。做出概括和详细阐述要求学生理解新知识的认知结构以及相关的先前知识,而这恰恰是提高他们的信息加工深度的有效方式。[2] 学生彼此间用自己的语言解释策略,从而帮助他们更好地进行复杂的认知活动加工。合作学习中,学生间的互动能经常鼓励同伴去解释、思考、组织、产生替代的例子和类比,促使个体对材料进行更深的加工。

三、合作学习的基本要素

合作学习并不仅仅是把学生分成一个小组进行学习。合作学习必须精心设计、认真实施才能产生积极的成效,否则只能产生消极的体验。有效的合作学习需要具备以下几个方面的基本要素。

---

[1] Winne, P. H. Self-regulation is Ubiquitous but its Forms Vary with Knowledge [J]. *Educational Psychologist*, 1995,30(4):223-228.
[2] Stevens, R. J., Slavin, R. E. Effects of a Cooperative Learning Approach in Reading and Writing on Academically Handicapped and Nonhandicapped Students [J]. *The Elementary School Journal*, 1995,3:241-262.

1. 明确、恰当的小组目标和个人责任

小组目标是小组通过合作学习所要达成的目标。个人责任是指每个小组成员在小组学习中所承担的责任。教师要明确规定小组目标和个人目标,而且小组目标和个人目标都应该处于学生的最近发展区,是学生通过合作努力可以达成的。

明确的、恰当的、可以让所有组员都积极为之努力的目标是学生合作至关重要的条件。小组目标激励着学生一起工作,互相鼓励。如果没有共同的目标,学生便不会一起努力学习。科恩(Cohen)(1998)认为,合作学习中建立的对每个人的混合的期望会减少组员间在小组中地位高低的差异。成绩优秀的小组的特征之一是所有组员都承担集体责任。[①] 而小组的成功依靠每个组员的学习。仅仅靠合作学习的激励并不足以提高学生的成绩。明确的个人责任使每个人都知道自己该做什么。所以,只有当小组学习中个人责任也很明确时,合作学习才能最有效提高每个学生的学业成绩。

2. 积极的相互依赖

合作学习并不是简单地告诉学生要一起工作,他们必须有理由重视彼此的成绩。当小组的成功取决于每个组员的成功,即小组目标与个人责任统一时,合作学习模式才能最有效地提高每个组员的成绩,促进合作。教师需要统筹规划小组目标和每个学生的目标,从而使每个小组学生既要为自己的学习负责也要为其他组员负责。教师要使学生认识到,合作学习任务的完成需要许多不同的智力,没有一个人能有所有的能力,但每个人都有其中的一些能力。每个组员必须认识到并欣赏所有组员为成功达成小组目标所作出的贡献,认识到每个组员都有适合自己水平的个人目标,并且这些个人目标都是小组目标不可或缺的部分,那么小组成员才会真正积极地相互依赖。如果没有这样的精心设计,能力强、动机水平高的学生会成为小组的领导者或任务的主要完成者,而能力差或动机水平低的学生则会成为小组的边缘人或懒惰者。当小组成员间能积极地相互依赖时,他们彼此间才会积极地互相教学,坚持能提高学习成绩的做法,避免出现不加解释地接受或给答案等降低成绩的行为。而且,异质小组中不同能力的学生承担着适合自己的、对小组目标又是不可或缺的任务,可以在一定程度上减少学生对彼此能力差异的关注。

3. 平等的成功机会

合作学习要给所有学生都提供成功的机会,从而让每个学生都有价值动机。因此,教师不能仅仅关注那些能很好完成学校任务的学生,不能只让这些学生成功。平等的成功机会使所有学生都能进步。

4. 良好的合作技能

成功的合作学习需要每个学生都具有一定的合作技能。往往学生的合作技能越高,合作学习的成效越好。合作技能包括与他人沟通,建立信任关系,相互接纳与支持,解决学习过程中出现的冲突等基本的社会交往技能。合作技能不会在需要的时候自然产生,而是需要教师的引导和培养。教师在合作学习进行之前,必须教给学生合作技

---

① Cohen, E. G. Making Cooperative Learning Equitable: Realizing a Positive School Climate [J]. *Educational Leadership*, 1998, 56(1): 18−21.

能,并在合作学习过程中引导学生积极运用。教师还要对合作学习过程中学生的合作技能及时给予反馈和鼓励。如果教师把不具备合作技能的学生放在一个小组中,有效的合作学习并不会发生。

5. 有效的合作过程

前面的诸项因素为合作学习的成功提供了基本的条件。合作学习的成功还需要在合作学习的过程中学生能真正进行有效的合作。因此,教师需要精心设计合作学习的过程,给予学生充足的合作学习时间,引导学生为了完成小组目标和个人目标而有效地相互启发、相互帮助、相互影响彼此的学习。

6. 恰当的教学评价

教师要对小组共同目标以及学生个人目标的达成情况都进行评价,还要评价学生个体在小组共同目标达成过程中所做的贡献。

四、合作学习的成效

(一) 提高学生的学业成绩

学业成绩是学习最为重要的目标之一。不论采用何种教学策略,教育都期望能提高学生的学业成绩。许多研究证实,合作学习提高了学生的学业成绩,提升了学生低层认知能力及高层认知能力。而学生学业成绩的提高主要是由于合作学习给学生的学习带来了以下改变。

合作学习为学生的学业学习提供了支架。认知心理学尝试解释复杂的任务是如何学习的。譬如,在阅读理解中,认知能力既没有很好的结构也没有基于规则,因此在学和教时会遇到很多困难。学生在学习这些技能时,需要更多的认知支持,譬如一个认知的学徒关系。学习的学徒关系包括起始教学、示范、教导、支架(如提供支持或提示)、消退(如逐渐撤除支持或提示)。在一个认知的学徒关系中,随着认知支持或指导的减少,学生逐渐承担更多的责任。合作学习就可以作为这样一种学徒关系,使对认知任务的掌握处于不同阶段的学生在一起学习,互相提供认知支持和指导。观察其他学生并在这样的情境中进行练习可以帮助学生内化他们正试图掌握的认知功能,或者那些正处于他们的最近发展区的功能。[1] 由于合作学习中学生能彼此提供学习支持,因此合作学习使得教师能布置更复杂和综合的任务,同时减少评价时间,并能及时对学生的学习情况提供反馈。

合作学习增强了学生的学习动机。合作学习中,小组任务的完成需要每个小组成员的积极努力。个人明确的任务可以激发每个学生的学习动机。另外,相比于个人学习可能会出现的错误或失败,小组成员合作更容易取得学习的成功。而学习成功的满足会增强学生的自尊心与自我肯定,增强学生的学习动机。

合作学习增强了学生专注于学习任务的时间意识。在传统的以教师讲授为主的教

---

[1] Stevens, R. J., Slavin, R. E. Effects of a Cooperative Learning Approach in Reading and Writing on Academically Handicapped and Nonhandicapped Students [J]. *The Elementary School Journal*, 1995, 3: 241-262.

学中,当教师在进行讲解时,有些自控力欠佳的学生会注意力分散,从事与学习任务无关的活动。在合作学习过程中,学生需要大量的时间进行彼此交流。在这样的学习环境中,学生的学习动机水平比较高,会更关注学习任务。小组成员为了完成共同的任务,会及时提醒每个成员认真学习。

吉利斯(Gillies)(2002)总结,合作小组成员的互动在提升小组交流、促进学习、增强思考等方面扮演着重要角色。实证研究发现,与没有过小组合作学习经验的学生相比,有过合作学习经验的学生会更关注学习任务、彼此倾听、分享资源,他们更愿意促进彼此的学习,语言水平也更高。[1] 韦勃(Webb)(1983)认为,得到来自小组同学解释的帮助与学生的成绩有显著相关。解释而不是仅仅告诉正确答案,是学生达到更高水平的关键。[2] 约翰逊兄弟(1999)的研究发现,合作学习的结果是更高水平的推理,更好地迁移所学知识,更多的时间关注任务。参与小组合作学习,提高了学生的学业成绩以及对学习的积极态度。[3] 摩根(Morgan)(2003)的研究发现,合作学生增强了理解的深度、支持的感觉、对他人贡献的尊重和对信息的说明。[4]

(二) 提高学生的社会交往技能

合作学习给学生提供了大量彼此沟通的机会。在沟通的过程中,学生提高了自己的语言表达水平以及其他人际交往技能,更容易理解他人的观点、肯定他人的努力。

小组成员间的交流对于学生的成长是很重要的。合作学习时,学生可以听到其他组员的解释或讲解,更重要的是他们会用孩童的方式进行交流。用一个教师的话来说:"他们似乎有他们自己的语言。他们能以一种我不会的方式互相表达他们的想法和观点。我使用教师语言,而孩子们使用孩子语言。尽管我努力那样去做,但我仍是他们的教师,而不是个孩子。"[5]总体而言,与竞争或个别的学习相比,合作学习的结果是学生学习更加努力、人际关系更积极、心理更健康。

(三) 促进学生彼此接纳

为了完成小组的共同任务,学生需要彼此接纳,互相帮助,甚至要学习同不喜欢的同学一起学习。有时,教师为了改善学生的人际关系、促进学生的接纳程度,会把两个相处艰难的学生分在一个小组,这样他们就不得不建立合作关系,讨论解决他们的问题。在融合教育环境中,合作学习可以提高普通学生对特殊儿童的接纳程度。为了完成小组任务,普通学生会更多地为特殊儿童提供帮助和支持。由于合作学习提供了大量的彼此沟通的机会,普通学生与特殊学生彼此更加了解,体会到每个成员在小组中的

---

[1] Gillies, R. M. The Residual Effects of Cooperative Learning Experiences: A Two-year Follow-up [J]. The Journal of Educational Research, 2000, 96(1): 15-20.

[2] Webb, N. M. Predicting Learning from Student Interaction: Defining the Interaction Variables [J]. Educational Psychologist, 1983, 18: 33-41.

[3] Johnson, D. W., Johnson, R. T. Making Cooperative Learning Work [J]. Theory into Practice, 1999, 38(2): 67-73.

[4] Morgan, B. M. Cooperative Learning in Higher Education: Undergraduate Student Reflections on Group Examinations for Group Grades [J]. College Student Journal, 2003, 37(1): 40-49.

[5] Antil, L. R., Jenkins, J. R., Wayne S. K., et al. Cooperative Learning: Prevalence, Conceptualizations, and the Relation between Research and Practice [J]. American Educational Research Journal, 1998, 35: 419-454.

重要性,产生更多的心理接纳,建立友谊。特殊儿童由于参与了小组学习,会增强他们在班级中的归属感。

当然,并不是所有合作学习都有好的成效。合作学习必须精心设计、认真实施才能产生积极的成效,否则只能产生消极的体验。譬如,有些学生过于依赖其他同学来完成任务,那些能力很强的学生往往会剥夺能力弱的学生的权利,自己完成小组所有工作。这样的合作学习可能会导致能力强的组员学得很多,而能力弱的组员会更无助且减少表达自己观点的欲望。因此,在学生分组时要仔细考虑,要使每个小组成员都产生积极的学习体验。

合作学习的成效不是自然产生的,要受到教学要求、教学材料、学生水平与班级状况、教师状况等多因素的影响。吴盘生(1989)对小组学习与个别学习的利弊进行了对照,具体见表8-1。

表 8-1 小组学习与个别学习利弊对照表

项目	内容	小组学习	个别学习
教学的要求	1. 改善情绪和态度,改变价值观 2. 纠正错误,忍受刺激,增强意志 3. 扩大知识面 4. 提高感受性(痛觉、听觉、嗅觉) 5. 提高肌肉的紧张度,改进操作技能 6. 增强长时记忆 7. 提高思维的紧张度 8. 增强思维的变通性,探索解决问题的方案 9. 提高思维的独立性、新颖性、独创性 10. 提高注意的持久性 11. 提高注意的集中性	有利 有利 有利 有利 有利 有利 有利 有利 	 有利 有利 有利
教学材料的性质	1. 记忆性材料(短时记忆) 2. 要求理解、归纳的材料 3. 要求探索、发现的材料(理科) 4. 要求做出评论的材料(文科)	 有利 有利 有利	有利
班级群体的水平	1. 群体目标得到认同 2. 组织机构健全,自我管理水平不断提高 3. 人际关系趋向协调 4. 群体规范健全	有利 有利 有利 有利	
学生的状况	1. 属小学低、中年级的年龄段 2. 个体具有合理的习惯、爱好 3. 有交往的需要 4. 要求取得良好的自我感觉	(有争议) 有利 有利 有利	有利
教师的状况	1. 教学组织能力不强 2. 接受新事物较慢 3. 不愿墨守成规 4. 与学生交往时倾向于平等合作	 有利 有利	有利 有利

(资料来源:吴盘生.小组教学的研究.外国教育资料,1989(1):75)

五、合作学习的教学设计

当学生具有一定的知识基础、自制力与合作能力时,教师可以选择恰当的学习任务让学生通过合作学习的方式完成任务。合作学习的教学设计一般包括选择学习任务、制订学习目标、选择合作模式、设计讨论问题、确定评价标准与方式几个方面。

(一) 制订合作学习的目标

1. 目标设计的维度

合作学习一方面是为了帮助学生更好地掌握知识与技能,同时还要提高学生的合作与交往技能。因此,教师在设计合作学习的目标时,既要有知识、技能等学术性目标,还要有合作与交往的目标。

2. 目标设计的难度

合作学习的教学目标需要难度适当。目标是学生通过小组成员的合作、互助可以完成的,至少要处于小组大多数成员的最近发展区。

(二) 选择合作学习的任务

并不是所有的学习任务都适合合作学习的方式。在进行合作学习的教学设计时,需要选择或确定适合进行合作学习的任务。那么,什么样的教学任务适合于运用合作学习策略呢?

有些研究认为,中小学各种课程都可以转换成小组教学的材料。但有人认为,历史学、社会学等人文学科和地理、生物等的新教材适合于小组教学;而数学、物理、化学、外语等学科的新教材则较适合于讲述,这些科目的内容在复习时才适合开展小组教学。[1]

盛群力等人(2006)认为,如果教学任务(或者学习内容)蕴含了下列这些因素,则应该优先考虑采用合作学习方式:[2]

互动——教学任务是否强调师生之间、生生之间的交流沟通,彼此关爱理解,共同分享鉴赏等。当然,这里的互动不是一般课堂教学中常见的讲解提问等"即时互动",而是要求生生之间进行讨论、展示、争辩、操作等"同时互动"。

互助——教学任务是否包含了不同层次的要求,能否产生一定的分化或理解、掌握上的屏障,进而自然地形成求助与助人的需求。

协同——教学任务是否需要小组成员责任分工、角色轮换,发挥自己的优势又吸取别人的长处,集思广益、取长补短、协作共事、齐心协力去达标。

整合——教学任务是否体现了跨学科性、综合性和任务驱动性、项目性学习的特点,是否需要不同观点、不同材料、不同解题思路或方法的汇总综合,是否涉及到去粗取精、由表及里、去伪存真、从特殊到一般的过程。

求新——教学任务是否突出了学习者个人的独特感受与体验,是否要求生成别出心裁、与众不同的理解,是否求新求异求变,是否有较高的知识迁移性质。

---

[1] 吴盘生. 小组教学的研究[J]. 外国教育资料, 1989(1):71—81.
[2] 盛群力, 郑淑贞. 合作学习设计[M]. 杭州:浙江教育出版社, 2006:59—60.

辨析——教学内容是否需要经过争辩、探讨、质疑,能否在独立思考的基础上交换意见,在相互磨合中坚持自己合理的想法,同时吸收别人好的创意。

评判——教学任务是否涉及到较多的价值判断和选择,是否有多种决策路径可供选择,是否需权衡利弊得失。

表现——教学任务是否需要学生充分展示、表露或"外化"已经学到的东西,是否以群体业绩表现、以任务整合或项目调研的方式来衡量考评。

本书认为,只要学习任务是适合学生通过协作、讨论进行学习的,是学生单凭个人的力量无法在短时间内完成的,那么就可以开展合作学习。

另外,教师在决定合作学习的任务时,还要综合考虑每日的教学整体安排,使合作学习在每日教学中所占的比重比较恰当。目前,关于合作学习占整个课堂教学总量的恰当比例并没有一致的看法,关键是要根据学习任务与学生的能力进行合理安排。

(三) 设计合作学习的基本结构

1. 合作学习基本结构的设计原则

根据教学任务与教学目标,教师需要设计合作学习的教学结构。教学结构设计的出发点是让学生能进行有效的合作学习,为此需达到积极互赖与个人责任明确的统一,从而真正激励学生去合作。

奥尔森(Olsen)和卡甘(1992)提出了设计合作学习结构需要遵循的五个原则:[①]

(1) 结构化的目标。小组工作朝向单一的小组成果(如,合作的成绩)。

(2) 结构化的奖励。除了有个人的成绩或等级,还对小组共同努力的成果计入小组分数,给予奖励或划分等级。

(3) 结构化的学生任务。给小组每个成员分配不同的任务,这样每人都有具体的责任(如解释者、总结者或者记录者)。

(4) 结构化的材料。可以给每个小组有限的资源(如一个小组只有一张答案记录纸),从而使小组成员必须分享资源。还可以给学生准备一些拼凑在一起才更适合的材料(如拼图)。

(5) 结构化的规则。制订一些强调对小组成果共同分担责任的规则(如,在每个小组成员都完成先前分配的任务之前,任何人不能着手完成新的任务或使用新材料)。

2. 合作学习的模式与方法

在合作学习发展的过程中,一些研究者设计了一些具体的合作学习模式和方法。常见的有以下几种。

(1) 小组成绩区分法

小组成绩区分法(Student Teams Achievement Division,简称为 STAD),又译为成绩分阵法,1980 年由斯莱文所设计,被认为是最早开发、应用最广泛、最容易实施的一种方法。STAD 适用于良构问题,问题的答案明确而且往往只有一个正确答案。STAD 的主要做法是小组内部水平有差异的学生在学习过程中能互相帮助、互相鼓励,从而使

[①] Olsen, R.E., Kagan, S. About Cooperative Learning. In Kessler C. (Ed.), *Cooperative Language Learning: A Teacher's Resource Book* [M]. Englewood Cliffs, NJ: Prentice Hall, 1992:8.

不同水平的学生都能掌握教师所呈现的知识或技能。

教师在进行 STAD 之前，需要做三个方面的准备工作。第一，教师需要准备需小组学生共同完成的学习任务单、记录小组讨论结果的答题纸、每个学生的独立测验卷、合作学习情况的观察记录表、汇总小组成员成绩的汇总清单。第二，决定学生的基线分数。基线分数代表学生与即将完成的学习任务相关的已有水平，往往可以通过学生前几次测验的平均分数而获得。教师在合作学习结束后要对学生进行独立测验，并把测验分数与基线分数进行对比，把小组学生分数提高的总数以及每个组员分数提高的情况作为评价的重要依据。第三，根据学生的基线分数把学生进行分组。分组的标准是组内异质，组间同质。每组高、中、低水平学生均衡搭配，男女学生比例适当。每组学生人数尽可能一致，一般最好在四人左右。

运用 STAD 进行教学和学习时，教学过程需要分为以下几个环节：

① 教师对全班学生进行集体教学。在教学的初始环节，教师面向全班学生进行新授，介绍新教材的重点内容，引导出需要小组合作学习才能解决的问题，激发学生进行小组学习的兴趣。

② 小组学习。学生按照教师事先分好的小组进行学习。学习的主要任务是每个小组成员都能掌握教师刚才所讲授的内容。为使小组成员能积极地相互依赖，每个小组只有一张学习任务单与一张答题纸。当某个小组成员不能正确回答问题时，其他组员需要进行解释，而不是直接给出答案。小组学习时，同一小组学习的学生面对面坐着，座位离得较近，方便讨论。不同小组学生的座位间隔一定距离，以免相互干扰。在学生进行合作学习时，教师的职责是巡视各小组，了解学习进展情况，及时提供指导和帮助。

③ 独立测验。每个学生独立完成测验。即使同一小组的学生座位也应相隔一定距离，以免互相干扰。

④ 计算个人进步分数和小组得分。个人进步分数是由独立测验分数减去基线分数，然后再进行转换。换算的标准见表 8-2。根据小组成员的个人进步分数可以得到小组总分和小组平均分，从而得到该次测验的小组排名。

表 8-2 进步分数换算表

小考得分-基本分数	转换进步分数	小考得分-基本分数	转换进步分数
退步 10 分以上	0	进步 10 分以上	30
退步 0—9 分	10	表现优异	30
进步 1—9 分	20		

（资料来源：黄政杰、林佩璇. 合作学习. 台北：五南图书出版有限公司，1996：65）

⑤ 学习评价

STAD 的最后一个步骤是对学生的学习情况进行评价。评价可以分为个人评价和小组评价，评价以奖励和表扬为主。个人评价是把学生现在的表现与过去的表现进行对比；小组评价的重心是小组成员经过相互依赖的积极互动而使小组每个成员都较过去的水平有提高。由于决定小组总分和小组平均分的是小组每个成员的个人进步分数,这样的评价方式使得小组成员能有更强的团队意识,充分认识到每个小组成员的成绩都很重要,能积极帮助组内其他成员更好地学习。另外,由于每个人的成绩是与自己过去的成绩进行对比,因此,这样的评价方式使得组员更能接纳彼此的差异。

(2) 小组游戏竞赛法

小组游戏竞赛法(Team Game Tournament,简称为TGT),也是由斯蒂文等人较早开发的一种小组合作学习方法。TGT的基本过程与小组成绩区分法大致相同,只是在小组合作完成作业后,用游戏竞赛代替小测验来测量学生的进步情况,评价的重心不再是学生个人分数的提高,而是小组比赛的结果。

教师在进行TGT前,需进行以下几个方面的准备工作。第一,教师需要准备教学材料,需小组学生共同完成的学习任务单、记录小组讨论结果的答题纸、测验卷、观察表。第二,教师把班级学生按照能力水平的不同分成组内异质、组间同质的合作学习小组。第三,教师需要准备竞赛的内容、制订竞赛的规则,并依据学生的能力把不同小组的学生分配到相应的竞赛小组。一般而言,可以把学生分为高、中、低三种能力水平。来自不同小组的相同能力水平的学生组成一个竞赛组。不同水平的竞赛组完成不同要求的测验。

运用STAD进行教学和学习时,教学过程需要分为以下几个环节:

① 教师对全班学生进行集体教学。在教学的初始环节,教师面向全班学生进行新授,介绍新教材的重点内容。

② 学生进行合作学习。合作学习的主要任务是通过组员的互帮互学更好地掌握教师所讲授的内容。在合作学习的过程中要按照教师所提供的学习任务单完成相应任务,并把讨论的结果记录在答题纸上。

③ 学生进行游戏竞赛。学生按照教师划分的竞赛组进行游戏竞赛。竞赛的内容是教师教授的信息以及学生进行合作学习所回答的问题。

④ 计算小组得分。合作学习小组每个组员的竞赛成绩都计入合作小组的总分。这样每个组员都可以为小组成绩作出贡献。由于竞赛组的学生水平基本上是同质的,不同水平的竞赛组完成不同难度的测验,相对而言也比较公平。每个学生只要认真努力就有机会完成比赛。

⑤ 学习评价

TGT的评价可以分为个人评价和小组评价。个人评价的主要依据是每个组员在竞赛中的成绩。小组评价的依据是小组总分。相对而言,小组评价是重心,以此激发合作小组相互帮助的热情。另外,教师可以根据学生在竞赛中的表现情况,对竞赛组的人员组成进行适当调整,以保证相同水平的学生能在一个竞赛组中进行比赛。

(3) 切块拼接法

切块拼接法(Jigsaw),又译为拼图法。该方法被认为是最早的合作学习方法之一。

教师在运用切块拼接法前,需进行以下几个方面的准备工作。首先,把班级学生按照能力水平的不同分为组内异质、组间同质的合作学习小组。每组学生4—6人。第二,为每个小组准备同样的学习任务。教师把课堂学习任务按照小组人数分解为几个子任务,每个组员只需要完成教师分配的子任务。

运用切块拼接法进行教学和学习时,教学过程需要分为以下几个环节:

① 教师面向全班学生介绍合作学习小组的分组,分别指定每个小组组员所承担的子任务,每个子任务都是一个独立而完整的单元。

② 承担相同子任务的学生组成专家组。不同的专家组分别进行合作学习。在专家组中,学生阅读自己的任务,在小组中进行讨论,确保每个人都完成自己的任务。专家组还要讨论如何向自己最初的合作小组组员进行教学。

③ 专家组解散,学生回到最初自己所在的合作学习小组。小组成员彼此向其他组员介绍自己完成子任务的情况,并教其他组员学会相关知识和技能。最后,完成不同子任务的小组成员把各自完成的任务拼接在一起,完成总任务。

④ 所有学生接受独立测验,评价个人掌握情况。切块拼接法只对个人学习的情况进行评价,不对小组进行比较。这种评价方式不评价学生在合作学习过程中合作的情况以及小组任务的完成情况,学生个人要对整个学习负责。

(4) 切块拼接法改进型

切块拼接法有两种改进类型,分别是 Jigsaw Ⅱ、Jigsaw Ⅲ。

Jigsaw Ⅱ是斯蒂文(1980)对切块拼接法进行调整而来的。切块拼接法改进型对切块拼接法做了两大改进。首先,在最初的合作学习中,每个学员的子任务不再是独立完整的,而是整合子任务构成一个完整的学习任务。总任务可能是一篇文章或其他完整的材料,子任务可能是其中的章节以及每节需要回答的问题。教师需要在教学之前准备需要学生回答的问题单。首先,学员在总任务的背景下,对各自承担的学习任务进行研究和探索。其次,在评价方式上不仅评价学生个人,还要评价小组团队的表现。小组得分由个人得分转换而来,评分方式与 STAD 的基本相同。这样小组成员都有同等的机会对小组成绩作出贡献。评价内容涵盖总任务所涉及的所有主题,这样每个学员必须掌握总任务所涵盖的所有信息。

Jigsaw Ⅲ是由卡甘(1985)根据 Gonzalez 等人(1983)在双语课堂中所发展的一种合作计划改进而来的。Jigsaw Ⅲ的合作学习小组由 3 人组成,一个学生英语为母语,一个学生英语非母语,一个学生能说双语(其中一种语言为英语)。所有学生在小组学习中所使用的材料都是双语的,学习结束时,教师要对小组团队建设情况以及小组学习的进步情况进行评价。

(5) 小组辅助个别学习

小组辅助个别学习(Team-assisted Instruction,简称为 TAI),又称为小组加速教学法(Team Accelerated Instruction),是斯蒂文等人于 1985 年设计的一种结合个别学习与合作学习的方法。该方法主要用于数学学科的学习。

20 世纪 60 年代,个别化教学及其相关的模式得到重视。人们期待这些教学方法能给教学带来革命性的变革,特别是在数学方面。然而,研究证明这些方法并没有比传统的教学更为有效。另外,教师还对个别化教学需要花费大量的时间和努力而颇有怨言。在这样的背景下,斯蒂文等人把个别化教学与合作学习结合在一起,并把评分、分发材料、记录、分配新任务等大多数管理功能交由学生自己来完成。这样,可以节约教师的时间和精力。实施 TAI 时,由于学生可以自行管理学习进程、学习材料,教师可以有时间对需要指导的合作小组或学生个人提供更有效的帮助。此外,由于合作学习方法对所有学生的社会关系有积极影响,特别是障碍学生与非障碍学生的关系,因此,斯蒂文等人提出,对融合课堂而言,最好的数学教学方案是把合作学习与个别化教学进行结合。[①]

教师在运用 TAI 前,需进行以下几个方面的准备工作。第一,教师需要根据学生前一次测验的成绩把学生分成组间同质、组内异质的合作小组。分组时要适当考虑学生的性别等因素。每组学生人数在 4—5 人。第二,为不同水平的学生分别准备适当的学习单元。每个单元的学习材料包括主要学习内容的说明、技能练习题(每个知识点与技能都有若干相应的练习题),两个难度一致的形成性测验以及一个单元测验。

运用小组辅助个别学习法进行教学和学习时,教学过程需要分为以下几个环节:

① 教师面向全班学生简略介绍所要学习的内容,介绍分组的情况以及开始学习时每个学生适合的学习单元。

② 学生在小组中通过自己学习和团队合作进行学习。每个学生阅读自己所学单元的说明,然后完成技能练习题的前半部分。随后,学生交换批改已完成的练习题。全部正确者,可以完成第一份形成性测验,并请组内同学交换批阅。如果前半部分的练习题解答有误,则继续做后半部分的练习题。所有练习题都解答正确,则完成第二份形成性测验。学生在阅读学习内容说明、完成练习题等方面若有任何困难或疑问,都可以寻求组内同学的帮助,必要时可以申请教师的帮助。

③ 如果学生在形成性测验中达到教师规定的标准,则可以到小老师那里接受单元测验。小老师由教师指派学生轮流担任,小老师负责评分,并把每个学生的分数计入其所在小组的总成绩。如果学生在形成性测验中未达到教师规定的标准,则由教师对其进行个别教学。

④ 当大多数学生都掌握了学习内容之后,教师可以对学生进行独立测验,根据测验中发现的问题,可以进行集中讲授。

(6) 团体探究法

团体探究法(Group Investigation,简称 GI),是由沙朗(Sharan)等人于 1976 年设计的,目的在于帮助学生达成一个共同的目标而提高自我管理技能。GI 包括合作的过程和合作的目标结构。

GI 的合作学习过程包括以下几个阶段:

① 确定研究主题。教师对全体学生提出一个建议探究的主题。主题的来源可以来自课本的要求或者学生都感兴趣的问题,学生讨论该主题可以分为哪些分主题。

② 分组。将对某一分主题感兴趣的学生组成一个小组。

③ 小组探究。关注同一分主题的学生讨论制订探究计划,然后按照计划实施探究。在探究的过程中,小组成员要分享信息、共同讨论。

---

① Slavin, R. E., Madden, N. A., Stevens, R. J. Cooperative Learning Models for the 3R's [J]. *Educational Leadership*, 1989/90, 47(4): 22−28.

④ 汇总研究结果，准备报告。每个小组将自己探究的主要观点进行概括总结，并准备向班级其他学生汇报。

⑤ 进行报告。全班学生聚集在一起，每个小组汇报自己的研究结果。

⑥ 评价。教师对每个小组以及每个学生在学习中的表现情况进行评价，要关注学生在探究过程中搜集信息、解决问题的能力，特别是学生应用、分析、推理等高水平能力。

合作学习的每一种方法都有其成熟可靠的研究历史和理论基础，相互之间无法取代。然而，这并不代表不能对合作学习方法进行加工和改造。从事合作学习研究的专家都倡导运用合作学习时应予以必要的修正和改进，以使合作学习能产生最佳效果。①

第二节　协同教学

协同教学（co-teaching），又称为合作教学（collaborative or cooperative teaching）或团队教学（team teaching）。协同教学自20世纪50年代就已经出现在普通教育课堂教学中。在70年代之前，协同教学更多地被称为团队教学。20世纪90年代以来，随着融合教育的兴起，协同教学已作为一种满足不同学生需求的重要策略之一，在融合教育课堂中得到普遍运用。

一、协同教学的定义与基本特征

（一）协同教学的定义

目前，人们对协同教学的认识并不一致。综合分析现有的协同教学的定义，大致可以分为三种类型。

定义一：两个或多个成人的合作

维拉（Villa）等人（2008）认为，协同教学是指两个或更多的人在课堂上共同承担一些或所有学生的教学任务。它包括人们共同承担对班级学生的教学设计、教学及评价。②

凯斯蒂（Kesty）（2009）认为，协同教学是指两个或更多的人在一个教室中对学生进行合作但有区别的教学。③

显然，持第一种定义的人认为，只要是两个成人在一起进行教学就是协同教学。协同教学者既可以是教师，也可以是助教、家长或志愿者。

定义二：两个或更多的教师合作

库克（Cook）和弗兰德（Friend）（1990）把协同教学定义为两个或更多的专业人员在同一物理空间为不同的或混合的学生小组进行实质性教学。④

博旺（Bauwens）和乌尔卡德（Hourcade）（1995）认为，协同教学是一种重构的教学程

---

① 盛群力，郑淑贞.合作学习设计[M].杭州：浙江教育出版社，2006：50.
② Villa, R. A., Thousand, J. S., Nevin, A. I. *A Guide to Co-teaching: Practical Tips for Facilitating Student Learning* [M]. Thousand Oaks: Corwin Press, 2008.
③ Kesty, S. J. Evaluating the Use of Co-teaching Strategies to Improve Student Reading [D]. Hayward: California State University, 2009：22.
④ Cook, L., Friend, M. Collaboration as a Predictor for Success in School Reform [J]. *Journal of Education and Psychological Consultation*, 1990, 1：69-86.

序,两个或更多的拥有不同技能的教师在一个整合的教育情境中对学业和行为异质的一组学生进行合作教学。[1]

罗斯(Roth)等人(2002)认为,协同教学是指两个或更多的教师为了达到学习教学或改进教学而进行的共同教学,这样的教学可以增加学生的学习机会。[2]

第二种定义强调协同教学必须是教师间的合作。但前两个定义认为接受协同教学的学生是异质的,而第三个定义并没有强调这一点。

定义三：普通教育教师与特殊教育教师的合作

布兰(P. Brann),洛克林(S. Loughlin)认为,协同教学是指普通教育教师与特殊教育教师共同计划和协调进行教学以满足异质学生的需要。[3]

芬尼克(Fennick)和利迪(Liddy)(2001)认为,在合作教学的团队中,普通教育教师和特殊教育教师分担在普通班级的课堂中进行规划和教学的责任。[4]

第三种定义把协同教学仅限于普通教育教师与特殊教育教师或相关专业人员的合作。

第一种定义的不足在于无教学资质者即使协同教学也难以保证教学质量。而协同教学的目的在于提高教学质量,满足每个学生的学习需要。协同教学被认为是一种专业教学,因为其重心在于强大的人际合作关系,在于建设强大的、基于平等的关系。因此,其他的把两个或更多的成人放在一个课堂的教学模式,如助教、支援者或者学生教师,都不适合称为协同教学。[5]

第三种定义的不足在于运用范围过于狭窄。实践中,协同教学不仅运用于融合教育课堂,也运用于即使没有特殊学生的普通教育课堂；不仅运用于中小学,也运用于工商管理教育、医学教育等大学教学。即使在特殊学生的教学中,不仅有普通教育教师与特殊教育教师的协同教学,也有特殊教育教师之间的协同教学。只是相对而言,由于大量特殊儿童在普通班级中接受教育,融合班级学生的差异更大,传统的教学难以满足不同学生的需要,因此协同教学作为一种满足特殊学生需要的更加理想并且可行的教学策略在融合课堂应用得更加广泛。目前,协同教学已经成为在普通班级中为特殊学生提供服务的最常见的形式之一。

本书认为协同教学是指两位或更多的教师在同一教室中合作对学生进行实质性教学,以达到单一教师施教所不能达成的成效,使每个学生的学习需要得到满足。协同教学的对象可以是一个班级的学生,也可以是一个小组的学生,甚至可以是单个学生。如

---

[1] Bauwens, J., Hourcade, J. J. *Cooperative Teaching: Rebuilding the Schoolhouse for All Students* [M]. Austin, TX: PRO-ED, 1995:46.

[2] Roth, W. M., Tobin, K., Zimmermann, A., Bryant, N., Davis, C. Lessons on/from the Dihybrid Cross: an Activity Theoretical Study of Learning in Coteaching [J]. *Journal of Research in Science Teaching*, 2002, 39: 253-282.

[3] Brann, P., Loughlin, S. Guidelines for Cooperative Teaching between General and Special Education Teachers [J]. *Journal of Educational and Psychological Consultation*, 1991, 2(2): 197-200.

[4] Fennick, E., Liddy, D. Responsibilites and Preparations for Collaborative Teaching: Co-teaching Perspectives [J]. *Teacher Education and Special Education*, 2001, 24(3): 229-240.

[5] Friend, M., Cook, L. Co-teaching: An Illustration of the Complexity of Collaboration in Special Education [J]. *Journal of Educational and Psychological Consultation*, 2010, 20: 9-27.

果教学对象是两个以上的学生,学生间可以有较大的差异,也可以没有较大的差异。

(二) 协同教学的基本特征

协同教学有以下几个基本特征:

1. 合作者是两位或更多的教师或专业人员。这些合作者都具有教师或相关专业的资质。其他的在一个课堂中出现更多的成人的模式,譬如助教、志愿者、学生及教师等,都不是协同教学。

2. 参与协同教学的教师共同承担教学责任。合作的内容包括课前共同制订教学计划,提供实质性教学,课后共同进行教学评价。其中,实质性教学是指真正进行的教学,教学达到了该领域较好的实践水平。两个或更多的人协同教学,应该与一个人的教学有质的不同。由于有更多的教师在教室,可以使那些单人教学难以进行的多个小组的教学、不同技术的运用、不同的教学任务得以落实。协同教学允许教师探索教育所有学生的新的或不同的方式。[1]

3. 教学是在同一课堂中进行的。参与教学的教师在同一教室里参与整个教学阶段的教学工作,不能把某几个学生抽离到另外的地方上课。

4. 协同教学者建立平等、强大的合作关系。教师在地位上是平等的,而且在合作中能发挥自己的专长从而使协同教学的成效优于单个教师的教学。当然,随着教学内容、学生学习情况等因素的变化,每位教师在协同教学中的职责、参与水平也会发生变化。

对于融合课堂中协同教学的主要特征,穆拉夫斯基(W. W. Murawski)(2002)进行了总结,具体见表8-3。

表8-3 协同教学主要特征

协同教学是……	协同教学不是……
两个或更多的专业人员(有专业资质)共同、平等地一起工作	一个教师和一个助教、教师的辅助者或辅助专业人员的人
同一时间在同一教室进行教学	当几个学生被抽离普通班级的课堂去接受特殊教育教师的教学时,这不是工作的分享,而是教师在不同的时间进行教学
对异质小组的学生进行教学	从普通班级中把一组特殊学生抽出来
两位教师一起计划如何进行教学。普通教育教师是内容专家,而特殊教育教师擅长个别化教育以及进行各种教学调整	普通教育教师计划所有的教学,特殊教育教师在教室里踱步,并说:"我们今天干什么?你希望我做什么?"
两位教师一起依据共同制订的计划提供实质性的教学。特殊教育教师可以评价家庭作业、教学内容、促进活动等	当普通教育教师进行内容教学时,特殊教育教师一直在教室巡视或坐在课堂里做笔记

---

[1] Conderman, G., Bresnahan, V., Pedersen, T, Oaks, T. *Purposeful Co-teaching: Real Cases and Effective Strategies* [M]. California: Corwin Press, 2009:2.

续 表

两位教师都关注、评价学生的进步。他们心里有 IEP 目标,这些目标来自年级水平的课程目标和标准	普通教育教师评价"他的"学生,特殊教育教师评价"她的"学生——或者普通教育教师评价所有学生,特殊教育教师偷偷地改变评价,并称之为"事后调整"
协同教学是……	协同教学不是……
两位教师积极对学生进行教学,使课堂中有两位教师的效益最大化。协同教学的范例有小队教学、站台式教学、平行教学、替代教学以及一个教一个辅助	教师轮流对课堂教学负责,从而使另一位教师可以评价学生、拍照、打电话、制订 IEP 等——或者大组学生接受讲授式教学,而教师轮流对学生进行讲授
为了提高教学,教师一起反思教学的进步与过程,彼此就教学风格、内容、活动等进行反馈	教师彼此间觉得失败,并且在教师休息室告诉其他教师,或者一位教师简单告诉其他教师做什么以及怎样去做

(资料来源:Dieker, L A., Murawski, W. W. Co-teaching at the Secondary Level: Unique Issues, Current Trends, and Suggestions for Success. *The High School Journal*, 2013,86(4),p. 2)

(三)协同教学的历史演变

协同教学并不是一个新事物。今日被称为协同教学的这种教学形式可以追溯到 20 世纪 50 年代的团队教学。团队教学最早产生于普通教育领域,距今已有 60 多年的历史了。20 世纪 50 年代的美国以及其他发达国家的教师质疑传统的学校结构、过程的效率与效益,开始发展包括团队教学在内的替代模式。

"团队教学(Team teaching)"这一术语出现在 1957 年,而实践的这一革新出现得更早。保罗斯(Polos)把 30 年代出现的霍西奇(J. F. Hosic)的合作组织计划作为团队教学的一个早期案例。马什(Marsh)甚至认为团队教学这种形式早在 1700 年代教堂的周日学校中就已经出现了。周日学校中,通常先由周日学校的教师,一般是信徒,在班级中进行课程讨论。然后,多个班级的学生集中在一起,听牧师布道。团队教学强调多个教师组成一个团队共同负责对一组学生进行教学。最初的团队教学教师一般为 2—4 人,或 4—6 人,学生为 100—150 人。这些学生原来不属于一个班级,是为了学习某些课程内容而组织在一起的。教师团队为大组学生的教学以及小组的学习活动负责。教师团队由团队引领者、团队成员以及 1—2 个助教组成。团队引领者应该在其授课领域有几年的授课经验并且是个出色的教师。引领者是整个团队运作的关键,他要负责管理团队每个成员的工作,保证团队工作安排没有疏忽,保持流畅。团队成员也应该有教师资质,但教学经验不太丰富。团队教学可以使这些新教师在该领域教学专家的带领下快速成长。[1]

为了提高教学效率,教学时先由对某个内容最为擅长的教师对大班学生进行集体授课,然后再把学生分成几个小组分别进行讨论和练习。

60 年代,团队教学作为学校改革和满足更多样学生需要的措施加以提倡,特别是被推荐作为重建中学的一种策略。70 年代,团队教学已经成为一种应用很普遍的教学组织形式,在小学、中学课堂上都很常见。

---

[1] Marsh, R. Team Teaching: New Concept? [J]. *The Clearing House*, 1961,35(8):496-499.

团队教学在经历了60年代的快速发展之后，在70年代末渐趋沉寂。80年代早期，团队教学作为特殊教育的支持模式之一已开始得到重视。

1989年，博旺(Bauwens)、乌尔卡德(Hourcade)和弗兰德(Friend)提出普通教育教师与特殊教育教师可以共同教学以在普通教育情境中满足所有学生需要。他们第一次描述了特殊教育教师与普通教育教师的合作，并创造了一个术语"cooperative teaching"来描述合作教师间的关系。[1] 自此，特殊教育领域开始有大量文章关注如何通过协同教学来满足特殊学生的需求。90年代，在研究和实践领域开始出现基于学校合作活动的有效性研究。

随后，库克和弗兰德把这一术语(cooperative teaching)简称为"co-teaching"。1995年，库克和弗兰德对协同教学重新进行了定义，把这一模式定义得更加清楚，并有案例、建议和额外信息。他们建议，虽然团队教学从70年代就已出现，但为了最好地满足普通教育课堂中普通教育、特殊教育学生、教师等每个人的需要，需要对该模式进行澄清、指导和协调(fine-tuning)。库克和弗兰德主要关注了普通教育教师与特殊教育教师或专家在一个教室中进行教学以满足不同学生的需要。

(四) 协同教学与其他概念的比较

1. 协同教学与合作

合作(collaboration)是一种以多种过程和计划类型为特征的直接互动形式，有效的合作是以两个或更多的为达成共同目标而一起工作的个体持续参与为基础的。合作者带来了不同的技能和独特的贡献以开创、巩固和维持他们的关系。合作的特征是自愿，平等，基于共同的目的，分享资源，共同承担责任。

协同教学需要教师间的高度合作，需要具备合作的一切特征。但合作的范畴比协同教学更为宽泛。教师为了学生的教育与其他人在各种不同情境中互动，包括会议、团队、家长会等，都是合作。而协同教学则只能是教师间的合作，而且需要在同一教室中进行实质性的教学。与其他为特殊学生提供支持的形式不同，即协同教学提供更多的教师资源且直接在课堂教学进程中为学生提供支持。

2. 协同教学与团队教学

协同教学是由团队教学演变而来的，是传统的团队教学模式的一种新变式。早期的团队教学是指两个普通教育教师把各自负责的班级联合在一起共同进行教学。[2] 目前，协同教学已经不等同于团队教学，团队教学已经成为协同教学的模式之一。维拉(Villa)、萨伍森德(Thousand)和内文(Nevin)(2004)把团队教学作为协同教学的四种模式之一，并把团队教学定义为"两位或更多的人做传统教师所一直做的工作——计划、教、评价，对班级中所有学生负责"。[3]

---

[1] Murawski, W. M., Swanson, H. L. A Meta-analysis of Co-teaching Research: Where is the Data? [J] *Remedial and Special Education*, 2001,22(5):258-267.

[2] Cook, L. Co-teaching: Principles, Practices, and Pragmatics. ERIC Documentation Reproduction Service, No: ED486454.

[3] Villa, R. A., Thousand, J. S., Nevin, A. I. A *Guide to Co-teaching: Practical Tips for Facilitating Student Learning* [M]. Thousand Oaks: Corwin Press, 2004.

协同教学在两个方面区别于其起源的团队教学。首先,团队教学在 50 年代开始时是两个教师共同教两个完整的班级;而协同教学更多的情况是两个教师教一个班级,师生比更大。其次,在团队教学中,两位教师的课程教学能力、班级安排等专业知识和专长相似。而在协同教学中,合作的两位教师往往有不同的专长以适应学生的多样化需求。两个不同专业背景的教师协同教学所带来的课堂教学的深度和丰富性是与两个普通教师的团队教学不同的。

二、协同教学的优势与不足

历史上教师是一种孤独的职业,教师在课堂者几乎是完全独立地工作。传统的教学模式是一个教师教全班的学生。协同教学是对传统教学模式的革新,俗话说"两个头脑胜过一个"。协同教学的基本假设是参与者合作的力量大于各自力量之和。大量的研究者关注协同教学的成效问题,研究结果大部分是积极的,证明了协同教学对于学生(包括普通学生与特殊学生)的学习、对教师的工作都具有积极的作用。

(一) 协同教学的优势

1. 对学生的益处

(1) 接受高质量的教学

协同教学要求参与的教师一起设计教学方案、一起实施教学、一起进行学生学习成效的评价并在课后进行课堂教学的反思。两个(或更多)的教师在一起合作,可以互相启发、互相学习,从而制订出高质量的教学计划。无论是不同专业背景的教师合作、优秀教师与一般教师的合作,还是普通教育教师与特殊教育教师的合作,都是由拥有丰富经验的、擅长相关课程内容的教师来进行主要课程内容的教学,从而保证了教学的高质量。

专业背景不同教师的协同教学,会给学生提供更多的信息,丰富学生的学习环境,给学生更多的选择机会。

(2) 不同学生的需求都得到满足

班级学生间的差异是客观存在的。一个教师承担全班学生的教学任务时,也许不能及时关注到每个学生的学习情况并及时提供反馈。随着融合教育的发展,普通学校生源结构发生了重大变革,大量特殊需要学生进入普通班级学习,学生个体间差异大大增加,教学的难度也显著加大。有特殊教育需要的学生在普通班级的学习会遇到很大的困难。随着特殊教育事业的发展,即使有严重障碍的儿童也能接受教育。当特殊教育班中的学生障碍程度严重时,即使特殊学生数量并没有普通学生多,一个教师往往也难以顾及所有学生。融合教育班级、特殊教育班级所存在的这些困难使得传统的单一教师教学模式无法高效运行,有时即使运用伙伴辅助、学生合作学习等教学策略也难以解决。于是,在班级中增加教师的数量、通过教师间的合作来为所有学生提供高质量的教学就成为一种选择。因此,协同教学可以说是对单一教师难以面对学校学生多样化及随之所产生的复杂问题的合理反应。班级中多了一位教师,意味着生师比的下降,班级教学环境和氛围也随之改善。教师单一教学时会把主要精力放在关注自己的教学进程、关注维持课堂教学秩序上。现在,他们有更多的时间去了解学生,并想方设法去满足学生的特殊需求。教师可以在不影响班级教学进程的条件下对某个或某些学生进行特别关注。不同水平的学生可以学习适合自己的内容。而且,在生师比低的条件下,教师有空间和时间创造有意义的学习机会,运用小组教学,个别教学等单一教师施教时不常运用的教学策略,及时提供反馈与强化。有了更多的教师,可以提高分组和时间安排的灵活性,减少学生等待教师关注自己的时间,提高学生任务学习的时间。所以,协同教学的开展创造了一个关注和支持每个学生学习的氛围和环境,有益于提高每个学生的学习水平,使每个学生真正进行有效学习。

对于在普通班级学习的特殊学生而言,协同教学的益处还在于使他们能在普通班级的课堂中与正常学生一起接受高质量的教育,能系统学习普通教育课程;能在自然、宽松的氛围中得到来自教师的关注和支持;能与普通学生有更多的社会互动。而传统的把特殊学生抽离出普通班级单独进行教学的做法,会使需要学生承担"障碍"的污名以及与正常学生分离的心理压力,而且难以保证学生所学课程的系统性与完整性,难以保证学生学习普通教育课程并取得应有的进步。而如果特殊学生在普通班级只接受普通教育教师的教学,则很难保证教育质量,因为一方面大多数普通教育教师缺少教育特殊学生的有效策略,而且他们要对全班学生进行教学,难以有精力给予特殊学生必要的关注。

对于与特殊需要学生一起接受协同教学的普通学生而言,协同教学可以使他们对融合教育持积极的态度提高自己的接受度,理解和容忍个体差异的存在;能对他人的需要更加关注和敏感;能有更多的机会与障碍学生建立友谊;提高处理自己所遇到的障碍的能力。[1]

对于普通班级中不属于特殊儿童但学习困难的学生而言,协同教学可以使他们不再处于课堂的边缘状态,有机会得到更多的教师关注,受到更适合的教育。

具体而言,通过协同教学,希望能在以下方面促进学生的发展:

① 提高学生的学业成绩

在协同教学课堂中,教师提供高质量的教学,每个学生都得到充分的关注,从而使学生的学业成绩得到提高。

② 发展学生的批判思维能力

协同教学使学生有机会接触到来自不同教师的不同观点,教师使用不同方法解决问题。这些可以促使学生学会思考,特别有益于发展学生的批判思维能力。

③ 促进学生的社会技能

协同教学中学生与教师、学生与学生间有更多的沟通交流机会,可以促进学生的人际沟通能力,与他人建立友谊,建立更强的伙伴关系。

④ 学会合作

合作能力是现代人需要具备的重要能力之一。协同教学的教师在课堂中分享观点、合作工作时,也是在向学生示范合作技能,让学生有机会体验、模仿教师的合作技能,从而学会合作。

---

[1] Salend, S., Duhaney, L. The Impact of Inclusion on Students with and without Disabilities and their Educators [J]. *Remedial and Special Education*, 1999, 20(2): 114-126.

⑤ 提高学习的自信心

由于每个学生都能得到高质量的教学,师生、生生关系融洽,学生的学业成绩得到提高,因此,学生更爱学习,对学习更有自信心。

2. 对教师的益处

(1) 促进教师的互动与合作

协同教学使得教学经验不同、知识背景专长不同的教师有机会通过共同制订教学计划、实施教学等途径分享经验和资源,互相启发,互通有无。通过互动与合作,可以发挥集体智慧的力量,发挥各自的专长,建立出色的工作关系,发展更恰当的课程,制订更合理的教学计划,实施更有效的教学,提高每个学生的学习质量。

(2) 促进教师的专业成长

由于协同教学的教师各有自己的专长,协同合作可以使教师间彼此学习,建立合作的伙伴关系,从而促进教师的专业成长。协同教学让独立工作的教师有机会观察和学习新技能,提高他们的专业能力。新手教师可以通过与经验丰富的优秀教师的合作,学习榜样的示范,少走弯路。特殊教育教师通过与普通教育教师的合作,可以更好地了解普通教育课程,了解障碍学生学习普通教育课程的情况。普通教育教师通过与特殊教育教师的合作,可以学习如何关注学生的个别需要,如何根据学生的实际情况调整课程与教学。

(3) 勇于创新

协同教学可以帮助教师尝试研究已被证实却未在课堂中运用的教学策略。在得到其他教师支持的条件下,教师能承担风险去使用新的教学方法。在遇到学生学习困难等棘手问题时,能勇于创新,寻找解决问题的办法。不同背景、兴趣的人在一起,分享知识和技能,经常可以产生个别化教学的新方法。协同教学的教师更乐意接受新事物,更有创造力。

(4) 提高对工作的满意度

协同教学使教师的基本需要得到满足,从而提高其对工作的满意度。格拉瑟(Glasser)(1999)认为,人们做某事是因为它可以满足五项人类基本需要中的一项或多项:生存,控制自己的生活,自由和选择,归属感,乐趣。协同教学满足了教师生存和力量的需要,使教师觉得自己更有能力教好每个学生。在协同教学中,教师与他人一起承担教育不同学生的任务,产生一种归属感、自由感。由于协同教学可以得到来自同事的帮助,从而减轻了教师独自应对日程意外变化和学生出现问题行为的压力。①

3. 对学校的益处

(1) 降低转介特殊教育服务的比率

协同教学增强了教师处理班级问题的信心,提高了对特殊学生的接纳度和教学有效性,使得障碍学生的大部分需求可以在普通班级的课堂中得到满足。因此,特殊学生转介到学校接受其他特殊教育服务的比率会降低。

---

① Welch, M. Descriptive Analysis of Team Teaching in Two Elementary Classrooms: a Formative Experimental Approach [J]. *Remedial and Special Education*, 2000, 21(6): 366-376.

(2) 提高教师对学校工作的满意度

学校教师更团结,对工作更有热情,相应地对学校的满意度也会提高。

(3) 提高家长对学校工作的满意度

协同教学为每个学生提供高质量的教学,因此家长对学校的满意度也会提高。

(4) 提升了学校的团队精神

协同教学需要依靠团队的力量。成功的协同教学会提升学校的团队精神。

(二) 协同教学的不足

1. 需要花费更多的时间

协同教学需要教师在制订教学计划时共同开会协商,课后共同总结评价。相对于传统的教学,协同教师需要花费更多的时间。

2. 存在发生冲突的可能

协同教学需要教师间的密切合作。合作中容易出现观点不一致、任务分配不公等问题。如果处理不当,可能会产生冲突。

三、协同教学的基本原则与必要条件

尽管自 20 世纪 50 年代团队教学产生至今已有较长的历史,但要真正实现有效的协同教学并非易事。任何一种教学范式的变化都会遇到一些困难和障碍。协同教学要求课堂教学的结构和进程都进行改变。教师需要从完全独自掌控课堂转向在他人的合作、支持、监督和引导下进行教学。这种转变并非易事。简单地把两位教师安排在一个班级中进行教学,并不能保证达到协同教学的目的。成功的协同教学需要教师遵守一些基本的原则,需要得到管理者的支持,需要教师具有基本的素养,也需要基本时间、空间等条件。

(一) 协同教学的基本原则

协同教学要成功,协同教师需要遵守以下基本原则。

1. 平等,彼此尊重

协同教学的伙伴关系建立在平等的基础上。教学年限、经验、学历或年龄都不能使某位教师比其他教师更重要。每位教师在教学设计、实施、评价中都有着平等的任务,应该在相互商量的基础上做决定。另外,协同教学应该发挥不同教师的专长、经验,不能由某位教师垄断教学。协同教学者要彼此尊重各自的专业技能。通常,普通教师在集体教学、探究学习、普通教育课程具体内容的知识方面更有能力和经验。特教教师在个别化教学、发展个体行为系统、诊断、连续的技能方面更有能力和经验。在平等的基础上,每位教师都可以自由表达自己的观点,施展自己的专长。[1]

2. 尽力,共同承担责任

每位教师要竭尽所能,发挥自己在教学中的作用,提高每个学生的学习成效。所有教师都要对教学结果负责,共同承担责任。协同教学的课堂属于所有的合作者,而不是

---

[1] Conderman, G., Bresnahan, V., Pedersen, T. *Purposeful Co-teaching: Real Cases and Effective Strategies* [M]. Thousand Oaks: Corwin Press, 2004:3.

属于某位教师,即使他是教学的引领者。如果教学成功了,所有的教师都应该庆祝;如果教学没有成功,所有教师都需反思今后怎样改进。在协同教学中,教师们共同为所有学生的学习和行为负责。[1]

3. 避免给学生贴标签

所有的学生是平等的。不能把某些学生固定地划分为某一类型、由某一教师承担这类学生的教学。当协同教学需要把学生临时分组时,分组也应该是灵活的、变动的,避免因固定的分组给学生贴上另类的标签,要让每个学生都有机会与不同的教师、不同的学生进行交流。

(二) 协同教学的必要条件

协同教学是对传统教学中教师独立决定权的挑战,协同教师需要分享观点、做法,分配时间、空间及学生,承担责任。合作双方会有很多的不适应、甚至产生冲突。因此,协同教师的成功关键在于协同教师能建立积极的合作关系。只有在积极的合作关系中,教师们才有可能努力减少摩擦,争取最好的教学成效。而积极的合作关系的建立,需要具备以下基本条件。

1. 学校的支持与管理水平

成功的协同教学需要得到学校的支持,而且学校需要具有较高的管理水平。约克巴尔(York-Barr)、盖雷(Ghere)和萨默尼斯(Sommerness)(2007)的研究发现,有效的协同教学很大程度上受到学校的管理支持的影响,学校的相关政策以及日程安排会促进或妨碍协同教学的进行。[2]

学校管理者要成为实施协同教学的保证者、促进者、协调者和监控者。

学校管理者首先要了解协同教学,认识到协同教学对于提高教学质量的价值,对协同教学持积极的态度,同时还要了解成功的协同教学的必要条件。这样才能有的放矢地采取行动支持协同教学的开展。

学校要重视建设合作的学校文化氛围。有合作精神的学校,教师会经常分享观点、经验和资源,彼此观摩课堂教学并提供反馈意见,一起讨论教学技术和方法,共同努力掌握新的教学方法或策略。协同教学是学校合作文化的一部分,是教师间协作的形式之一。如果学校有合作的氛围,协同教学的开展会更顺利。

学校要提供协同教学进行所需要的教师资源、物质资源以及一起商量教学的时间和空间,保证协同教学能够顺利进行。这需要政府、教育管理部门在教育经费投入、师资配备、学校组织等方面都进行变革。可能的话,学校需要综合考虑教师的特征等因素,搭配、组建能在一起进行协同教学的师资队伍。另外,协同教师要花费一定的时间在课前商量如何进行协同教学。多数教师希望每天都有时间商量,或者至少每周商量1次。因此学校管理者可以适当减少其工作量要求。

---

[1] Conderman, G., Bresnahan, V., Pedersen, T. *Purposeful Co-teaching: Real Cases and Effective Strategies* [M]. Thousand Oaks: Corwin Press, 2004:3.
[2] York-Barr, J., Ghere, G., Sommerness, J. Collaborative Teaching to Increase ELL Student Learning: A Three-year Urban Elementary Case Study [J]. *Journal of Education for Students Placed At Risk*, 2007, 12(3):301-335.

协同教学需要教师在教学理念和方法上做一些变革。尽管部分特殊教育教师的职前教育计划中有协同教学的内容,但大多数普通教育教师并没有接受任何相关训练。因此,学校要组织相关的培训工作,提高教师的认识,转变观念。为了促进普通教育教师与特殊教育教师的协同教学,管理者可以安排这两类教师同时接受相关专业发展的培训,让教师们认识到管理者对所有教师一视同仁,每个教师都承担进行有效教学的重任。

学校管理者要参与成功的协同教学模式的研究,为教师提供可以学习的范例。学校管理者积极参与协同教学服务模式是成功的协同教学方案的关键。实际上,管理者对协同教学的支持程度是决定普通教育教师对融合教育的积极态度的最重要的力量。学校管理者要发展和促进被研究和实践证实有效的协同教学模式。学校管理者还可以请协同教学的专家或外校的经验丰富的教师来引领、指导学校的协同教学工作。

在协同教学的过程中,协同教师可能会在一些具体问题的处理上产生一些冲突,管理者要及时帮助解决问题。学校为保证协同教学的质量,需要制订相关的管理与评价制度,对协同教学的过程和结果进行监控和评价,及时发现问题,改进教学。

维拉和萨伍森德(Thousand)(2005)提出,要使协同教学成功有效,管理者需要采取5项重要的行动:(1)统一对融合学校的认识;(2)通过安排持续的、有意义的职业发展,使教师具备成为融合教师的技能与信心;(3)采取措施(如,有时间见面,训练,聆听同事所关注的问题,合作做出决定),激励教师勇于做出改变去进行融合学校实践;(4)重组和补充人力及其他教学资源;(5)采取行动帮助协同教学团队。[1]

2. 教师的素养

(1) 与人合作的能力

协同教师需要具有合作的精神,平等待人、彼此尊重,具有良好的人际交往技能,特别是面对面沟通的技能,能在协同教学的过程中互相信任、及时交流、分担任务,合作解决工作中不可避免的挑战与问题。积极的氛围和建设性地解决冲突的能力是维持成功的协同教学关系的重要人际动力。此外,好的合作者还需要有宽容的品质,即使协同教学的结果与预先设想的不尽一致,也能尊重大家的努力,在此基础上再寻找改进的部分,而不是仅仅指责、抱怨。在融合教育计划中,这种宽容尤为重要。

(2) 分享的意识

在合作中,教师需要认同分享的价值,有分享的意识,保持高水平的专业分享。协同教师之间要积极分享专业知识、教学材料、观点、方法、策略及自身的教学经验。普通教育教师与特殊教育教师要互相分享对学生需要与特征的分析,分享对学习和知识获得的态度和信念。

(3) 专业教学能力

协同教师需要具备能为教学目标的达成做出贡献的专业能力。尽管在知识背景等方面存在差异,但每个教师都应在协同教学中发挥应有的作用。协同教学的有效性是

---

[1] Villa, R. A., Thousand, J. S. *Creating an Inclusive School* [M]. 2nd ed. Alexandria: Association for Supervision and Curriculum Development, 2005.

建立在每个教师都真正传授知识和技能基础上的。每个教师的教学都很重要。

(4) 基本一致的教学观念

教师需要在恰当的教学目标、有效的教学策略、合理的教学环境、恰当的座位安排等方面达成共识。如果协同教师的教学观点差异很大,即使双方有合作的愿望往往也很容易发生冲突。博旺和乌尔卡德(1991)认为,普通教育教师与特殊教育教师进行有效的协同教学的基础是他们对学生以及学校任务的基本哲学观念是一致的。[1]

(5) 熟悉协同教学

教师要熟悉协同教学的理念、原则、主要模式及具体步骤等,对协同教学持积极的认同态度,愿意在自己的教学中进行实践。教师还应掌握从事协同教学的基本技能,明确自己在教学中的任务与责任,努力完成协同教学的每项任务。

(6) 自我评价与反思能力

协同教学需要教师及时总结、发现成功的经验与存在的问题,从而对教学内容、方法、合作模式等作出调整。所以,成功的协同教学需要教师具有对自己团队的教学进行自我评价、反思改进的能力。

3. 共同商量的时间

协同教学需要教师在实施教学之前,共同制订教学方案。因此,除合作双方具备相应的素养之外,还需要有大量的共同商量的时间。有效的协同教学很大程度上依靠共同的规划时间。共同商量的时间是学校管理者安排的、协同教师商量协同教学工作的共同的日常时间。在共同商量时间里,协同教师可以计划即将进行的教学方案,反思已经进行的协同教学实践,分析学生的表现数据,总结对不同教学内容最有效的协同教学模式。

协同教学的实证研究中,最一致的研究结果之一是协同教师需要而且希望有共同的规划时间以对协同教学做出成功的安排。韦尔奇(Welch)(2000)的一项研究发现,协同教师花在共同商量的时间为每周最少30分钟。[2]

4. 必要的物理空间

协同课堂的物理安排是成功的一个决定性因素。教师必须有与其工作相当的空间,必须有一个能让学生、成人自由移动的适当的教室。如果教室的空间不够宽敞的话,平行型教学、站台式教学等对空间要求较高的协同教学模式的实施就会受到影响。

5. 来自家长和学生的支持

家长和学生的支持对于协同教学的有效实施非常重要。家长如果认识到协同教学对于满足学生需要、提高学习质量的价值,就会配合教师做好工作。学生如果喜欢协同教学,认为协同教学可以带来更丰富的课堂教学信息,则会更积极地参与学习。如大多数成人喜欢参与变化一样,学生也喜欢多个教师协同教学所带来的变化。

---

[1] Bauwens, J., Hourcade, J. Making Co-teaching a Mainstreaming Strategy [J]. *Preventing School Failure*, 1991,35(4):19-25.

[2] Welch, M. Descriptive Analysis of Team teaching In Two Elementary Classrooms: a Formative Experimental Approach [J]. *Remedial and Special Education*, 2000,21(6):366-376.

四、协同教学的主要类型与常见模式

协同教学的类型与模式是多样的。从不同的维度,可以有不同的分类。

(一) 协同教学的主要类型

根据协同教学教师特征的不同,可以从教师的专业背景、教学能力两个维度对协同教学进行分类。

1. 根据教师专业背景的分类

(1) 不同专业背景的教师合作

当教学内容涉及到不同的学科知识时,譬如艺术课程的教学内容既有音乐又有美术,如果不同专业背景的教师可以同时出现在一个课堂中,分别向学生进行自己最擅长内容的教学,那么无疑会提高教学质量。

(2) 普通教育教师与特殊教育教师的合作

普通教育教师拥有一个或多个课程领域的教学证书和丰富的教学经验,但往往缺乏教育障碍学生的有效策略。特殊教育教师的专长是对特殊需要学生进行评估、采取恰当策略满足这些学生的教育需求,但往往不具备某些学科的教学资质。以往把障碍学生从普通班级的课堂中抽离出去、由特殊教育教师进行教学的做法并不能保证教学的质量,因为特殊教育教师大多并不是相关学科内容的"高质量教师",而且把障碍学生抽离出普通班级难以保证其所受教育的系统性。协同教学中,这两类教师联合他们的知识和专长在普通班级提供内容和教学,既能给学生提供高质量的学科教学,又能满足学生的个别需要,特别是障碍学生可以在普通班级的课堂更好地学习普通教育课程,更好地与普通学生一起成长。有效实施的协同教学可以提高所有学生的学习成效。

(3) 普通教育教师与相关专业人员的合作

当需要在普通班级课堂对某些学生进行言语训练、作业治疗、心理治疗等专业训练时,普通教育教师可以与相关专业人员进行协同教学。

2. 根据教师教学能力的分类

(1) 相同水平的教师合作

一般是指两个专业背景相同、教学水平相当的教师进行合作。

(2) 优秀教师与一般教师的合作

优秀教师是在某个课程或领域的教学方面经验丰富、技能高超的教师。尽管有研究者认为"使用协同教学来弥补或替代薄弱教师是对这一方法的严重误用"。[①] 协同教师双方都必须具有沟通、教学的能力才有可能成功地实施协同教学,但在教学实践中的确存在优秀教师与一般教师合作的形式。因为优秀教师与一般教师、特别是新晋教师的合作,可以充分发挥优秀教师的作用,为学生提供高质量的教学。同时,优秀教师的教学又会给一般教师提供示范,从而促进一般教师的专业成长。

(二) 协同教学的常见模式

协同教学模式的分类并不一致。以下分别介绍库克(2004),维拉、萨伍森德和内文

[①] Cook, L., Friend, M. Co-teaching: Guidelines for Creating Effective Practices [J]. *Focus on Exceptional Children*, 1995, 28(3): 1-16.

(2008)的分类。

1. 库克(2004)的分类[①]

库克(2004)把协同教学的模式分为以下6种类型：

(1) 一个教,一个观察

协同教学的优势之一是可以更仔细观察学生在学习过程中的参与情况。一个教、一个观察(One Teach, One Observe),是指在协同教学期间,一个教师对学生直接进行教学,一个教师观察学生的表现。协同教师可以预先一起决定需要在教学中搜集何种具体的观察信息以及搜集信息的方法。搜集信息后,教师一起分析信息。这意味着观察应该成为整个课堂教学的一个特意的部分,并不是教师偶然检查学生的活动。

该模式(花在)计划的(精力)少。

该模式适用于以下情境：①新的协同教学情境；②学生出现问题时；③检查学生的进步情况；④把班级的部分学生与其他学生进行比较。

具体运用举例：①在合作小组中哪些学生发起会话？②哪些学生没有迅速地开始做工作？③与其他学生相比,安妮的注意分散行为减少了还是增加了？④对任务感到困惑时,詹姆斯会做什么？

如果协同教师彼此对合作都觉得很舒适的话,那么在协同教学中,教师还可以彼此进行观察。

(2) 一个教,一个巡视

在一个教,一个巡视(One Teach, One Drift)模式中,一个教师承担教学的主要责任,而另一个教师则在教室巡视,为需要帮助的学生提供不引人注目的帮助。在一些情况下,这种模式是最有效的。尽管这种模式有其价值,但也往往由于很少要求部分教师做改变而被过度使用。

该模式(花在)计划的(精力)少。

该模式适用于以下情境：①当教学适合由一个教师进行时(教学内容与教学环节适合交给一个教师完成)；②当一个教师拥有上该课的专业知识时(擅长上该课)；③在一个新的协同教学情境中——增进彼此了解；④当上课过程中需要对学生的工作密切监控时。

具体运用举例：①"这绝对是我愿意教的课。我想自己教,可以吗？"②学生对长除法步骤的理解情况怎样？③当学习怎样做笔记时,所有学生都学会了吗？④"我从未教过几何或者与这个教师一起工作。我需要跟随班级找到感觉。"

这种模式在帮助学生集中注意力上并不特别有用。相反,在大组教学中,它可能有分散学生注意力的危险。如果使用该模式的话,每个教师应该有机会引领教学和进行巡视。

(3) 平行教学

有时,学生仅仅得到教师的更多监控或有更多机会做出回应,就能极大地促进自己

[①] Cook L. Co-teaching: principles, practices, and pragmatics [C]. New Mexico Public Education Department Quarterly Special Education Meeting Albuquerque, NM: April 29, 2004.

的学习。在平行教学(Parallel Teaching)中，协同教师教同样的内容，但把班级分成小组，同时分别进行教学。

该模式(花在)计划的(精力)处于中等水平。

该模式适用于以下情境：①当需要低生师比以提高教学效率时；②促进学生在讨论中的参与；③诸如练习、再教学、测验复习等活动时。

具体运用举例：①如果把班级学生分成两个组的话，更多的学生会有机会分享故事的可选择的结局；②如果每个教师分别对两组学生进行教学，呈现环境问题——一个教师从商业和产业的视角，另一个教师从环保人士的视角——该班级随后会就环境问题进行积极讨论。③如果学生分成两组，学生使用科学材料的情况会得到更密切的监控。

该模式使每位教师在课堂中承担积极但分离的教学任务。如果学生在分组学习后还需要一起讨论的话，任何有多个维度的主题都可以使用此模式。另外，分组时要有策略。

(4) 站台式教学

在站台式教学(Station Teaching)中，教师分别承担部分教学内容的教学，学生也被分组。教师分别在教室中的不同区域进行教学，好像不同的站台。学生轮流从一个教师那里再到另一个教师那里接受教学。每个教师对不同学生进行重复教学，每个学生可以接受所有教师及独立站台的教学。如果学生不能独立学习而教师只有两个的话，那么可以把学生分组两组。如果有更多教师的话，可以安排更多的组。

该模式(花在)计划的(精力)处于中等水平。

该模式适用于以下情境：①教学内容复杂但不能分成不同等级；②预设的教学计划中有复习部分；③教学由几个主题组成。

具体运用举例：①在一次语言艺术的教学中，一个站台强调对某个阅读材料的理解，一个站台关注写作作业的编辑，一个站台可进行一项与所教技能有关的活动。②在社会学习中，需要调查一个地区或国家的地理、经济和文化。③在数学教学中，教一个新方法时还要复习其他已经存在的概念。

(5) 替代式教学

在大多数课堂中都存在一小组学生需要跟随一位教师学习而一大组学生需要跟随另一位教师学习的情况。在替代式教学(Alternative Teaching)中，大组学生完成计划好的课，而小组学生或完成一个替代的课，或在不同水平或出于不同目的完成同样的课。这种安排可能出现在整个课堂教学期间，也可能只在一节课开始后或结束前的几分钟内使用。

该模式(花在)计划的(精力)多。

该模式适用于以下情境：①当学生对所教概念或与教学相关的知识的掌握差异很大时；②当期望所有学生都达到很高的掌握水平时；③当需要丰富、改进时；④当一些学生在学习平行课程时。

具体运用举例：①大组学生在完成与刚才所教内容相关的练习，小组学生在接受额外的直接教学；②大组学生在检查家庭作业，小组学生在接受与明日课程相关词汇的预先教学;③大组学生在以小组的形式制订计划,而另一小组学生正在接受评价。为了使该模式能够成功,小组的目标及其成员应该变化(以避免产生标签效应)。

(6) 团队教学

在团队教学中,所有教师都在同一时间提供同样的教学。这意味着每个教师在大组教学中都自由讲授,在全部所有学生间移动。教学变成一个谈话,而不是轮流。

该模式(花在)计划的(精力)多。

该模式适用于以下情境:①当两人的智慧比一人更好或者经验相当时;②在一节课中,当教学谈话是恰当的时;③在协同教学中,当教师有相当丰富的经验并舒适感很高时;④当教学目标是证明学生一些类型的交互作用时。

具体运用举例:①在科学课上,一位教师解释实验,而同时另一位教师使用必要的材料进行实验;②在社会学学习中,教师们争论美国的外交政策议题;③在语言艺术或英语课上,教师们表演一个文学片段中的情景;④在教数学问题的解题过程时,一位教师解释,同时另一位教师出声思维;⑤一位教师讲话时,另一位教师在黑板上或投影机上做笔记。

团队教学是人际互动最多的复杂的协同教学模式。

上述六种协同教学模式可以分别以下列图示表示:

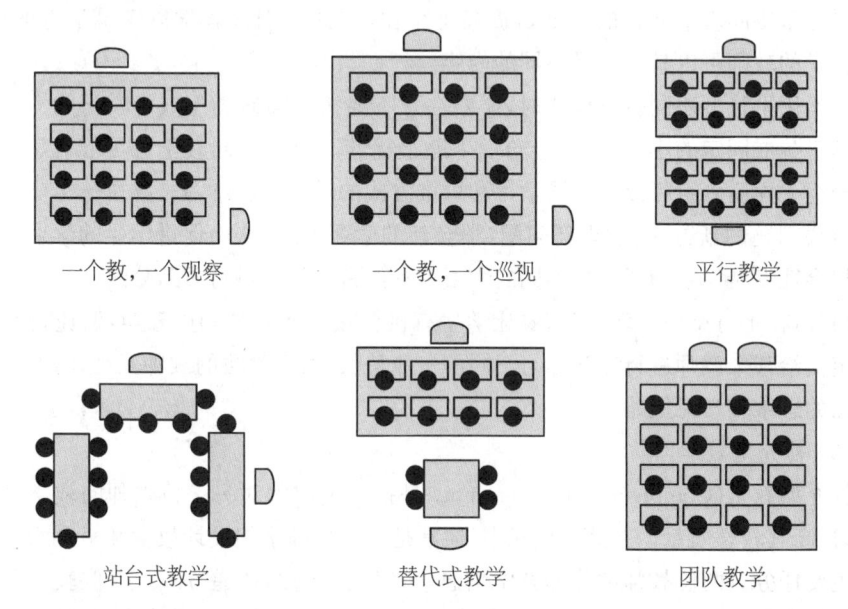

一个教,一个观察　　一个教,一个巡视　　平行教学

站台式教学　　替代式教学　　团队教学

(资料来源: Ploessl, D. M., Rock, M. L., Schoenfeld, N., Blanks, B. On the Same Page Practical Techniques to Enhance Co-Teaching Interactions. *Intervention in School and Clinic*, 2010, 45(3): 158-168)

2. 维拉、萨伍森德和内文(2008)的分类[1]

维拉、萨伍森德和内文(2008)把协同教学分为以下 4 种类型:

---

[1] Villa, R. A., Thousand, J. S., Nevin, A. I. *A Guide to Co-teaching: Practical Tips for Facilitating Student Learning* [M]. Thousand Oaks: Corwin Press, 2008.

(1) 支持型教学

在支持型教学(Supportive Teaching)中,一位教师承担设计、实施一节课的主要责任,团队的其他教师为班级的某些或所有学生提供支持。基本上,一位教师主导,其他人支持。但谁是主导、谁是支持者在一节课中并不是始终不变的。譬如,一位普通教育教师承担课堂教学的主要责任,同时一个支持者(如,特殊教育教师、言语语言治疗师或第二语言教师)巡视学生,监控他们的学业进步,促进同伴互动,或在必要时帮助其完成任务。一个特殊教育教师与一个普通教育教师进行的支持型协同教学也可能是承担支持责任的特教教师在测验前帮学生回顾测验策略,对学生在课堂上的社会技能表现进行具体反馈,或者指导学生如何使用扩音系统在课堂上与同学交流。

支持型协同教学中,教师要注意教学的安排,保证学生把团队的每位教师都作为自己的老师。特别是承担支持任务的教师,不能只"搭牢"个别学生,不能妨碍个别学生与其他学生的交往。如果一位教师只盯住一位学生,那么他就会成为其他愿意与该学生交往的学生的障碍。如果承担支持任务的教师一直在某个学生那里停留,会让该学生感到被"特殊化"。这也会为合作团队带来不良影响。其他学生会因为担心自己被视为特殊学生而拒绝该教师的支持。

(2) 平行型教学

平行型教学(Parallel Teaching)是指团队教师在课堂上同时对不同的小组进行教学。平行型协同教学模式的益处是提高师生比,加强个别化教学以满足学生的需要。平行教学的教师可以教同样或不同的内容。

在运用平行型协同教学模式时,需要注意不要按照障碍类型或者学习能力等因素而把学生分成固定的小组,否则会给学生贴上标签。建议协同教学者尽量对学生进行异质分组。异质分组可以让不同学习和思维方式的学生互相学习。异质分组支持学生学习解决问题的新方法,发现新问题,学会新的学习方式,从而促进学生的学业成绩提高和社会性发展。教师要根据不同的学习目标经常对学生进行重新分组。

另外,在平行型协同教学时,要让学生有机会接受不同教师的教学,避免把一些学生固定交给某个教师进行教学。与不同的专业特长、教学方法的教师互动,学生可以提高自己的思维和学习策略。

(3) 补充型教学

补充型教学(Complementary Teaching)是指一位教师对另一位教师的教学进行补充,以提高其教学质量。在这一模式中,通常是一位教师承担设计教学和呈现新学业内容的主要任务。两位教师都传递教学信息,有时用不同的传递方式。一位教师可能在大声演讲或朗读,另一位教师在记录做笔记,示范学生怎样跟上教师的教学。譬如,一位教师用幻灯片解释另一位教师的授课。有时,一位教师课前教学生掌握合作小组学习的规则,然后观察学生在另一教师授课时运用规则的情况。

在使用补充型协同教学模式时,教师不能忘记监控学生的情况,不能只顾教师的合作而忽视学生的学习情况。要避免教师讲得太多,重复其他教师的讲解,或者忘记引导学生投入学习的情况。此外,补充型协同教学模式应尽量避免一位教师总是承担讲授主要内容而另一位教师总是做补充的情况,因为这样会陷入定势,学生会觉得讲授主要内容的教师是"真正"的教师。不固定教师角色的另一优点是迫使每个教师都真正学习要讲的内容,能够对任何学生进行该内容的教学。

(4) 团队教学

团队教学是指两位或更多的教师像传统教师那样工作:设计、教学、评价,为班级所有学生的学习负责。协同教学者设计教学计划,在一节课的教学中轮流讲解多种不同的内容。课的分解要让学生体验到每位教师的专长。譬如,一位教师说明某个科学实验的步骤,另外的教师记录、说明实验的结构。团队教学是一种结构复杂、程序优美的协同教学。教师以团队教学的模式进行协同教学,就像是一对舞伴在一起优美地跳舞。他们的舞蹈类似探戈,复杂、老练、怡人。

与其他协同教学模式相比,团队教学协同教学模式需要更多的信任、交流和面对面的计划时间。

安德森(K. R. Anderson)综合了米切尔(Mitchell)等人的研究成果,提出了上述四种模式的优点与不足。[①]

支持型教学模式的优点包括:(1)学生能得到其他教师的辅助;(2)教师能对学生的学习进行细致观察。该模式的不足包括:(1)一位教师处于辅助的角色;(2)由于其对变化的要求较低,往往会被过度使用。

平行型教学模式的优点包括:(1)可以促进学生的参与;(2)能够分小组工作;(3)可以使训练更有效;(4)提供更多的个别化支持。该模式的不足包括:(1)噪音过多;(2)学生可能分心。

补充型教学模式的优点包括:(1)充分利用每位教师的优势;(2)学生同时得到两位教师的教学。该模式的不足包括:(1)需要更多的共同计划时间;(2)需要更灵活的安排;(3)需要高度信任。

团队教学模式的优点包括:(1)充分利用每位教师的优势;(2)学生同时得到两位教师的教学;(3)高水平的合作;(4)教师示范了积极合作的工作关系。该模式的不足包括:(1)需要更多的共同计划时间;(2)需要更灵活的安排;(3)需要高度信任;(4)人际关系较为复杂;(5)对教学风格的依赖最大。

(三) 协同教学类型与模式的选择

不同协同教学模式没有好坏之分。实施协同教学时,需要根据教师的专长、学生特征与需要、教学目标与内容等因素选择恰当的类型与模式。只有选择了恰当的模式,才能使协同教学更有效。在选择协同教学模式时需考虑以下四个因素:

1. 学生的特征与需要

在选择协同教学模式时首先需要考虑学生的特征与需要。如果学生可能在教学环节过渡时出现破坏性行为,那么应该选择教学环节变换较少过渡的模式。相反,如果经常变化教学形式能使学生注意力更集中,那么应该选择经常变化的模式。如果学生不能适应大班的教学,那么就应该选择能够提高生师比的教学模式。如果学生的学习目

[①] Anderson, K. R. Co-Teaching: a Literature Review [C]. Prepared for the Ministry of Education, Saskatchewan, March 18, 2008:39.

标与内容有较大差异，那么就应该选择能对学生进行分组教学的模式。

2. 教师的特征与需要

教学模式的选择要基于教师的特征与需要，尽可能发挥每个教师的长处，避免因教师自身的不足给教学带来不良影响。譬如，如果合作的教师对教学内容都很擅长，可以选择两位教师都能直接对学生授课的模式；如果有一位教师缺少对教学内容独立授课的能力，那么可以选择一位教师主讲、另一位教师辅助的模式。其实，由于教师特征与需要的差异，不同合作团队在实施同一教学模式时也会有差异。

另外，教师进行协同教学的经验与水平也是影响教学模式选择的一个重要因素。刚刚开始合作的团队，可以选择对教师的合作要求相对较低的模式，如"一个教一个辅助"；积累一些合作的经验后，可以进行"替代性教学"、"站台式教学"。合作特别默契的教师可以尝试运用团队教学。当然，随着合作经验的丰富、合作关系更加密切，同一合作团队在学年的不同时间即使实施同一教学模式也会有不同。

3. 课程，包括内容和教学策略

教学内容以及基于教学内容选择的最有效的教学策略是选择协同教学模式的重要依据。高结构的内容和程序，譬如教某个过程中的步骤，需要一种模式。而低结构的内容，譬如讨论观点，则需要另一种模式。[1] 因此，同一合作团队在教不同的课程内容时，会选择不同的教学模式。

4. 实际的考量

协同教学模式的选择还要考虑环境的实际。譬如，在一个开放的学校中，噪音是选择一个模式时要考虑的。在一个拥挤的课堂中，一个不特别依赖空间的模式可能是最好的选择。[2]

尽管不同协同教学模式各有优势与不足，但一些研究发现，协同教师使用更多的是（任务分割相对清晰的）双重任务而不是混合的任务。譬如，普通教育教师负责讲授教学内容，而特殊教育教师负责调整障碍学生的教学并监控其进步情况。在中小学的课堂中，使用最多的模式是"一个教，一个支持"。当然，根据教学的需要，也可以在一节课的教学过程中使用不同的协同教学模式。

五、协同教学的实施

根据学生的需要和教学的内容，协同教学可以每天实施，也可以是阶段性的、必要时实施；可以是所有课都实施，也可以只在某些课上实施。

协同教学不会自然出现。真正有效的协同教学需要教师在教学前、教学过程中、教学后做许多工作。相应地，协同教学的实施可以分为教学前准备、教学、教学后总结三个阶段。

---

[1] Cook, L. Co-teaching: Principles, Practices, and Pragmatics [C]. New Mexico Public Education Department Quarterly Special Education Meeting Albuquerque, NM: April 29, 2004.

[2] Cook, L. Co-teaching: Principles, Practices, and Pragmatics [C]. New Mexico Public Education Department Quarterly Special Education Meeting Albuquerque, NM: April 29, 2004.

(一) 教学前准备

思考周密的计划是有效教学的重要部分。不充分的计划很少有完美的结果。对于初次进行合作的教师来说,协同教学前的准备包括四个方面:

1. 了解合作教师与学生

合作教师需要了解彼此的专业背景、教育观念、教学专长与风格、兴趣、态度,还要通过谈话、观察等途径了解彼此的合作意愿与沟通方式。

另外,教师还需要了解学生的特征与需求,特别是要关注班级中是否有需要特殊教育的儿童以及他们的教育需求。教师可以通过查看学生的测验成绩、作业、个人档案中的各种文本材料,访谈教师、家长,亲自观察学生的表现等多种途径了解学生的情况。

2. 制订协同教学的基本规范

在开始协同教学前,协同教师需要花一定时间协商进行协同教学的基本规范,并尽快达成共识。基本规范可以包括课堂管理的规则、沟通方式等基本问题。为了方便教师间的互动,同时又减少对学生的干扰,教师可以预先商量不引人注目的沟通信号,譬如,什么手势代表两人互换位置,什么手势代表某个学生特别需要关注。另外,为了减少学生的困扰,教师们还要统一课堂管理的方式方法。当然,在今后的合作中,双方还可以定期讨论、修正对这些问题的看法。

此外,协同教师还要规定一定时间内各自的任务与责任,譬如谁负责与学校管理者沟通,谁负责与家长沟通,谁负责与学生沟通,谁负责管理班级其他助教或志愿者的工作,谁负责决定教学目标与内容,谁负责对有需要的学生进行差异教学,谁负责处理学生的行为问题,谁负责监控与评价学生的进步等等。在实践操作时,可以通过表格或其他形式规定协同教师的具体任务以及承担责任的程度,如主要责任、次要责任或同等的责任。

3. 熟悉课程

合作教师需要熟悉所教的课程。熟悉课程包括了解课程所涉及的知识范围和顺序,理解课程内容。缺乏相关专业背景的特殊教育教师如果不熟悉普通教育的课程,就难以与普通教育教师进行有效的协同教学。普通教育教师也会对这样的特殊教育教师缺乏信心,不敢放权给他去独立承担部分内容的教学。每位教师都需要熟悉课程,熟悉讲授课程内容所需要的教学材料与方法,这样才能更自信地与其他教师合作。

4. 制订教学方案

教学的具体方案需要在每次进行教学之前共同讨论制订。相对于传统的单人教学,协同教学由于涉及到两位或更多教师的教学活动,因此教学方案的制订特别重要。没有共同的计划,教师在教学时会使用原来的教学方式而不会主动使用差异教学的策略,即使在选择协同教学模式时也会勉强使用"一个教,一个支持"的教学模式。这样将大大降低增加教师资源的价值。[①]

---

① Murawski, W. W. 10 Tips for Using Co-planning Time More Efficiently [J]. *Teaching Exceptional Children*, 2012, 44(4): 8-15.

制订教学方案时,教师要考虑为每个学生制订恰当的教学目标。教学目标的制订可以参照相关课程的目标并根据班级学生的实际情况进行一定调整。如果班级学生水平有较大的差异,可以制订分层目标或个别化目标。随后,教师根据教学目标选择恰当的教学内容、教学材料,选择能够充分发挥所有教师资源与专长的协同教学模式。在选择教学模式时,如果协同教师都具有相关内容的教学能力,在进行本节课核心内容的教学时应该尽量多地使用平行式教学、替代式教学、站台式教学等教学模式,以使每个教师都有充分的时间进行教学,也使学生可以得到教师更多的关注。当然,并不是每个课堂教学环节都需要两个教师同时教学,在课的开始与结束阶段也可以适当使用一个教一个支持或一个教一个观察等模式。

选择好协同教学模式后,教师需要合理安排教室的物理环境。在安排学生课桌椅的位置时,教师要整体考虑所有教学环节的需要,尽量减少教学环节衔接时重新安排课桌椅所需的时间。

教学方案还要明确每个教师在教学中的任务和责任,规定双方在教学过程中如何进行合作与互动,以及如何根据教学的进展情况对预设计划进行调整。如果在教学中主要使用教师分组教学的模式,那么可以由教师本人具体规划单独教学时的教学过程。但要注意在选择信息呈现方式时,因为教室的空间有限,教师既要考虑教学内容的特征、学生喜欢的方式,也要注意不要对其他教师的教学带来干扰。

教学方案的最后部分应该规定学生学习本课的成效评价问题,需要明确评价的内容、评价形式以及每个教师的评价任务。

维拉等人建议,协同教学者在制订教学方案时需要认真考虑以下几个方面的问题:[1]

1. 时间的规划
- 我们需要多长时间?
- 到哪里找到我们需要的时间?
- 我们怎样共同使用时间?
- 我们该做什么记录以促进我们的计划?

2. 教学
- 我们要教什么内容?
- 谁负责什么内容的教学设计?
- 我们怎样分担教学责任?
- 谁为特殊学生调整课程、教学和评估程序?
- 我们在课程、教学、评估领域的长处是什么?
- 我们每个人有什么可以更好地服务教学的特长、兴趣、生活经验、文化传统?
- 怎样呈现教学内容——是一个人教学而另一个人准备活动还是所有的人同时

---

[1] Villa, R. A., Thousand, J. S., Nevin, A. I. *A Guide to Co-teaching: Practical Tips for Facilitating Student Learning* [M]. Thousand Oaks: Corwin Press, 2008.

教学？
- 我们怎样利用我们的专业知识？我们怎样互相观察，进行同伴教学？
- 我们将如何轮换责任？
- 我们怎样评价教学的有效性？

3. 学生行为
- 如果我们每人只能提出3项班级规则，那有哪些？
- 谁来决定（维持课堂）纪律的程序？
- 谁执行维持纪律的程序？
- 我们在处理学生的行为问题时怎样合作？
- 我们怎样提前预防行为问题？

4. 交流
- 在设计、进行教学时，我们想建立什么基本的原则管理我们的交流？
- 我们各自想以什么方式和频率与家长交流？
- 我们怎样向家长解释协同教学的安排？
- 谁与家长交流？
- 我们各自想以什么方式和频率与学生交流？
- 谁与学生交流？
- 我们怎样保证彼此的正常交流？
- 谁与管理者交流？

5. 评价
- 我们怎样监控学生的进步？
- 我们怎样评价和报告学生的成绩？
- 谁负责评价哪一组学生——是团队成员合作评价所有学生的成绩还是每个成员主要负责部分学生？

6. 其他问题
- 我们怎样向学生解释协同教学的安排，说明我们在课堂上是平等的？
- 我们怎样在学生面前提到彼此？
- 怎样分享教学空间？
- 怎样安排教室？
- 谁负责特殊儿童的作业？
- 怎样做扩展或缩小团队友谊的决定？
- 怎样平衡团队成员做决定的权力？

教学方案的制订需要考虑多方面的因素，且难度大，需要花费的时间多。为了保证教学方案的制订质量，学校应该建立教学方案的制订标准以及保障教学方案制订的管理制度，特别是要保证教师有共同商量教学方案的时间，最好建立至少每周进行1次集体备课的制度。

穆拉夫斯基(2012)总结了10条在融合课堂的实践中即使在有限的时间内也能制

订有效的协同教学方案的建议。本书对此略作整理,主要内容如下:[1]

1. 建立共同计划的常规时间

教师不可能有足够的时间去做他们需要做的每件事情,包括计划教学。与其他教师一起计划就更复杂了。因此,教师们要找一个可以一起商量的时间,每周至少20分钟,并把该时间作为一个制订教学方案的常规时间,排进教师的日程表,确保不受其他任何因素的干扰。

2. 选择没有干扰的恰当环境

教室是教师们碰面、进行计划的一个特别场所,但有可能存在很多干扰因素。如果教师是在教室里制订计划,那么需要关门、关闭移动电话,然后坐在一起讨论。另外,学校图书馆、开放的会议室、测验室或者其他空教室都是好的会议场所。此外,开学前或放学后,或者周末的见面,可以约在咖啡间、餐厅、公园或者某个教师的家中。当然,也要注意外面的噪音、交通等干扰因素。

3. 利用其他时间建立交往关系

协同教学经常被比作婚姻,合作双方相处并建立密切关系是很重要的。然而,实践中太多的制订计划时间被用来进行抱怨或分享信息。为确保计划制订时间的充分利用,教师需要安排另外的时间分享信息。

4. 制订日程表,准备快餐

在开始制订计划时,快速决定需要讨论的问题,制订一个需要完成任务的清单。这样可以帮助教师明确在规定时间内需要讨论的问题。即使时间不够,教师也可以制订在随后的时间里需要讨论的问题(不管是亲自见面还是通过邮件、电话)。此外,制订日程表,明确教师可以参与讨论的时间也很重要。如果教师中有人必须在一定时间内离开,那么需要抓紧时间讨论计划。合作双方都需要守时,在讨论时不做无关的事情,有效利用时间。

根据会面的时间、地点和会议的长度,如果必要的话,可以准备一点食物或咖啡。饥饿的教师不能很好地合作。

5. 决定常规任务和责任

时间是重要的。教师们知道自己在教学方面的优势与不足。在开始合作时,可以少花时间讨论这些问题。此外,对于一些经常需要完成的任务,可以尽早予以明确,避免每次讨论。譬如,一位教师负责复习,一位教师负责在黑板上更新家庭作业和网络信息。

6. 分担与征服

公平或平等对于成功的合作至关重要。所有教师都需要在计划、教学和评价中平等地分担责任。如果不能的话,做得少的教师会觉得自己只是个助手,做得多的教师则认为自己承担了太多的任务。当然,平等并不意味着教师需要在一起做每件事。一旦任务决定了,他们需要把任务分解,分别完成。使用平行式、站台式、替代式等协同教学

---

[1] Murawski, W. W. 10 Tips for Using Co-planning Time More Efficiently [J]. *Teaching Exceptional Children*, 2012,44(4):8-15.

模式是有益的,因为这些模式都对学生进行分组教学。这样做不仅可以降低生师比、对学生进行更有针对性的教学,也可以减少教师需要花在计划上的时间。教师只需要讨论教学的目标、内容等问题,具体教学环节可以自己决定。这样做也可以增进彼此的信任。

7. 建立需要关注学生的清单

学生是教学工作最重要的部分,协同教师需要关注学生及其学习。在开始制订协同教学计划时,不一定有时间逐一讨论每个学生的表现。因此教师可以事前准备一个清单,列出需要关注的学生情况。

8. 明确评价和反馈的常规时间

协同教师需要就学生、教学内容以及他们自己的教学和互动进行开诚布公地沟通交流。

9. 记录并保存计划

协同教师合作制订的计划往往以非组织的形式出现。出现这一结果的原因可能是没有进行周密思考,也可能是由于普通教育教师、特殊教育教师各自都有其他的协同教学者,以致不清楚自己当时到底做了什么。因此,在制订计划时,要做好记录以备将来参考和改进。

10. 使用什么(what)/怎样(how)/谁(who)方法

什么(what)/怎样(how)/谁(who)方法可以确保所设计的教学是基于一定的标准、同时充分利用教师的专长。具体方法如下:

第一个要讨论的问题是"这节课我们需要教什么?"引领讨论该问题的可以是在具体的教学内容上有很强背景知识的教师。在约 5 分钟的时间内,教师需要确定本节课的标准、目标、时间结构与主要观点。

接下来要讨论的问题是"我们怎样来教这节课以确保适合所有学生?"所有教师都能平等地参与讨论。在该部分的计划中,教师们需要确定怎样呈现内容,使用什么方法进行教学,各自在教学中的责任并争取在 7—15 分钟内回答"怎样"的问题(根据课的复杂性、教师的内容知识水平以及教师间的关系,等等)。教师有了一定合作经验后,这一阶段所需的时间可以减少。一旦决定了谁做什么,他们不再需要深入讨论所有细节。譬如,在使用平行教学时,一位教师负责计划写作活动,另一位教师负责计划理解活动。学生会参与所有内容的学习,而教师只需要准备各自负责的部分。

第三个需要讨论的问题是"本节课中谁需要得到特别关注?"引领这一问题讨论的通常是特殊教育教师或其他的特殊服务提供者。大家用 5—10 分钟的时间,确定本节课中谁学习会有困难,谁可能需要调整或改进,谁可能需要其他策略以促进对本课的学习及其对所有学生的影响。当然,随着教师合作经验的增加,用于该问题讨论的时间也会减少。对于那些实在没有时间碰面的教师而言,他们也可以选择通过网络视频、电话等方式协商制订方案。

下面是一位普通教育教师与一位特殊教育教师使用什么(what)/怎样(how)/谁(who)方法制订协同教学计划的案例。

表 8-4 使用什么(what)/怎样(how)/谁(who)方法制订教学计划的案例

什么/怎样/谁协同计划形式

	普通教育教师：瑞克(G. Rick)		特殊教育教师：玛西亚(R. Marcia)
	教学日期：10月3日		学科/年级：英语/八年级
什么	标准	理解各种文学形式的共同特征	
	目标	学生能识别和创作俳句诗和藏头诗	
	核心观点(所有人都要知道)	诗有许多不同种类	
	课的时间框架	55分钟一个阶段；该内容的完成时间只有1个阶段	
怎样	内容的适合水平	都适合，但玛西亚更喜欢离合诗	
	开始阶段(方法和描述)	玛西亚读两首诗(1首藏头诗,1首俳句诗)时瑞克巡视；学生简单讨论两首诗的相似处与不同处(10分钟)	
	中间阶段(方法和描述)	平行：瑞克教班级一半的学生学习俳句诗，玛西亚教班级的另一半学生学习藏头诗；15分钟后交换学生并重复教学；总共32分钟；2分钟的衔接时间	
	结束阶段(方法和描述)	替代：瑞克带领大部分学生做诗歌的填空练习；玛西亚带领小组学生继续学习俳句诗和藏头诗	
	特殊教育教师在准备/教学中的责任	复印作为范例的诗歌；对诗歌做调整，准备做填空练习的诗歌材料；把诗歌翻译成西班牙语以及盲文	
	普通教育教师在准备/教学中的责任	确定课堂上开始学的诗歌；确定作为范例的诗歌让玛西亚去复印；创作最终阶段用于填空的诗歌；思考对天才学生提出更高水平的问题	
谁	需要行为适应?	提醒贾温和蒂姆教学环节的衔接和小组学习时的行为；在两个小组中贾温都挨着教师坐	
	需要社会适应?	提醒赖安怎样向别人求助，坐在一个朋友的旁边	
	需要物理适应?	给布伦达提供大字印刷文本	
	需要教学适应?	利用范例诗歌和填空程序的诗歌：让基尔南写关于生化战士的诗以保持其兴趣；给奥利弗以挑战，问他藏头诗的韵律，在俳句诗中使用多种形容词；给哈维尔和卢普提供西班牙文本	
	联系其他的投入	给H小姐诗歌请她转变为盲文；就SDAIE的策略建议请教瓦尔德兹先生	
	实施/确保适应	瑞克：在开始阶段作为提醒者，考虑问题，为玛西亚准备范例问题 玛西亚：做大量的复印工作，与H小姐联系盲文事宜，向瓦尔迪兹先生请教SDAIE	

注：OT/OS＝一个教，一个支持。SDAIE＝特别设计的学业教学
(资料来源：Murawski, W. W. 10 Tips for Using Co-planning Time More Efficiently. *Teaching Exceptional Children*, 2012, 44(4), p. 6)

经过什么(what)/怎样(how)/谁(who)方法讨论后,最终制订出的教学方案。教学方案的案例见表8-5。

表8-5 协同教学的教学方案

普通教育教育者:瑞克　特殊服务提供者:玛西亚

协同教学课程计划

科目划分:语言艺术
年级水平:八年级
内容标准:学生了解各种文学形式的共同特点。
课程目标:学生能够识别和创作俳句诗和藏头诗。
基本问题:诗句必须要押韵吗?(有许多不同类型的诗)
关键词汇:诗,俳句诗,藏头诗,押韵
预评估:在前一天通过知道诗——想知道诗——已经学会诗(KWL)的策略来评判有没有谁已经知道了藏头诗或者俳句诗。
材料工具:俳句诗和藏头诗的模板;作业单/填充测验;大字体的布伦达(Brenda)的诗;盲文版奎因(Quinn)的诗;把诗和作业放在网站上;幻灯片和讲义;字母磁石和曲奇磁纸;干擦板和标记。

> 第1步:开头区域在课程的WHAT部分完成。(大约5分钟)

课程	协同教学方式(可多选)	时间	普教老师	特殊服务提供人员	注意事项(可能包括适应,分化,住宿和学生的特殊需求等)
开端(可能包括:开始,准备,复习和预设)	□一人教,一人支持 □平行教学 □交替教学 □系统教学 □小组教学	10分钟	点名;材料准备;分发"俳句诗"和"藏头诗"卡片,使学生清楚哪一组先开始;跟需要给予提醒的学生谈话	读两首诗(俳句诗和藏头诗);引导学生口头讨论这两首诗之间的异同点	提醒贾温和蒂姆注意轮换和参加小组活动;告诉赖安如何寻求帮助,以及在小组作业时坐在同伴身边;复印足够的诗给学生看;向奥利弗进行更高层次的提问
中间(可能包括:讲授;检查是否理解;独立或小组练习)	□一人教,一人支持 □平行教学 □交替教学 □系统教学 □小组教学	32分钟(每组15分钟加上2分钟的轮换时间)	花一半的课堂时间,使用幻灯片和实例来教俳句诗(对视觉/听觉学习者有益);如有需要学生可使用干擦板或纸;15分钟后轮换并重复	花一半的课堂时间,使用字母磁铁和曲奇磁纸来教藏头诗(对触觉学习者有益);15分钟后轮换并重复	让基尔南写关于生化战士的诗歌以保持其兴趣;给予奥利弗挑战,通过要求其藏头诗押韵和在俳句诗中使用多个形容词的方式进行;有足够的诗歌样例给所有学生看;使用助记符来记住差异;有足够的干擦标记和干擦板来给像艾米一样的学生,方便他们在最终写作前进行多次擦写

> 第2步:中间区域在课程的HOW部分完成。(大约7到15分钟)

续　表

课程	协同教学方式（可多选）	时间	普教老师	特殊服务提供人员	注意事项（可能包括适应，分化，住宿和学生的特殊需求等）
结尾（可能包括：收尾，评价，课程延伸） 第3步：建议部分在最后，是在课程的WHO部分完成。（大约5分钟）	□一人教，一人支持 □平行教学 □交替教学 □系统教学 □小组教学	10分钟	通过使用填充测验法进行大组作业单活动来完成诗歌；从干擦纸板到他们的完整规划，都要提醒学生写作业	对于在理解俳句诗和藏头诗上需要更多时间和辅助的小组学生，教师和他们一起学习；从干擦纸板到他们的完整规划，都要提醒学生写作业	在进行大组轮换时，两位教师都可以决定谁还需要额外的时间进行小组作业。小组需求可以在反馈时得到满足。有多个填充测验和作业单的副本，以确保差异；如有需要，可允许奥利弗、基尔南、艾米和其他学生从头开始创作诗歌；基于个人需求，采取分层作业

（资料来源：Murawski, W. W. 10 Tips for Using Co-planning Time More Efficiently [J]. *Teaching Exceptional Children*, 2012, 44(4), p.7）

（二）实施教学

教师的教学时间是非常宝贵的，需要充分利用。好的协同教学需要两位教师都积极参与教学并监控学生的进步。同时，教学是在有限的时间、空间里进行的，两位教师同时进行教学具有一定难度，要做到既高效又有序并非易事。

实施教学时，教师首先需要向学生说明本节课的整体安排、协同教学团队每人的任务以及对学生的具体要求。

在教学过程中，教师要按照预设的方案进行教学。但任何预设的方案都不可能考虑到课堂中的所有细节。教师在教学过程中，除了完成自己的教学任务，还要留意其他教师的教学进展情况。协同教师需要在教学过程中及时地互相交流、互相鼓励、互相提醒。尽管在制订教学方案时，明确规定了每个教师的任务和责任，但教学过程中可能会产生一些"新"任务，教师要勇于承担责任。其次，每个教师在协同教学中可能都会承担多种任务，关键在于能根据教学的实际需要灵活地在各种任务间转换。为了保证教学的顺利进行、能够适应教学过程中的新情况，协同教师需要各自在自己擅长的领域发挥引领、协调的作用。

另外，教师要注意监控学生的表现、关注学生的学习情况。在了解学生的学习情况时，不要单凭教师的主观判断，可以充分发挥课堂中有多位教师的优势，但不直接呈现教学内容的教师观察和评价学生的学习表现。观察者可以关注学生坐在座位上的时间、提问与回答问题的情况、完成任务的情况等。如果发现学生的学习出现了问题或没有达到预期目标，教师间应该及时沟通、调整教学，必要时可以进行再教学。

(三) 教学后总结

教学后,教师需要对教学的实施情况进行总结、反思。总结与反思会使今后的教学更有效。反思的内容一般包括学生的表现与教师的教学两个方面。反思需要基于教学现场的实际情况,基于学生表现的数据,如某学生回答问题的次数等。如果有教学录像,则更有利于教师们回顾分析。通过教学后的总结、反思,协同教师可以找出教学在促进学生学习方面的优点与不足,分析教师们在合作过程中的表现,还可以借助这个机会向对方在教学过程中的积极支持、认真努力表示感谢。通过总结反思,教师们可以明确今后的协同教学需要改进的地方,找到共同努力的目标。总结反思需要进行简单记录,以备查看。

学校管理者或者协同教学团队还可以请指导者观察协同教学的实施情况,参与教师的课后总结,提出改进教学的意见。

六、协同教学的发展阶段

有效的协同教学通常会经过几个发展阶段。协同教师应该了解协同教学的发展程序,并在每个阶段积极努力,从而尽快地从一个阶段发展到另一阶段。

协同教学中最为重要的是合作教师间的关系。有效的协同教学需要协同教师建立平等、互相尊重、坦诚、以问题解决为中心的合作关系。协同教学对学生和教师都有益,而且这些益处会随着协同教学关系的成熟而增加。随着合作经验的增多,每个合作者会更舒适,从而产生正直、信任和发展团队感。协同教师要采取一定步骤帮助他们的关系逐步成熟。

下面分别介绍考德曼(G. Conderman)、布雷斯纳汉(V. Bresnahan)、佩德森(T. Pedersen)(2004)和维拉、萨伍森德、内文(2008)对协同教学发展阶段的观点。

(一) 考德曼、布雷斯纳汉、佩德森的观点

盖特利(F. J. Gately)等人(1993)把协同教学的发展分为开始、妥协(折衷)、合作三个阶段。考德曼、布雷斯纳汉、佩德森在此基础上对协同教学关系发展的三个阶段进行了进一步的阐述:[1]

1. 开始阶段

这是"开始了解你"阶段,你努力与合作的教师建立新的关系。如同其他关系一样,在这一阶段,当你试图从新的视角了解自己和你的合作者时,会遇到一些尴尬。如果你是个普通教育教师,你可能对你的班级、学生、任教学科有相当的拥有感。这很正常。你几年都在这个班级授课,你是所任教课程的专家。你可能觉得其他教师是侵入者。相反,如果你是个特殊教育教师,你可能会觉得自己像个不受欢迎的客人:不重要、受排斥、不能控制局面。你觉得自己只能跟随普通教师的引领,没有机会进行有意义的专业投入。通常,在这一阶段,特教教师会觉得自己是助教而不是教师。家长和学生也会把"另外的教师"视为帮忙的,而不是教师。

---

[1] Conderman, G., Bresnahan, V., Pedersen, T. Purposeful Co-teaching: Real Cases and Effective Strategies [M]. Thousand Oaks: Corwin Press, 2004: 9-10.

这一阶段的特征之一是空间的使用。"另外的教师"常会出现在教室的固定位置,通常是后面,对空间和材料都缺少拥有感。好像有道看不见的墙把两位教师的空间分割开来。

如果双方试图培养关系,这一时期的交流要注意礼貌,避免冲突。有的合作者觉得这一阶段很艰难,因为真的不知道该做什么。其实,在开始阶段这是正常的。如何应对对合作关系的成功是至关重要的。如果你能战胜不安,承认自己的困难,理解你的合作者,那么你将能进入下一阶段。如果你不能诚恳地与对方交谈,那么你们将停留在这个阶段。这令你们双方都不满意。这一阶段成功的要诀是诚恳、同情、交流和耐心。

2. 妥协(折衷)阶段

这一阶段的特征是"该我了—该你了"关系。教学安排是:你教这个,我教那个。合作者决定分别承担责任,每人承担部分课程内容的教学。这一阶段的专业交流比第一阶段广,但没有合作阶段那样相互依赖。教室空间的使用也发生了变化,"那个教师"经常在教室的不同区域移动,教部分课程的内容,但又经常会回到他固定的地方。"那个教师"很少会做主角,但其界限已不明显。在这一阶段,学生认识到这些合作者都是教师,但仍然会把一个教师作为主要教师,另一个视为辅助教师。

3. 合作阶段

这是协同教学最珍贵的阶段。合作者真正地合作,经常像一个人那样思考。合作双方都觉得很舒适,彼此很好地交流、接受对方。学生、家长和课堂观察者经常不能区分普通教育教师与特教教师。所有教师都很自然地在教室移动,利用所有空间,与所有学生接触。

上述三个阶段的具体情况见表8-6。

表8-6 协同教学的阶段

描述	开始阶段	妥协阶段	合作阶段
	开始了解你	该我了—该你了	如同一人思考
人际关系	尴尬、防备、礼貌;有限的专业讨论	专业交流增加;一定程度上的妥协互让	幽默、舒适、前进;互相依赖
物理空间	有限的移动;在教室的后面	在非核心阶段有些移动;回到自己的地点	共享空间
熟悉课程	特殊教育教师不熟悉内容或方法;普通教育教师不愿放权,对特殊教育教师的技能缺乏信心	特殊教育教师开始具有一些课程领域的知识;普通教育教师开始对特殊教育教师的技能更有信心	所有教师都很欣赏各自在协同教学中的能力
材料	特殊教育教师不接近;只带自己的材料	有限地接触一些材料	充分接触教室里的每样东西
被认为	帮忙的	助教	所有教师都被认为是主要教师;学生把所有教师视为平等参与者

续 表

描述	开始阶段 开始了解你	妥协阶段 该我了—该你了	合作阶段 如同一人思考
教师所负责的学生	特殊教育教师只负责障碍学生。"我的孩子,你的孩子"的心态盛行	特殊教育教师可能为一些非障碍学生提供教学,但仍主要负责有IEP的学生。特殊教育教师可能被视为能为需要帮助的学生服务,但高成绩者仍然是由普通教育教师关注的	所有教师都为所有学生提供教学。所有教师都为所有学生的成功负责。"我们的班级,我们的学生"的心态
计划	特殊教育教师受限与不知道怎样组织教学或者不知道教学目标,从而不参与研究	参与一些普通教育教师引领的讨论或者每位教师负责课的不同部分	教师们分担计划的责任。所有教师都关注教学目标,负责为所有学生进行调整
服务提供	在教室的后面为障碍学生提供独立的教学。特殊教育教师巡视,为障碍学生提供其所需的帮助	轮流教学。教师分担计划的责任,为所有学生提供部分内容的教学。特殊教育教师可能提供迷你课的教学或阐明策略	所有教师都参与教学内容的呈现,为所有学生提供教学。所有教师都平等地提供额外的教学或迷你课

(资料来源: Conderman, G., Bresnahan, V., Pedersen, T. *Purposeful Co-teaching: Real Cases and Effective Strategies*. Thousand Oaks: Corwin Press, 2004:11)

(二) 维拉、萨伍森德、内文的观点

维拉、萨伍森德、内文(2008)认为协同教学人际关系的发展可以分为形成阶段、功能阶段、建构阶段、升华阶段四个阶段。[1]

在形成阶段,目标是相互间建立关系。有利于达成此目标的人际交往技能是建立信任、守时、设立目标、不诬蔑他人、用适合合作者交流风格的恰当语调与之交流等。

在功能阶段,合作者必须就他们的协同教学关系如何更好地发挥功能达成共识。他们决定将如何在一起工作,具体规定谁在什么时间做什么工作。有利于达成此目标的人际交往技能是说明或解释自己的观点,调节任务,释义他人的观点,审视已经做出的决定。

在建构阶段,重心是通过建立协同教学关系完成教学任务。在这一阶段,教师需要做出决定和创造性地解决问题。具体的交流技能包括:陈述需要做出的决定,在做决定时考虑到每个人的新思路,即使不甚确定也能去做尝试,恰当应对危机。

在升华阶段,协同教学团队团结一致,最大程度地发挥作用。在此阶段,处理冲突的技能甚为重要。这些技能包括评价不同观点,更新信息以理解某人的观点,使用创造

---

[1] Villa, R. A., Thousand, J. S., Nevin, A. I. *A guide to Co-teaching: Practical Tips for Facilitating Student Learning* [M]. Thousand Oaks: Corwin Press, 2008.

性解决问题的策略。维拉等人认为如果合作者按照每个阶段的特征进行交流,那么每个阶段将更成功。即使你有过与他人协同教学的经验,当你与新的伙伴开始协同教学时,那么也要从第一个阶段开始。

当然,合作教师协同教学前的关系会对其合作关系的发展带来一定影响。有的教师在协同教学前已经非常熟悉,并建立了良好的社会关系。这些教师在一起进行协同教学的话,关系进展会比较顺利。而另一些教师可能只有点头之交,当他们被安排进行协同教学时,他们的关系必须从头开始。

另外,协同教学关系的发展还受教师的合作水平等多方面因素的影响。有些合作者的关系发展迅速,有些则发展缓慢,甚至出现冲突。

七、教师相处的建议及冲突的处理

协同教师的有效合作并非易事。清晰的、开放的、持续的人际沟通是协同教学关系的关键。协同教学成功的要诀是沟通、沟通、再沟通。要在教学中建立积极的合作关系,教师需要注意一些基本问题,也要学会正确处理冲突。

(一)相处的建议

1. 一般建议

教师在进行协同教学时,需要遵循协同教学的基本原则,注意一些基本问题,从而避免一些潜在的冲突,逐步建立起积极的合作关系。

(1)选择适合的人进行合作

协同教学受到协同教师的个性特征、专业背景等多方面因素的影响。如果教师有自由选择协同教学者的权利的话,建议选择在个性特征方面能与自己合作的同时在专业能力方面能为协同教学做出贡献的教师。当然,教师有合作的意愿与兴趣也是至关重要的。

(2)明确协同教学的目标与流程

协同教师需要建立共同努力的目标,明确规定协同教学的整个流程与每个步骤。每位教师都清楚自己在每个步骤中的任务与责任。共同的目标与明确的责任可以减少焦虑,增强积极的相互依赖,避免歧义。

(3)严于律己,高质量地完成任务

合格的协同教师是有责任感的,是认真负责的。成功的合作需要每个合作者都对自己要求严格,准时参与讨论,高质量地完成自己的任务。这样才能获得彼此的信任与肯定。有了信任与肯定,合作双方才能减少摩擦,开诚布公地表达自己的想法,才能放权,才能在出现问题时依赖集体的力量去解决。

(4)使用彼此能够理解的方式进行沟通

为了更好地进行沟通,教师需要建立共同的概念体系。参与专业发展及其他的培训活动,会有助于团队成员形成共同的概念结构。若合作者使用共同的、对方能理解的语言分享观点,合作会更有成效。另外,沟通方式的选择也很重要。人际沟通需要使用口语的、非口语的方式。每个人往往有自己喜爱的沟通方式。合作者如果在沟通时使用对方喜爱的沟通方式,甚至沟通的语调和姿势,则会使沟通更有效。

(5) 具备一定的沟通技能,并能灵活使用

有效的人际沟通还需要教师具备一定的沟通技能,并能灵活使用。沟通时,教师需要以非威胁、非判断的方式向他人请求回应,并给予他人及时的、客观的反馈。灵活使用沟通技能够满足合作双方基本的心理需要。格莱萨(Glasser)(1999)认为,人们选择去做某项事情是因为它能满足人类五项基本需要中的一种或多种:生存、掌控生活的力量、自由和选择、归属感、乐趣。对合作者的个人价值或完成的任务表示尊敬和欣赏,这会帮助他们满足生存和力量的需要。教师在一起协同教学,享受给予与回报,通过合作体验归属感。由于可以与他人共同承担教育多种学生的艰巨任务,教师还能感觉到一定的自由。创造性地解决问题,成人间的对话和社会互动,特别是合作双方在合作时幽默、热情的话,都是乐趣。[1]

(6) 注意细节

细节往往决定成败。协同教师在合作的过程中彼此都要注重细节。在布置教室环境时,协同教师的名字一同出现在教室的门上、墙上。每个教师有自己独立的空间,有同样的办公桌椅及其他设备。在课堂教学中,每个教师都对所有学生的学习负责,都有引领教学的机会,都可以在课堂上直接对学生授课、批改作业。在向管理者呈交的报告上,协同教师的名字共同出现。这样才能让合作的教师,让包括学生在内的其他观察者,都认为每个教师都在平等地参与协同教学。

(7) 及早发现问题并进行交流

协同教学的难度较大。不同教师在教学理念与方法、处理问题的方式等方面不可避免地会存在差异。因此,在合作过程中,经常会出现一些问题。关键在于及早发现问题,预防可能出现的冲突,及时沟通交流,采取行动尽可能避免发生冲突。但并不是说应该避免不同意见。

2. 根据协同教学发展的阶段采取有针对性的措施

维拉等人(2008)认为,协同教师需要了解协同教学发展的不同阶段,在不同阶段需要重点关注不同的问题。他们建议在协同教学不同发展阶段教师需要具备不同的技能。具体见表8-7。

表8-7 协同教学不同发展阶段教师的技能

形成阶段:
——使用合作教师喜欢的名字(称呼对方)
——不要侮辱对方
——准时出席协同教学教师会议,停留需要的时间
——坚持执行协议(说明我是可以信赖的)
——感谢其他教师执行协议
功能阶段
——阐述、再阐述协同教学的目的

---

[1] Villa, R. A., Thousand, J. S., Nevin, A. I. *A Guide to Co-teaching: Practical Tips for Facilitating Student Learning* [M]. Thousand Oaks: Corwin Press, 2008:147.

续 表

——关注时间的限制
——建议更有效完成任务的程序
——用言语表达支持和理解
——用非言语表达支持和理解
——释义和澄清
——幽默、有主见或热情
——在恰当时机描述自己的感受
建构阶段
——总结已经说过的
——对总结进行修改或补充以提高正确性
——与其他知识建立联系
——以聪明的方式记忆观点、事实和决定
——请合作者解释理由
——请合作者大声说明他的计划
升华阶段
——对观点而不是对人进行评判
——鉴别不同意见
——整合不同意见
——尝试通过提问而做更深入的理解
——提出新的答案和观点
——思考解决不同观点的新方式

(资料来源：Villa, R. A., Thousand, J. S., Nevin, A. I. A Guide to Co-teaching: Practical Tips for Facilitating Student Learning. Thousand Oaks: Corwin Press, 2008: 151)

(二) 冲突的处理

冲突是指持不相容观点的人们的相互作用。如果合作教师未能通过有效沟通及时把潜在的冲突消灭在萌芽之中，那么在协同教学过程中很容易出现一些冲突。可以说，在合作的情境中冲突的出现是比较普遍的。

合作教师在处理冲突时，需要注意以下问题：

1. 做好应对冲突的心理准备

协同教学需要合作教师在课前计划、课堂实施、课后总结等方面进行合作，同时在多个方面进行相互作用，因此，冲突的发生在所难免。教师要认识到协同教学的过程中出现冲突是自然的、经常性的，并要做好应对冲突的心理准备，甚至双方可以预先商量应对冲突的基本做法，建立解决冲突的程序。这样，在冲突出现时，双方能熟练地实施这些程序。

2. 寻找冲突产生的原因

当冲突发生时，冲突双方都应该冷静下来，寻找冲突产生的原因。冲突来自自己的需要没有得到满足或者担心自己的需要不能得到满足时。当一个人的观点或结论与另一个人不相容而又必须达成共识时，当一个人要完成一件事情被另一个人阻止或妨碍时，当资源有限且人们担心自己的需要不能得到满足时，当沟通不够且彼此有误会时，都容易产生冲突。当然，很少有人在所有时间里都是理想的协同教学者。当教师心情不佳或心理压力过大时，也容易与别人产生冲突。只有理清冲突产生的原因，双方才有可能寻找解决问题的办法。

3. 开诚布公地进行沟通

一旦教师能够开诚布公地沟通、讨论出现的分歧，提出自己的建议、说明自己的想法，同时换位思考、认真考虑别人的观点，能在有利于学生学习的前提下接受差异的存在，就能以彼此可以接受的方式有效地解决冲突。当然，当有第三者存在时，需要注意沟通的方式。有时，冲突双方的单独沟通更有利于问题的解决。

当然，冲突的解决还需要一些幽默和宽容。对于别人偶然出现的或不经意间的冒犯，大可一笑了之。对于别人心情不佳时出现的问题，也可以宽以待之。

4. 充分利用冲突所蕴含的价值

冲突并不都是消极的。大量研究支持冲突蕴含价值的观点。如果冲突双方能够积极地、建设性地解决问题，反而会使合作更加有效，使双方的合作关系发展到更高的阶段。

八、协同教学的评价

协同教学的评价包括学校工作的评价、教师工作的评价以及协同教学的成效评价多个方面。

（一）学校工作的评价

学校评价的核心在于了解学校为推进协同教学做了哪些具体的工作。评价的具体内容可以包括：(1)协同教学的师资培训：具体的培训内容与材料、课时、培训成效；(2)家长与学生的培训情况：具体的培训内容与材料、培训成效；(3)协同教师的师资配备：参与教师的人数、专业背景；(4)实施协同教学的总体安排：学校实施协同教学的班级、课程、课时情况。

如果是为障碍学生在普通班级提供协同教学，那么还要评价实施协同教学后学校为障碍学生提供服务的变化情况。评价的具体内容可以包括：(1)在普通班级课堂接受融合教育的课时数以及接受资源教室等抽离服务的课时数；(2)提供服务的人员与内容。

（二）教师工作的评价

教师工作的评价主要是对协同教师作为主导者所完成的工作进行评价，包括课前准备、课堂教学以及课后总结。评价人员可以分为他评、教师自评。评价方式包括课堂观察与分析、分析教师合作计划等文本材料、访谈、问卷调查等。

在进行协同教学的课堂观察与分析时，可以重点关注以下内容：(1)教师的合作情况：具体观察在课堂教学的引领、教学内容的呈现、教学材料的使用、学生的直接教学与辅导、学生行为问题的处理等方面，协同教师的合作情况；(2)学生的学习情况：具体观察每个学生在课堂学习中的参与情况，特别要关注对特殊需要学生进行差异教学的情况。

（三）协同教学的成效评价

协同教学的成效评价主要包括学生的学习成效及对学校、教师等的影响。其中，学生的学习成效体现在学业成绩的提高与行为的改变两个方面。协同教学对学校的影响主要是指在促进学校合作文化建设方面所起的作用。协同教学对教师的影响主要是指对教师的专业能力、合作精神与合作能力等的影响。

讨论与探究

1. 思考在为特殊学生选择协同教学模式时需要考虑哪些因素。
2. 观察特殊学校或普通学校融合课堂中协同教学的实施情况,进行分析评价,提出改进建议。
3. 思考在教学时如何综合运用内容教学策略与满足差异策略。